능력주의 시대, 교육과 공정을 사유하다

KB193328

능력주의 시대, 교육과 공정을 사유하다

초판 1쇄 인쇄 2025년 3월 20일
초판 1쇄 발행 2025년 3월 28일

지은이 김용, 박지원, 심성보, 전하람, 정대성, 최진
엮은이 조나영
펴낸이 김승희
펴낸곳 도서출판 살림터

기획 정광일
편집 이희연·송승호·조현주
디자인 유나의숲

인쇄·제본 (주)신화프린팅
종이 (주)명동지류

주소 서울시 양천구 목동동로 293, 2215-1호
전화 02-3141-6553
팩스 02-3141-6555

출판등록 2008년 3월 18일 제313-1990-12호
이메일 gwang80@hanmail.net
블로그 http://blog.naver.com/dkffk1020
한국교육연구네트워크 https://www.kednetwork.or.kr

ISBN 979-11-5930-319-7(93370)

능력주의 시대,
교육과 공정을 사유하다

한국교육사상학회 편

조나영 편저

김용·박지원·심성보·전하람·정대성·최진 공저

━ 일러두기 ─────────────────────────────

◆ 이 책의 전체 원고는 2023년 한국교육사상학회 동계학술대회에서 발표한 저자
  들의 글이다.
◆ 전체 원고는 한국교육사상학회 『교육사상연구』의 편집 양식에 따라 작성되었으
  며, 단행본 작업을 위해 일부 수정이 이루어졌다.
◆ 편집자 서문에 기술된 각 장에 관한 설명은 저자들의 글에서 발췌, 수정한 것임
  을 밝힌다.
─────────────────────────────────────

'능력주의', 그것에 위험한 무언가가 있다

　한국 사회는 '공정성' 논란에 곧잘 휩싸여 왔다. 비정규직 노동자의 정규직화, 취업 및 입학 특혜, 유명인의 군복무 면제, 여성할당제, 청년 우대 정책 등 최근 십여 년간 국내 중앙지 등을 통해 보도된 '공정성' 관련 기사 내용과 그 양을 고려하면 사람들이 공정성 문제에 얼마나 첨예하게 반응하고 있는지 확인할 수 있다. 특히 '로또취업', '역차별', '무임승차'와 같은 불공정함에 대한 불만과 원색적 비난은 사람들 사이의 단순한 갈등과 불화를 넘어 극단적인 혐오를 조장하는 등 사회를 분열시키기도 한다. 그렇다면 사람들이 공정과 불공정을 가르는 기준으로 삼고 있는 것은 무엇인가? 사람들은 소위 '능력'을 갖춘 이가 보상이나 혜택을 받게 되면 그 가치를 인정하면서도 그 '능력'의 범주 밖에 있는 이가 어떤 몫을 취하게 되면 이를 용납하지 않으려는 경향이 있다. 이는 능력의 유무에 따라 사람들의 우열을 나누고, 삶을 성공과 실패라는 이분법적 구조 안에서 재단하는 시스템, 곧 '능력주의(meritocracy)'가 공정함의 척도로 작동하기 때문이다.

　사실, 이 '능력주의'라는 말은 영국의 사회학자 마이클 영(Micheal Young)이 『능력주의 *The Rise of the Meritocracy*』에서 처음 소개했다. 그는 자신의 책에서 2034년 '지능'에 '노력'이 더해진 '능력(merit)'을 갖춘 엘리트들이 그들만의 '왕국'을 영속시키기 위한 프로젝트로 능력주의 사회를 실현할 거라고 상정했다. 그러면서 영은 이들 엘리트 계급에 의해 어떻게 능력주의적 유토피아가 디스토피아적 실체를 드러내는지를 보여준다. 그가 구상한 능력주의적 세계는 소설 속 이야기로만 그치지 않았을 뿐만 아니라 그의 예측보다 훨씬 일찍 시작되었고 완성되었다. 프랑스 사회학자 피에르 부르디외(Pierre Bourdieu) 역시 개별 인간의 능력과 재능이 온전히 그들의 노력만으로 결정된다는 신념에 이의를 제기한다. 그에 따르면, 개별 인간의 '능력'이라는 것은 한 인간이 최초로 부여받은 계급이나 계층적 환경에 좌우되기에 전적으로 개인에게만 귀속된 특징이라고 할 수 없다. 영과 부르디외가 주목한 것처럼 개인의 능력은 부모가 자녀를 위해 펼쳐놓은 '장'에서 그들끼리의 상호작용을 통해 이룩한 학벌과 가문, 지역 연고 등에 따라 그 정도가 결정된다는 점에서 일종의 '위장된' 능력에 가깝다.

문제는 이런 개인의 능력을 위시한 능력주의가 공정함을 위한 유일한 원천이자 핵심 기제로 작동하고 있다는 점이며 그것이 교육을 통해 더욱 공고해지는 양상을 띤다는 점이다. 교육 안에서 능력주의가 공정함의 척도라는 하나의 규범으로 고착되면, 사람들은 교육의 본래 목적과 의미를 간과한 채 끊임없이 그들 사이에 장벽을 세움으로써 교육을 수단화하게 된다. 교육 영역에서 대립각을 세우고 있는 수시와 정시 확대 여부, 특목고 폐지 논란, 공공의대 설립 반대 및 의대 입학 정원 확대 갈등, 명문대 본교와 분교 간 교환학생 허용 여부, 대입 관련 지역 할당과 소외 계층 우대 정책, 그리고 장애 학생의 수업권 보장 등의 현안을 두고 사람들은 능력주의를 위시한 소모적이고 형식적인 공정성 논란에 휩싸여 그 해결책을 마련하기 위해 정작 고려해야 할 사항들을 간과하고 있다. 왈저(M. Walzer), 영(I. M. Young), 샌델(M. Sandel), 마코비츠(D. Markovits), 맥나미와 밀러 주니어(S. J. McNamee & R. K. Miller jr.) 등 능력주의를 비판하는 학자들이 주장한 바와 같이, 분배 패러다임에 입각한 과도한 공정성 논쟁은 교육에서의 평등과 공공성 실현이라는 중요한 가치를 위태롭게 할 수 있다.

능력주의 시대, 교육과 공정을 둘러싼 논의들에 대한 반성적 성찰이 필요하다. 우리는 다음과 같은 물음을 지닐 수 있다. 우리는 교육에서의 공정 문제를 어떻게 바라봐야 할 것인가? 공정함의 척도와 원리로 작동하고 있는 능력주의는 교육적 평등과 공공성의 가치를 실현할 수 있는가? 이 능력주의를 작동하게 하는 요인들은 무엇이며, 그것은 어떠한 교육적 의미를 함축하고 있는가? 교육에서의 평등과 공정성 정립을 위해 능력주의를 탈피해야 하는가? 이를 위한 새로운 대안은 무엇인가? 등이 그것이다. 하지만, 우리는 능력주의와 결합한 공정성 논의의 문제를 분석하고 이를 위한 해결책을 모색하는 과정에서 또 다른 관점의 회의적인 질문과도 마주할 수밖에 없다. 곧, 한국 사회를 이해하는 데 과연 서구의 능력주의적 개념이 필요한 것인가? 사실 역사상 그 어떤 사회도 능력주의적인 때는 없지 않았는가? 불평등과 차별에 대한 문제를 제기하는 것만으로는 부족한가? 능력주의가 실현된 적이 없었는데 능력주의를 비판하는 것이 적절한가? 한국의 능력주의, 과거제도나 고시제도 등을 통해 구현했다고 볼 수 있지 않은가? 능력주의, 왜 나쁜가? 이를 위한 대안이 없는 상태에서 그렇다면 무엇으로 '사회발전'과 '자기계발'을 꾀할 수 있는가? 등의 주장에 대해서도 대응해야 할지 모른다.

능력주의에 대해 제기되는 이상의 물음들에 어떠한 '답'을 내놓을 수 있을지 고민하는 과정에서 떠오른 하나의 '생각'은 적어도 이 책의 저자들과 같은 입장에서 능력주의를 비판하는 이들이 강조하는 바가 '능력' 자체에 대한 거부는 아니라는 것이다. 능력주의를 비판하는 이들은 특정한 '하나'의 '능력'에 대한 전적인 의존과 그것에 의한 '전제'를 문제시한다. 전근대에서 현대로 이행하는 과정에서 정치적 개혁이 이루어지고, 산업구조 등이 바뀌면서 사람들이 그들에게 부여된 최초의 계층이나 계급에서 벗어나 자신의 사회적 신분이나 지위의 상승을 꾀할 만큼 자유로워진 것은 사실이다. 19세기 중·후반부터 소위 '자수성가형' 인간을 이상적으로 여기며 신분 상승의 욕망과 자신의 실존적 자아에 대한 인식 사이에서 갈등하는 인물들의 삶을 그려낸, 당대 현실의 개연성에 기반한 문학작품이 다수 출판되었다는 점 또한 이러한 사실을 방증한다. 물론, 이러한 사례가 단지 소설 속의 이야기인 것만은 아니다. 실제로 프랑스 지식인을 대표하는 부르디외나 디디에 에리봉(Didier Eribon), 그리고 노벨문학상 작가인 아니 에르노(Annie Ernaux)와 같은 이들은 자신들이 태어나 처음으로 건네받은 그들 계층과 계급의 '습속'을 넘어서기 위해 힘썼음에도 불구하고, 그들의 '노력'으로 맞은 새로운 세계에서조차 여전히 갈등을 겪을 수밖에 없었음을 고백한다.

사람들이 노력해서 자신의 '능력'으로 사회적 지위와 신분의 이동을 꾀하려는 것은 인간의 욕망이자 본성인지도 모른다. 이를 두고 능력주의 비판자들이 그러한 사람들의 삶에 대한 노력이 탐욕이라든가 헛된 망상이라고 탓하고 있는 것이 아니다. 능력주의의 문제는 사람들이 자신의 삶에서 그들이 바라는 무언가를 이루고자 하는 이런 욕망과 노력을 헛되게 하는 데 있다. 나아가 그것은 사람들이 자신의 삶을 '성공'적으로 축조했는지를 사회의 획일적이고 표준적인 기준으로 재단하면서도, '실패'의 책임에 대해서는 사회구조적인 측면이 아닌 개인적인 차원으로 접근하는 데 있다. 이 책에서 공통으로 다루고 있는 능력주의에 대한 논의들은 이러한 비판적 관점과 궤를 같이한다. 이 책의 저자들은 영이 예견한 2034년을 십여 년 앞둔 이 시점에서 그의 예측 너머에 능력주의와 관련된 어떤 위험한 것이 있는지, 그리고 앞으로 그것을 극복하기 위해 우리가 무엇을 할 수 있을지에 대해 고민할 필요가 있다는 데 의견을 모으고 다음의 세 가지 물음에 답하고자 했다. 그것은 첫째, 능력주의 사회로의 이행이 가져온 폐해는 무엇인가? 둘째, 능력주의는 과연 교육의 공정성을 보장할 수 있는가? 그리고 마지막으로, 능력주의 시대 분배의 원칙에 따른 공정이 아닌 보다 근본적인 사회정의를 위한 교육은, 교육적 대안은 무엇인가?다.

이 책의 첫 번째 부분에서는 능력주의 사회로 이행하는 과정에서 야기된 폐해와 관련된 물음, 곧 능력주의가 어떻게 교육기본권과 접합되었는지, 그것이 어떻게 깊은 주의력과 공통감각을 훼손했는지 그리고 능력주의 교육은 어떻게 혐오를 조장했는지에 답하고 있다.

1장 「교육기본권과 능력주의의 접합」에서 저자는 헌법의 '능력에 따라'를 능력주의적 관점에서 해석할 수 있다면 언제부터 그것이 가능했는지에 대한 물음으로 글을 시작한다. 이 글은 헌법과 교육법 개정 과정에서 '균등하게' 교육받을 기회와 권리의 실질적 보장을 위해 '능력에 따라'라는 문구가 전제되어야 했음을 밝힌다. 하지만, 고교평준화 정책 시행을 계기로 사회경제적 지위와 계층이 높은 이들은 그들과는 다른 집단의 사람들과 자신들의 '교육'을 차별화하는 데 이 '능력에 따라'라는 문구를 차용하기 시작했다. 특히, 과외 금지 정책에 대한 위헌 결정과 사교육의 전면 허용은 학생의 학업성취도와 가정의 사회경제력 사이의 긴밀성을 높이고, '헌법이 상정한 능력'과 '시민들이 인식한 능력' 간의 괴리를 겪게 하고, 결국 '헌법이 상정한 능력'의 무용함이 드러나게 하는 계기가 되었다. 그리고 이런 과정에서 개인의 비능력적 요인들이 일신전속적(一身專屬的)인 능력과 동일시되고, 이것이 공정성 담론과 결합하면서 결과적으로 사회적 약자나 소수자에 대한 차별을 정당화하는 기제로 여겨지기도 했다. 저자의 이러한 논지를 통해 우리는 그가 추적한 헌법 개정 과정 안에서 '능력에 따라'라는 조항의 해석이 어떻게 전개되었으며, 그것이 우리 교육의 변화와 맞물려 사람들의 인식에 어떤 영향을 미쳤으며, 결국엔 교육기본권과 능력주의가 어떻게 접합되었는지를 확인할 수 있을 것이다.

2장 「능력주의 교육과 공통감각의 상실」에서는 능력주의의 분배 원칙이 '교육'에 적용되면서 나타난 교육적 변화 가운데 학생의 주의력과 '공통감각'의 훼손 문제가 다뤄진다. 공통감각은 단지 특정 시대의 사람들이 공유하는 상식이 아닌, 한 인간에게 내재된 감각들을 통합하는 내감이자 자신이 살고 있는 사회의 '규준'처럼 작동하는 감각을 의미한다. 이러한 공통감각의 상실이 어떻게 학생의 주의력 변화와 관련되며, 이러한 현상의 이면에 작동하는 능력주의의 분배 원칙이 무엇인지 규명하는 일이 바로 이 글의 주된 문제의식이다. 이를 위해 저자는 우선 능력주의 프레임이 온라인 시대의 '자기주도적 학습'을 어떻게 가속화하는지, 그리고 '학습의 사유화'를 강화하는지 확인한다. 이런 가운데 저자는 특히 학습에 대한 선택권은 학생의 자율성을 높이는 데 기여하는 측면이 있지만, 그와 달리 이 선택권에 대한 '교육적 개입'이 부재한 경우 교실에서의 교육적 관계나 그 안에서 이루어지는 배움에 대한 자기통제 등에 대한 태도의 당위성 또한 저해될 수 있음에 주목한다. 이 당위성이 사라진 교실에서 '깊은 주의력'을 형성할 가능성이 점차 줄고 이러한 주의력의 변화가 다른 이들과 함께 있는 교실에서의 '교육적 시간'이자 문화적 시간을 잃어버리게 한다는 논지를 따라가다 보면 우리는 그것이 곧 공통감각을 형성할 수 있는 시간과 장소의 소멸이라는 사실을 깨닫게 된다. 그리고 이것이 능력주의에 따른 학습의 사유화가 가져온 폐해의 한 단면임을 확인하게 된다.

3장 「능력주의 교육과 혐오」, 이 글에 따르면 능력주의 통치성의 한 부분인 '혐오'는 사회적 위계와 차별을 생성하고 정당화한다. 주체는 사회적 약자와 거리두기, 수치심 심어주기를 통해 혐오를 수행하고, 자신도 그 혐오 대상의 위치로 전락할지도 모른다는 두려움을 느끼게 함으로써 능력주의 윤리를 내면화한다. 다시 말해, 능력주의 교육이 지향하는 조화로운 능력 발달과 성장의 관념은 건강한, 비장애의, 기능 좋은 몸이라는 이상향을 염두에 두고 있다. 이러한 교육의 목표 안에서 병들고, 잘 기능하지 못하고, 전형적인 아름다움에 부합하지 않은 몸은 결핍으로 규정되어 주변화된다. 그럼에도 저자는 이 글을 통해 혐오의 대상인 취약한 몸들의 소요가 능력주의 너머의 가능성을 탐색하는 데 실마리를 제공한다고 주장한다. 가령, '장애'는 능력의 결핍과 손상으로 정의되며, 정상의 몸을 정당화하는 능력주의의 대항 범주가 된다. 장애해방운동은 취약성을 거부하거나 무너뜨리는 대신 이를 공동체의 구성 역량으로서 재개념화하여 능력주의에 대항할 수 있는 힘을 생성할 수 있다. 우리는 저자의 이러한 관점으로부터 혐오의 대상이 된 이들이 그들을 비인간화하는 담론적 투쟁 상황을 극복하기 위해서 신경전형적, 인간중심적, 능력주의적 세계관에 공통으로 대항하고 각각의 취약성을 공유할 수 있는 전략을 모색해 나가야 한다는 점을 인식하게 될 것이다. 또한, 교육 영역에서 소외되고 박탈당한 존재들을 발견하고 그 힘을 재해석함으로써 권력화된 '표준모델'로 작동하는 능력주의 교육 너머에 대해 기획해 나갈 기회를 접할 수 있을 것이다.

두 번째 물음, 능력주의 사회에서 공정한 교육은 가능한가에 대해 4장과 5장의 글은 능력주의의 폐해와 위험성에도 불구하고 능력주의가 여전히 공정한 원칙이자 정의로 거론되는 것에 주목하며, 능력의 형성에 요구되는 요소들을 실증적으로 그리고 이론적으로 분석함으로써 능력주의가 왜 교육의 공정성을 보장할 수 없는지를 검토한다.

먼저, 4장 「능력주의의 그림자로서 노력의 불평등」에서 저자는 능력주의 사회에서 누구나 노력을 통해 원하는 교육적 성취를 이뤄낼 수 있는지에 답하고 있다. 이를 위해 저자는 공부 시간을 노력의 대리지표로 조작적 정의하고, 가정 배경 및 학업성취와의 관계를 실증적으로 분석하여 노력의 과정과 결과에 대한 계층 간 격차와 시점에 따른 격차 변화를 밝힌다. 그 결과 첫째, 가정의 사회경제적 배경에 따라 학생들이 스스로 공부하는 시간에 차이가 있었으며, 가정 내 자원이 풍부한 학생이 그렇지 못한 학생에 비해 상대적으로 더 많이 스스로 공부하는 시간을 보내고 있었다. 둘째, 스스로 공부하는 시간은 학업성취와 정적인 관계에 있지만 가정의 사회경제적 지위가 높을수록 공부 시간의 학업성취 향상 효과도 유의미하게 커지는 것으로 나타났다. 이러한 노력의 계층 간 격차에 대한 경험적 근거에 기반하여, 저자는 기회의 공정성과 함께 결과의 분배적 정의 실현에 집중해야 할 필요성을 강조한다. 물론, 이런 데이터 분석 결과에 대한 회의적인 시각이 있을 수 있다. 하지만, 다른 측면에서 그것은 우리가 미심쩍어하는 상황이나 현상을 객관화하고 구체화하는 데 활용될 수도 있다. 우리는 이 글에 제시된 데이터를 통해 노력이 성공에 중요한 비중을 차지하긴 하나, 그것이 전적으로 개인의 의지에 따라서만 결정되는 것은 아니라는 사실 곧, 능력주의와 그것에서 비롯된 여타의 문제들에 대한 비판의 근거를 얻을 수 있을 것이다.

5장 「능력주의와 교육의 불공정성」에서 저자는 누구나 노력해서 능력을 갖추면 그에 따른 보상을 보장하는 능력주의 시스템이 과거 전근대적인 신분 세습 체제를 극복할 수 있는 사회 변혁과 혁신의 발판으로 이해되었으나 오늘날에도 그것이 여전히 유효한지를 묻는다. 현대의 능력주의는 정치적으로는 민주적 시민성을 저해하고, 경제적으로는 불평등과 양극화를 강화하며, 사회문화적으로는 차별과 배제의 가치를 양산해내는 주요 원인이자 불공정함을 정당화하는 기제로 작동한다는 점에서 비판받는다. 특히 교육은 이러한 능력주의의 핵심 동력으로 작용하면서 경쟁을 통한 지위 및 계층 이동 사다리의 기능만을 요구받고 있는 곤혹스러운 상황에 놓여 있다. 그런데도 능력주의는 여전히 교육 공정성을 정당화하는 기준으로 여겨지고 있다. 교육 공정성 문제는 사람들의 삶에 실질적으로 영향을 미치는 교육 기회, 교육의 과정 그리고 교육적 성과 분배의 형평성을 다룬다는 점에서 그 기준의 정당성을 확보하는 일이 관건이다. 이 글에서 저자는 이러한 교육 공정성을 능력주의가 과연 보장할 수 있는가에 대해 이론적인 검토를 진행한다. 이 글에 따르면, 능력주의는 능력 형성의 조건으로서 기회, 노력 투입의 과정으로서 절차, 그리고 그 결과로 분배 영역에서 그 정당성이 의심받고 있으며, 비맥락화, 획일화, 비인격화라는 문제 요인을 내포하고 있기에 교육 디스토피아를 형상화할 수밖에 없다. 우리는 이 글을 통해 능력주의 시대에 맥락적, 다원적, 그리고 인격적 차원의 '능력'이 희미해진 배경과 그것이 함축하고 있는 교육적 메시지가 무엇인지에 대해 숙고하게 될 것이다.

그렇다면, 이러한 고민의 끝에서 우리가 구현해야 할 바는 무엇인가?

이 책의 마지막 부분은 능력주의 시대, '정의'를 위한 교육적 대안이 무엇이어야 하는지에 대한 우리의 진지한 성찰을 가능하게 한다. 6장에서는 과거 68혁명의 사례를 통해, 7장에서는 사회정의론에 입각해 새로운 시대의 교육개혁을 위해 요청되어야 할 바가 무엇인지를 탐색한다.

6장 「68혁명과 새로운 대학」에서 주목한 68혁명은 권위적인 구조를 취한 대학 비판에서 출발해 사회 전 영역으로 그 개혁의 힘을 확장해 나갔다. 저자에 따르면, 독일에서 학생 저항은 대학의 변화를 추동한 핵심 요소였으며, 학생들은 교수가 지배하는 권위주의적 대학에 반기를 들고 학내 결정구조에서 교수, 강사, 학생의 동등한 참여권 보장을 비롯한 포괄적인 대학 민주화를 요구했다. 또한, 그들은 비판대학이라는 이름으로 대안적 교육을 위한 실천도 감행했다. 비판대학은 대학 울타리 밖의 이슈를 과감하게 끌어안으며 수업에서 교수나 권위자 중심의 일방성을 탈피하고 소통과 토론을 중시한 획기적인 실험이었다. 하지만, 그 당시 비판대학도 학생 저항도 바로 가시적인 성과를 내지는 못했다. 그렇다고 해서 개혁이 완전히 실패했던 것은 아니었다. 비판과 저항이 만들어 낸 새로운 대학에서는 강사도 학생도 의사결정 과정의 일원으로 참여하게 되었다. 학생 저항은 교수 지배라는 대학의 권위적인 구조를 뒤흔들어, 학내 구성원들의 목소리를 인정하는 개혁이 이루어지도록 했다. 이는 대학의 모습을 새롭게 규정하는 혁신적 성공이었다. 그리고 이를 추동한 것은 분명 68의 학생 저항이었다. 저자는 이 글을 통해 '자유롭고 비판적인' 실험이었던 그 68혁명이 자본이라는 총체적 산업의 예속물로 전락한, 그리고 무한경쟁과 능력주의에 침몰한 지금의 대학이 '새로운 교육과 학문'을 위해 반드시 참조해야 할, 역사에서 길어 올린 경험의 저장고라고 역설한다. 이러한 관점에서 우리는 68혁명이 현대 능력주의 사회의 교육개혁에 주는 시사점이 무엇인지를 확인하게 될 것이다.

7장 「능력주의의 대안으로서 사회정의 교육의 요청」에서 저자는 능력주의가 가져온 폐단을 극복하고 사회정의를 위한 교육의 가능성에 대해 논한다. 이 글에 따르면, 한때 민주주의 사회와 그 발전을 위한 초석이자 원동력으로 평가받았던 능력주의는 현대에 이르러 개인의 능력에 비례해 사회적 지위와 소득 등의 특혜를 분배하는 시스템으로 작동하면서 '불평등'과 '불공정'을 정당화하는 기제로 작동되고 있다. 저자는 이러한 능력주의의 역설적 특징을 논하면서 한국의 시험 및 학력 중심의 능력주의가 야기한 '폭정'을 설명하고 이에 대한 대안으로 영(I. M. Young), 프레이저(N. Fraser), 올슨(K. Olson), 그리고 비판적 교육학이 강조하는 '정의론'을 소개한다. 이 글에서 주장하고 있는 정의란 인간이 자신의 역량을 계발하고 행사하며, 자신의 체험을 표현하는 것이자, 자신이 어떤 행동을 할지 결정하고 이를 위한 조건을 결정하는 데 참여하는 일로서 자기결정과 자기발전을 최대한 보장하는 것과 관련이 깊다. 저자는 분배 정의(경제적 정의/경제 평등), 인정 정의(문화적 정의/문화 평등), 그리고 대표성/참여 정의(정치적 정의/정치 평등)의 상호 공존에 대한 논의를 통해 사회정의교육이 가능할 수 있다고 제안한다. 저자의 이런 논지에 따라 글을 읽으면서 우리는 능력주의로 인해 훼손된 교육적 정의와 이를 바로 세우기 위한 실제적 대안이 무엇인지에 대해 성찰하게 될 것이다.

배움의 형태가 삶에 대한 태도를 결정한다. 사람들이 어떤 교육을 받았느냐는 그들이 타인과 다양한 삶의 형태를 이해하는 데 영향을 준다. 능력주의 체제에서 사람들은 자신만 '노력'하면 얼마든지 '능력'을 발휘해 이전보다 나은 사회적 지위와 신분을 보장받을 수 있다는 '신념'을 취하게 되었다. 그리고 사람들이 품은 능력주의에 대한 강한 믿음은 성공한 개인이 누리는 '특권'을 '공정함', 곧 도덕적이고 합리적인 표상으로 둔갑시켰다. 이런 가운데 사람들은 '현실적인 이익을 위해 자기 계발에 힘쓰는 게 왜 나쁜가?', '능력 있는 사람이 그렇지 못한 사람보다 더 많은 보상을 받는 건 당연한 것 아닌가?', '개인의 성공이나 사회발전을 위해서라도 경쟁은 불가피한 것 아닌가?' 분하고 답답하면 노력해서 성공하면 되는 것 아닌가?' 등의 질문을 던진다. 능력주의 사회에서 살아온 이들이 자연스레 품을 수밖에 없는 물음이다.

그리고 이는 능력주의를 옹호하는 이들에게도 난해한 지점이다. 사람들이 저마다 지닌 역량과 실력, 그리고 재능이 과연 그들 각자가 원하는 방향으로 온전히 발휘될 수 있을지 확신할 수 없기 때문이다. 다양한 형태와 색을 지닌 '능력'이 '능력주의' 사회의 기준에 부합한 특정한 어떤 것으로 획일화되고 그에 따른 격차가 심해지고 있기 때문이다. 그들과 달리, 능력주의 비판이론가들이나 이 책의 저자들이 주목한 것처럼 '능력주의'의 그 '능력'은 실상 허구이자 덫이고 함정일지 모른다. 이런 관점에서 능력주의를 둘러싼 공정과 교육 논의를 새롭게 시작해야 할 것이다. 다시 말해, 능력주의에 대한 전적인 옹호나 비판에서가 아닌, 그것에 위험한 무언가가 있다는 데서 출발해야 할 것이다. 푸코(M. Foucault)는 오늘날 우리가 바로 시작할 일이 사회의 위험 요소를 찾는 일이라고 했다. 이 책에는 능력주의가 왜 위험한지에 대한 저자들의 성찰이 담겨 있다. 각자의 색으로 능력주의가 지닌 위험성에 대해 논한 저자들의 '노력'을 확인해 주길 바란다. 우리가 할 일은 능력주의 시대에 그 위험성이 무엇인지를 하나씩 규명해 나감으로써 그 시대가 휘두르는 '힘'에 우리의 몸과 마음이 흔들리지 않게 하는 일일 것이다.

2025년 3월
엮은이 조나영

1부

능력주의 사회로의 이행,
그 폐해는 무엇인가?

Q:
능력주의는 교육기본권과 어떻게 접합되는가?

헌법 제31조 제1항의 '능력에 따라'라는 문구는 과연 오늘날 '문제가 많은 능력주의'의 사고를 표현한 것일까? 이 문구를 처음 삽입한 헌법 개정 당시부터 우리 헌법은 교육에서의 능력주의를 표방하고 있었던 것은 아닐까? … 우리 교육의 변화와 맞물려 '능력에 따라'라는 헌법 조항에 대한 사회적 인식이 어떻게 변해왔는지 추적해보면, 교육기본권과 능력주의의 접합 양상을 확인할 수 있다.

01
교육기본권과 능력주의의 접합:
헌법상 '능력에 따라'의 해석 전환과 교육기본권의 왜곡[1]

김용

1. 서론

"그냥 '균등하게'가 아니고 능력에 따라서 하는 거면 '부잣집 애들 능력' '가난한 애들 능력' 그런 게 생각난다. 왜 '능력에 따라'가 들어가는지 모르겠다." (중학교 3학년 학생)

"능력은 자기가 만들어 낸 능력이 아니고 공평한 방법으로 만들어지지 않은 능력이다. 사교육을 못 받은 아이들도 있고, 부모님의 권위를 가지고 수월하게 교육받는 아이들도 있다."(고등학교 1학년 학생)

한 일간지에서 헌법에 명시된 '능력에 따라 균등하게'라는 문구에 대한 생각을 물었는데, 청소년들이 내놓은 대답이다(경향신문, 2020.06.23.). 한때 학력주의 사회의 대안으로서 능력주의가 각광받던 시절이 있었지만(교육부, 2013),[2] 근래는 이 개념을 만들어 낸 영(Young, 1994/2020)이 그린

---

1   [출처] 김용(2023). 교육기본권과 능력주의의 접합 — 헌법상 '능력에 따라'의 해석 전환과 교육기본권의 왜곡 —. **교육정치학연구**, 30(3). 1-25.

2   교육부는 2013년 대통령 업무 보고에서 '학벌이 아닌 능력 중심 사회를 위한 국가 역량 체

것처럼 회색빛 미래를 상징하는 개념이 되고 있다.

　'능력에 따라', 이 문구를 삭제할 것인가? 2018년 3월 문재인 대통령이 발의한 개헌안을 둘러싸고 논의가 일어났다. 교육 조항인 31조 개정 방안을 둘러싸고 제기된 몇 개의 쟁점 중 하나가 바로 이 문제였다. 전국시·도교육감협의회와 일부 시민단체는 현행 헌법 제31조 제1항 "모든 국민은 능력에 따라 균등한 교육을 받을 권리를 가진다"에서 '능력에 따라'라는 표현이 능력주의적 사고를 합리화하는 근거가 되고 있다고 주장하며, 이 문구를 삭제하자는 주장을 폈다(박찬주 외, 2018; 임재홍, 2017). '능력'이 타고난 것인지, 길러진 것인지, 또는 자력만을 의미하는지, 조력을 포함하는지를 알 수 없고, 비례적 기준을 의미하는지, 절대적 기준에 따르는지를 알 수가 없다는 문제도 제기됐다(임재홍, 2017; 홍후조, 권혜정, 2013). 또, 능력은 교육 기회를 보장하여 길러야 하는 것이지, 모호한 능력 기준에 따라 교육 기회를 배분하는 것은 부당하며(박찬주 외, 2018), 학력평가와 입시제도를 통해 능력을 획일적으로 검증하는 과정에서 발생하는 숱한 교육적 부작용을 염두에 둘 때 '능력에 따라'라는 표현을 삭제하는 편이 바람직하다는 의견이 나왔다(송병춘, 2017).

　반면, '능력에 따라'라는 문구를 '능력과 적성에 따라'로 수정하여 그 의미를 살리자는 의견도 제안되었다(고전, 2017; 허종렬, 2018). 우리 헌법 제11조의 '법 앞의 평등'은 절대적 평등이 아니라 상대적 평등을 의미하며, '능력에 따라'가 '균등하게'와 조응하면서 교육의 실질적 평등을 지향하고 있음을 천명하고 있다는 점(허종렬, 2018; 황준성 외, 2020), 각 개인에게 적합한 교육을 제공하는 근거 조항으로 기능하고 있다는 사실(고전, 2017; 허종렬, 2018), 능력주의에는 문제점만 있는 것이 아니라 순기능도 하는 면 등이 근거로 활용되었다. 실제로 대통령 발의안은 '능력에 따라'를 '능력과 적성에 따라'로 표현을 수정하였다.

계 구축을 강조하여, 학벌사회의 대안으로 능력 중심 사회를 내걸었다.

2018년 헌법 개정안 발의를 전후하여 일어난 논의를 톺아보면, 우리 헌법 제31조 제1항의 '능력에 따라'라는 문구의 폭발력이 상당함을 짐작할 수 있다. 예컨대, 문재인 정부에서 이루어진 자사고의 일반고 전환 정책에 대하여 한국교총에서 이 정책은 위헌적인 것이라고 할 때, 그것은 헌법 제31조 제1항의 '능력에 따라' 조항에 위반한다는 의미였다(한국교육신문, 2020.1.11). 반면, 자사고의 일반고 전환 정책에 찬동하는 사람들은 현행 헌법의 '능력에 따라'라는 문구가 공교육의 이념을 침식하는 오해를 유발하기 때문에, 이 조항을 삭제해야 한다고 주장한다. 교육 기회의 사회적 배분을 둘러싼 갈등이 격화하는 상황에서 이 조항의 해석과 개정을 둘러싼 논의는 앞으로 재발하고, 나아가 격화할 가능성이 상당하다.

그런데, 헌법 제31조 제1항의 '능력에 따라'라는 문구는 과연 우리가 오늘날 '문제가 많은 능력주의'의 사고를 표현한 것일까? 이 문구를 처음 삽입한 헌법 개정 당시부터 우리 헌법은 교육에서의 능력주의를 명확히 표방하고 있었던 것일까? 오늘날 적지 않은 사람들이 헌법의 '능력에 따라'를 해석하여 능력주의적 사고를 한다면, 그것은 언제부터일까? 본 연구는 이런 질문들로 촉발되었다.

이 글에서는 헌법 개정 과정을 추적하면서 '능력에 따라'라는 문구의 해석론을 전개하고, 우리 교육의 변화와 맞물려 이 조항에 대한 사회적 인식이 어떻게 변해왔는지를 살펴본다. 이 과정에서 헌법상 교육기본권과 능력주의가 어떻게 접합했는지를 밝혀보고자 한다.

이 연구를 수행하기 위하여 헌법 제·개정 당시의 회의록과 인터넷 포털에서 제공하는 네 개 전국 종합 일간지 기사를 분석하였다.[3] '능력에 따라', '교육', '헌법'을 검색어로 입력하여 추출한 기사를 모두 읽고 그 내용을 분석하였다.

---

3   인터넷 포털 네이버에서 제공하는 '뉴스 라이브러리' 서비스를 이용하였다. 뉴스 라이브러리에서는 1920년부터 1999년까지 경향신문, 동아일보, 조선일보, 한겨레신문 기사를 검색할 수 있다.

2. 세계의 교육 헌법과의 비교

본격적인 논의에 앞서, 외국 헌법의 관련 조문을 살펴볼 필요가 있다. 만약, 여러 나라 헌법에 유사한 조문이 많다면, 비교 해석이 가능할 것이다. 그렇지 않다면, 한국 사회에서 '능력에 따라'라는 표현이 헌법에 포함된 경위와 그 뜻을 밝히는 일의 의미는 독특한 의미를 지닐 것이다.

교육은 개인의 성장 발달을 도모하고 경제생활을 영위하도록 하는 의미와 함께 문화국가 실현에도 핵심적이기 때문에, 세계 여러 국가의 헌법은 교육기본권을 보장하고 있다. 그런데, 헌법상 교육권 조항은 첫째, 교육의 자유를 보장하는 경우, 둘째, 교육의 권리를 단순하게 보장하는 경우로 대별할 수 있다.

1) 교육의 자유

교육은 사사성(私事性)을 본질로 삼으며, 공교육 제도를 운영하는 경우에도 모든 사람이 자신의 성장 발달에 관한 자유를 행사할 수 있어야 하는 점을 강조하여 교육의 자유를 헌법에 규정하는 국가가 있다. 벨기에와 그리스를 그 예로 들 수 있다.[4]

벨기에 헌법 제24조 ① 교육은 자유이며 이에 대한 어떠한 규제 조치도 금지된다.

③ 모든 사람은 기본적 권리와 자유에 대하여 교육을 받을 권리를 가진다. 의무교육은 무상으로 제공된다.

그리스 헌법 제16조 ① 예술과 과학, 연구 및 교육은 자유로워야 하며 그 발전과 증진은 국가의 의무다. 누구도 학문의 자유와 교육의 자유를

---

4   이하 세계 여러 국가의 헌법 조문은 국회도서관(2018)을 참조한 것임.

이유로 헌법 준수의 의무에서 면제되지 아니한다.

② 교육은 기본적 임무 중 하나이며, 그리스인의 도덕적, 지적, 직업적 및 신체적 교육, 국가 및 종교의식의 발전 및 자유롭고 책임감 있는 시민의 양성을 목표로 한다.

③ 의무교육은 9년 이상이어야 한다.

④ 모든 그리스인은 국가 교육 기관에서 제공하는 모든 단계에서 무상 교육을 받을 자격이 있다. 국가는 학생의 능력에 따라 우수한 학생들과 도움이나 특별한 보호가 필요한 학생들에게 재정적 지원을 제공해야 한다.

2) 교육을 받을 권리

많은 국가에서는 교육을 받을 권리를 단순하게 규정하고 있다. 우리말로는 '~을 받을'이라는 수동적 표현이지만, 영어로는 'the right to education'으로 번역할 수 있는 경우가 많다. 한 가지, 주목할 사실은 우리 헌법에 존재하는 '능력에 따라'와 같은 어구를 덧붙이는 예는 찾아보기 어렵다는 점이다.

노르웨이 헌법 제109조 모든 사람은 교육을 받을 권리가 있다. 아동은 기초 교육을 받을 권리가 있다. 교육을 통해 개인의 능력과 요구가 보호되고 민주주의, 법치주의, 인권에 대한 존중이 증진되어야 한다.

국가 기관은 후기중등교육에 대한 접근 기회와 자격에 따라 고등교육을 받을 수 있는 동등한 기회를 보장해야 한다.

덴마크 헌법 제76조 학령에 달한 모든 어린이는 초등학교에서 무상 교육을 받을 자격이 있다. 자신의 자녀나 피후견인이 일반 초등학교와 동등한 교육을 받도록 자체적으로 준비를 하는 부모나 후견인은 자신의 자녀나 피후견인을 공립학교에 보낼 의무가 없다.

멕시코 헌법 제3조 모든 국민은 교육을 받을 권리가 있다. 국가— 연방, 주, 멕시코시티, 시 —는 유아, 초등, 중등 및 고등교육을 제공한다. 유아, 초등 및 중등교육은 기본교육으로서, 이 교육과 고등교육은 의무교육이다.

남아프리카공화국 헌법 제29조 ① 모든 국민은 다음의 권리를 가진다.
a. 성인 기초 교육을 포함한 기초 교육을 받을 권리
b. 국가의 적절한 조치를 통해 점진적으로 이용 및 접근 가능한 교육을 계속 받을 권리

스위스 헌법 제19조 적정한 무상 초등교육을 받을 권리를 보장한다.

스페인 헌법 제27조 ① 모든 국민은 교육을 받을 권리가 있다. 교수(教授)의 자유는 인정한다.

핀란드 헌법 제16조 모든 국민은 무상으로 기본 교육을 받을 권리가 있다.
교육을 받을 의무에 관해서는 법률로 정한다.
공공기관은 법률이 정한 세부 사항에 따라 모든 사람으로 하여금 본인의 능력과 특별 요구에 따라 다른 교육 서비스를 받을 평등한 기회뿐 아니라 경제적 곤란에 구애받지 않고 자기를 개발할 기회를 보장한다.
과학과 예술 및 고등교육의 자유도 보장한다.

그런데, 하나의 예외가 일본이다. 일본 헌법 제26조는 다음과 같이 규정한다. 우리 헌법 제31조 제1항과 유사하게 '능력에 따라 동등하게'라는 어구를 삽입하고 있다.

일본 헌법 제26조 ① 모든 국민은 법률이 정하는 바에 의하여 그 능력에 따라 동등하게 교육을 받을 권리를 가진다.

② 모든 국민은 법률이 정하는 바에 따라 자신이 보호하는 자녀에게 보통교육을 받게 할 의무를 진다. 의무교육은 무상으로 한다.

뒤에서 다시 서술하겠지만, 우리 헌법을 제정할 당시 일본 헌법의 영향이 상당했다(정태수, 1996). 이 글에서 논의하는 현행 헌법 제31조 1항 역시 일본 헌법 제26조와 상당히 긴밀한 관련을 맺고 있다.

3. 헌법 제31조 1항 '능력에 따라' 삽입 경위

현행 헌법 제31조 제1항의 '능력에 따라'라는 문구는 1962년 헌법 개정(제5차 헌법 개정) 당시 처음 등장하였다. 제헌 헌법 제16조 제1항은 "모든 국민은 균등하게 교육을 받을 권리가 있다. 적어도 초등교육은 의무적이며 무상으로 한다"라는 조문을 두었다. 그런데, 5·16 군사 쿠데타 이후 이루어진 제5차 헌법 개정 당시 "모든 국민은 능력에 따라 균등하게 교육을 받을 권리를 가진다"(제27조 제1항)로 수정하였다. 이후 이 조문은 수정 없이 현재까지 유지되고 있다. 따라서, 헌법에 '능력에 따라'라는 문구가 삽입된 경위를 밝히기 위해서는 제5차 헌법 개정 과정을 추적할 수밖에 없으나, 사실은 이 문제가 헌법 제정 당시의 논의와도 연결되어 있어서, 추적의 시기를 앞으로 당길 필요가 있다.

1) 1948년 헌법 제정

현행 헌법 전문에는 " … 우리 대한민국은 3·1 운동으로 건립된 대한민국임시정부의 법통과 … 계승하고"라는 표현을 두고 있다. 이 전문에서 알 수 있는 것처럼, 1948년 제정된 우리 헌법은 1919년 3·1 운동 이후

성립한 대한민국임시정부의 임시헌장에 연원을 두고 있다. 현행 헌법의
교육 조항의 연원 역시 이 시기로 추적해 가야 한다(이종재 외, 2012; 고전,
2022). 임시정부에서 제정한 「대한민국임시헌장」(1919.4.11. 제정) 제6조는
다음과 같은 조문을 두었다.

제6조 대한민국의 인민은 교육, 납세 급(及) 병역의 의무가 유(有)함

여기서 주목할 부분은 교육을 '권리'가 아니라 '의무'로 규정하고 있다
는 사실이다. 그런데, 이 조항은 제2, 3, 4차 개정 당시에는 삭제되어 있
다가, 1941년 11월 28일 「대한민국건국강령」 제정 당시에 부활하였다. 건
국강령 제1장(총강) 제6호에 " … 공비교육(公費教育)으로써 학교를 균(均)
하며 … 정치와 경제와 교육의 권(權)을 균(均)하야 … "라고 규정하여 이
른바 3균주의에 기반한 공화주의 교육 원칙을 명확히 하고 교육을 의무
에서 권리로 전환하였다(홍석노, 2013; 조승래, 2017). 특히 건국강령 제3장
제7호는 교육제도 운영의 원칙을 구체적으로 밝혔다.

七. 建國時期의 憲法上 教育의 基本原則은 國民各個의 科學的 知識을 普
遍的으로 均等化하기 爲하여 左列한 原則에 依據하여 教育政策을 推行함
가. 教育宗旨는 三均制度로 原則을 삼아 革命公理의 民族正氣를 配合發揚
하며 國民道德과 生活機能과 自治能力을 養成하여 完全한 國民을 助成함
에 둠
나. 六歲부터 十二歲까지의 初等基本教育과 十二歲 以上의 高等基本教育
에 關한 一切費用은 國家가 負擔하고 義務로 施行함
다. 學齡이 超過되고 初等 或 高等의 基本教育을 받지 못한 人民에게 一
律로 免費補習 教育을 施行하고 貧寒한 子弟로 衣食을 自備하지 못하는
者는 國家에서 代供함
라. 地方의 人口 交通 文化 經濟等 情形을 따라 一定한 均衡的 比例로 教

育機關을 設施하되 最低限度 每一邑一面에 五個 小學과 二個中學 每一郡一道에 二個 專門學校 每一道에 一個 大學을 設置함

마. 敎科書의 編輯과 印刷發行을 國營으로 하고 學生에게 無料로 分給함

바. 國民兵과 常備兵의 基本知識에 關한 敎育은 專門訓練으로 하는 以外에 每中等學校와 專門學校의 必須科目으로 함

사. 公私立學校는 一律로 國家의 監督을 받고 國家의 規定한 敎育政策을 遵守케 하며 韓僑의 敎育에 對하여 國家로써 敎育政策을 推行함

요컨대, 「대한민국건국강령」은 교육을 의무에서 권리로 전환한, "교육의 근세(近世)를 마감하고 교육의 현대(現代)를 연", 헌법에 보장된 교육조항의 성격을 완전히 뒤바꾼 코페르니쿠스적 전환을 이루었다(정태수, 1996; 홍석노, 2013).

해방을 전후하여 여러 사회단체는 다양한 헌법안을 제안하였으며, 해방 이후 헌법 초안 작성 위원으로 위촉받은 유진오, 황동준, 윤길중, 정윤환 등은 세계 여러 국가의 헌법과 해방 전후 여러 사회단체가 제안한 헌법안을 참조하여 1948년 5월 헌법 초안을 작성하였다.[5] 헌법 초안 제16조는 다음과 같은 규정을 두었다.

제16조 모든 인민은 평등하게 교육을 받을 권리가 있다. 초등교육은 의무교육이며 무상으로 한다.

모든 교육기관은 국가의 감독을 받으며 교육제도는 법률로써 정한다.

종교교육을 목적으로 하는 학교 이외의 학교에서는 종교에 관한 학과를 강제로 과(課)하지 못한다.

헌법 초안 제출 이후, 여러 가지 논의 과정에서 '평등하게'라는 표현은

5　이 과정에 관한 상세한 설명은 홍석노(2013), 74~76면 참조.

'균등하게'로 수정되었다. 해방 전후 조직된 여러 단체의 헌법 초안의 교육 조항은 교육의 '균등한' 권리, 그리고 교육을 '받을' 권리 등 두 개의 흐름으로 전개되어 왔는데, 헌법 초안은 이 두 흐름을 '평등하게 교육을 받을 권리'라는 조문으로 수용하였다(홍석노, 2013: 76).

이 초안에 대하여 1948.6.26. 제1차 독회가 이루어졌다. 독회 과정에서 '균등하게' '교육을 받을 권리'의 내용이 더 명확해졌다. 최태규 의원과 이종근 의원의 진술, 그리고 김용재 의원의 미 발언 원고를 살펴보자(국회도서관, 1967: 266, 441-442).

최태규 의원: … 인류 역사상에서 불란서 혁명 이후로 교육에 관한 균등을 부르짖어 왔습니다. 그러나 이것은 오로지 실천하지 못하는 조문에 불과하였습니다. … 제가 주창하고 싶은 것은 돈이 있는 사람이나 돈이 없는 사람이나를 불구하고 충분히 인간에게 준 사명과 그 능력에 따라서는 반드시 국가에서 책임을 지고 그 사람을 공부를 시켜 장차에 조선의 대정치가 혹은 대종교가 대사상가 대교육가 대과학가가 되어 가지고 우리의 위대한 국가를 만들지 않으면 안 된다는 것을 주창하는 바입니다.[6]

이종근 의원: … 부유한 가정의 자질(子姪)이라면 학교 등 즉 교과서나 학용품과 같은 것이 그다지 힘들지 않고 운영해 나갈 수 있을지 모르지만 대다수를 점령하고 있는 빈한한 집 자질들은 대단히 거기에 준해서 고통을 느끼고 있는 것이 사실입니다. 그러면 그것을 경시 못할 것이 사실이올시다.

김용재 의원: … 전체로 헌법 초안이 진보성이 유하며 인민의 균등 생활 보장을 기조로 한 것 같으나 8할 이상이 무산 근로층과 농민 대중임에도

---

6 이 논문에서 인용하는 글 중에는 오늘날 맞춤법에 어긋나는 부분이 있으나, 당시 규정에 따라 그대로 남겨두었다.

불구하고 15조 16조 17조 18조 등 국민의 권리 의무 급(及) 재산권과 …
관련성이 무(無)하며 근본으로 국민의 자유 균등을 전제로 한 것이 못 되
고 자본가 기업자와 무산층을 원칙으로 차별하고 법으로 자유 한계에서
보장하는 것처럼 노자(勞資) 타협을 구상한 것이 불유쾌한 것이다.

앞의 초안에 대하여 여섯 개의 수정안이 제출되었는데, 그중 최태규
의원은 교육 기회를 실질적으로 보장하기 위해 가난한 사람도 그 능력
에 따라서는 국가가 책임을 지고 수학할 수 있도록 할 것을 주장하였다
(정태수, 1996). 이렇게 할 때 비로소 균등한 교육을 실현할 수 있다는 취지
였다.

한편, 같은 날 이루어진 박상영 의원의 질문과 유진오 전문위원의 답
변, 그리고 이종근 의원의 발언(국회도서관, 1967: 152, 441)에서 또 하나의
쟁점이 드러난다.

박상영 의원: 제16조 "모든 인민은 균등하게 교육을 받을 권리가 있다. 초
등교육은 의무적이며 무상으로 한다." 이렇게 말한 것이올시다. 또 그 밑
에 균등히 받을 권리와 의무라는 그 말이에요. 그러면 이것은 어떠한 의
무적이라고 쓴다든지 혹은 그 외 설명을 자세히 해주시면 좋겠습니다.

유진오 전문위원: 그 균등하게 교육을 받을 권리가 있다는 균등은 기회균
등의 의미입니다. 그러니까 가령 어떠한 사회적 신분에 의지해서 특별한
어떠한 사람이 학교에 들어갈 수 있다. 그런 점이 아니라 입학시험에 합격
해야 들어갈 수 있다. 그러니까 입학시험에 들은 자를 넣은 경우가 있으
면 어떻게 할 수가 없습니다. 그러니까 초등교육은 의무적이며 또한 적령
자의 권리입니다.

이종근 의원: "모든 국민은 교육을 균등하게 받을 권리가 있다"면 대한민

국의 국민은 최고 학부까지 자기의 의사와 머리가 있다면 다 갈 수 있는 기관을 국가가 시설하여야 할 것이니 일종의 이상뿐으로 …

여기서 확인할 수 있는 사실은 두 가지다. 첫째, '균등하게' 교육을 받을 권리가 실질적으로 보장되지 않을 가능성을 우려하는 사람들이 많았고, 그들은 '능력에 따라'라는 표현을 추가하자고 제안한다. 그런데, 여기서 '능력'은 능력이 부족한 사람, 특히 가난한 사람의 교육권을 보장하기 위한 것이다. 둘째, '균등하게'의 의미는 기회균등이며, 의무교육 이후 단계 교육 기회를 배분할 때는 학력을 기준으로 삼을 수밖에 없다는 점이다.

이와 같은 헌법 해석은 교육 관계 법률을 제정하는 과정에서 구체성을 보인다. 우선, 문교부가 계획한 「교육기본법(안)」 제4조는 다음과 같은 규정을 두고 있었다. 이 조문은 헌법상 '균등하게'의 의미를 '일신전속적(一身專屬的)' 능력 이외의 요인에 따른 차별을 받지 않고'라는 의미로 구체화하고 있다.

제4조 모든 국민은 신앙, 성별, 사회적 신분, 경제적 지위 등에 따라 차별이 없이 그 능력에 따라 균등하게 교육을 받을 기회를 가진다.

아울러, 제정 헌법 16조의 정신은 1949.12.31. 제정된 「교육법」에서 구체화된다. 문교부의 「교육법(안)」 제9조는 '균등하게 교육을 받을 권리'의 내용을 구체적으로 규정하고 있다.

제9조 모든 국민에게 그 능력에 따라 수학할 기회를 균등하게 보장하기 위하여 국가와 지방공공단체는 좌의 방책을 실행하여야 한다.
1. 학교를 지역적 또는 종별적으로 공평하게 배치한다.
2. 재능이 우수한 학생으로 학자(學資) 곤란한 자를 위하여 장학금제도, 학비 보조 제도를 실시한다.

3. 직업을 가진 자의 수학을 위하여 야간제, 계절제, 시간제 기타 특수한 교육 방법을 강구한다.

문교부가 제안한 「교육법(안)」에 대하여 국회에서 독회와 토론이 이루어졌다. 당시 교육이념과 지방교육자치제도, 그리고 학교 제도에 관한 내용을 중심으로 질의와 토론이 이루어졌으나 제9조를 중심으로 교육권 관련 언급도 부분적으로 이루어졌다. 이성학 의원은 "교육의 기회균등을 보장하겠다고 선언하고 있으나, 학부형 후원회와 기부금 징수 문제로 볼 때 과연 교육 기회를 균등하게 보장할 수 있는가"라는 문제를 제기했고, 육홍균 의원은 "의무교육 학교의 무상제는 수업료만 면제할 것이 아니라, 국민이 교육세를 더 부담하더라도 교과서 대금과 학용품도 국가가 보존해야 한다"라는 주장을 펼쳤다. 아울러, "경제적 이유로 취학 곤란한 아동에게 주는 보조 규정은 반년 내지 1년 뒤에 주는 사후 지원 제도이나 이를 실효성 있게 지급해야 한다"라는 견해도 폈다. 조한백 의원은 "교육의 기회균등을 위하여 지역적 공평성을 배려하는 법안에 찬동한다. 그리고 장학제도와 보조금 제도는 의무교육 실시 비용을 국민 전부가 균등하게 부담하며 우수한 인재를 양성하는 제도"라는 취지의 본회의 발언을 했다(정태수, 1996: 234-236).

제정 「교육법」 제9조는 '능력에 따라'라는 표현을 추가하였으며, 제9조에서 지역, 학자 곤란한 자, 직업을 가진 자 등 소위 교육 취약 계층의 교육 기회를 보장하기 위한 조치를 규정하고 있다. '능력이 있으나' 열악한 처지에 있는 사람들의 교육받을 권리를 보장하기 위하여 교육법상 '능력'을 추가하였으며, 이것은 균등한 교육을 실현하고자 하는 헌법 정신에 부합하는 것임을 알 수 있다.

2) 1962년 제5차 헌법 개정

1962년 12월 26일 제5차 헌법 개정이 이루어졌다. 개정 헌법 제27조 제1~3항은 다음과 같다.

제27조 ① 모든 국민은 능력에 따라 균등하게 교육을 받을 권리를 가진다.

② 모든 국민은 그 보호하는 어린이에게 초등교육을 받게 할 의무를 진다.

③ 의무교육은 무상으로 한다.

제5차 헌법 개정은 5·16 군사 쿠데타 이후 매우 짧은 기간, 폐쇄적으로 이루어졌다. 당시 유진오, 한태연, 박일경, 문홍주 등 9인으로 헌법심의위원회를 조직하여 헌법 개정 논의를 진행하였고, 그 기록이 남아 있으나(대한민국 국회, 1967), 헌법 제27조 개정 경위를 상세하게 파악하기는 어렵다.

개정 헌법 제27조 제1항에서 '능력에 따라'라는 표현이 추가되었는데, 이것은 헌법 제정 당시 최태규 의원이 제출한 개정안의 '능력에 따른 수학'을 반영한 것이라는 해석이 있다(홍석노, 2013:84). 그런데, 그 근거는 분명하지 않다. 제정에 이르지 못했던 「교육기본법」 제4조, 또는 이미 제정되어 있던 「교육법」 제9조의 내용을 헌법에 승격했다고 생각할 수도 있다. 따라서, 헌법 개정 이후의 관련 논의를 통해서 짐작할 수밖에 없다. 우선, 헌법 단행본의 해석을 검토해 보자.

여기서 '능력에 따라'라고 함은 공개경쟁 시험에 의한 능력의 실증 이외에는 성별, 출신 성분, 인종, 기타에 의한 차별을 허용하지 않는다는 취지이다. 따라서 특정의 출신 성분을 입학 자격으로 하는 초등학교나 여자의 입학을 허가하지 않는 대학을 설정한다든가, 혹은 미합중국 남부 제(諸)주에서 행해지고 있는 것과 같은 흑인의 입학 거부에 유사한 차별을 행한다는 것은 그 모두가 국민의 평등 원칙을 규정하고 있는 헌법 제9조와 본조의 취지에 위반한다 하지 않을 수 없다(박일경, 김남진, 1964:151).

균등한 교육을 받을 권리라고 함은 성별, 종교, 사회적 신분 또는 지방에 의한 차별을 받지 아니하고 그 능력에 따라 교육을 받을 권리를 말한다. 따라서 국가는 교육을 받을 능력이 있는 자에 대하여는 교육을 받을 기회와 시설을 균등하게 제공할 의무가 있다. 여기서 '능력'이라고 함은 교육을 받는 데 적합한 재능, 체력 등을 의미하며, '교육을 받을 능력'과 관계없는 제 조건— 재산, 가정 —은 이에 포함되지 아니한다. 그러므로 교육을 받을 능력을 가진 자가 학자금이 없어서 입학할 수 없는 경우에는 국가는 국가 재정이 허락하는 한 장학금 등 경제적인 보조를 할 의무가 있는 것이다(한동섭, 1964:188).

한편, 헌법 개정 직후 새로운 헌법을 해설하는 글(김기범, 1963:15)은 개정 조문의 취지를 다음과 같이 설명하고 있다.

헌법상 보장된 생존권적 기본권의 질에 있어서는 첫째 교육을 받을 권리에 있어서 구 헌법 제2조 제1항은 단지 '모든 국민은 균등하게 교육을 받을 권리를 가진다'고만 규정하고 있었던 것을 신헌법 제27조 제1항은 '모든 국민은 능력에 따라 균등하게 교육을 받을 권리를 가진다'고 하여 새로이 '능력에 따라'라는 문구가 신설되었고 …

이와 같은 문헌을 통하여 알 수 있는 것은 첫째, 헌법이 말하는 '능력'은 오늘날 헌법 해석과 동일하게 일신전속적 능력이라는 점, 둘째, 교육기회 배분의 기제로 능력을 활용한다는 점, 마지막으로, '능력에 따라'라는 문구를 추가한 것은 교육 약자의 생존권적 기본권을 실질적으로 보장하기 위한 취지였다는 사실이다.

김범주(2022)는 박정희 군사 쿠데타 이후에 이루어진 제5차 헌법 개정의 성격을 엘리트주의적 차등 원리를 사회의 지배 이념으로 구축한 것이라는 선행 연구(김현주, 2018) 결과를 승인하면서, '능력에 따라'라는 표현이 삽입된 의미를 "엘리트주의를 바탕으로 능력에 의한 차등적 교육 기회를 배분하는 것"으로 파악하고 있다. 즉, 이 표현은 저마다 지닌 재능에 부합하도록 교육 기회를 배분하려는 의도가 아니라 엘리트를 선발하고 교육하고자 하는 의도라고 해석하고 있다. 그런데, 과연 이 해석이 타당한 것인지는 검증할 필요가 있다.

4. '능력에 따라 균등한 교육'에 대한 시민 인식의 변화

그런데, 법 정신과는 다른 차원에서, 시민들이 헌법 조항을 어떻게 인식하였는가를 검토하는 일이 중요하다. 시민들은 나름대로 헌법을 해석하고, 그에 걸맞게 교육제도와 정책을 운용할 것을 요구한다. 신문 기사 검색을 활용해서 시민들이 헌법에서 규정한 '능력에 따라 균등한 교육'을 어떤 의미로 인식하였는지를 분석해 보면, 지난 70여 년 사이에 상당한 변화가 일어났음을 알 수 있다.

1) 사회적 약자의 교육 기회를 보장하기 위한 조항

헌법 제정 이후 1970년대 말까지 '능력에 따른 교육'은 능력이 있음에도 불구하고 교육 기회를 보장받지 못하는 사회적 약자, 또는 교육 약자에게 교육 기회를 실질적으로 보장하기 위한 근거로 활용되었다. 정부 출범 초기에는 경제적 어려움을 겪는 학생들이 일차적 대상이 되었다. '능력에 따른 교육'은 수학 능력은 있으나 경제력을 갖추지 못한 학생들의 교육 기회를 실질적으로 보장하기 위한 조항으로 해석되고 활용되어 왔다. 국가 교육재정이 형편없어서 교육비 상당 부분을 개인이 부담해야 했던 시절에 균등한 교육 기회 보장은 중요한 정책 과제가 되었다.

… 헌법상 명문이 규정되어 있음에도 불구하고 실제에 있어 교육은 반드시 균등화하고 있지 못한 것이 실정이다. 법률로서 아무리 균등을 보장하였다고 하더래도 국민 각 개인의 생활 관계가 그대로 균등화하는 것이 못 된다. 국민 각 개인의 생활은 법률로서 균등할 것을 이념하고 있으나 실제 형편은 그간에 경제적으로 어느덧 빈부의 차등이 생기고 이 빈부의 차등으로 인하여 교육을 받게 되는 사람과 받지 못하게 되는 사람과 사람 사이에 차등이 생기게 됨으로 국가의 교육의 이상은 좀처럼 실현은 볼 수 없게 되는 결과를 만들게 되는 것은 유감된 일이다. … (의무교육제도 시행의 취지를 설명한 후) 당면의 문제로서는 무상은커녕 과다한 부담이 없이 취학할 수 없다는데 고충이 없을 수 없는 일이다. … 입학하는 아동은 누구나 일률적으로 이십 원으로부터 팔천 원까지의 학비를 납부하지 않으면 안된다는 것은 학부형에 따라서는 일시에 렴출하기 어려운 과중한 부담이 아닐 수 없으며 그리므로 모처럼 반가운 제도의 실시가 쓰라린 고통도 고통이려니와 그 고마운 권리요 의무를 향유하기 어려운 처지를 만들게 되는 것이다(동아일보, 1950.6.10.).

의무교육이라는 빛 좋은 면사포 아래 초등학교 아동들이 납입금에 보깨여 학교를 물러나고 있는 형편이며 기성 문맹자들을 계발한다는 의미에서 성인교육 제도를 마련하였으나 각 농촌에는 납부금 목록에 성인교육비라는 새로운 항목만이 재빨리 설정되고 금일까지 징수 사업에만 충실하였을 뿐 별다른 신통 면이라고는 전무하다. 또한 직장인들을 위하여는 야간제 시간제 등을 말하고 있으나 어느 도시 지방 치고 다소 설비가 풍부하고 비교적 권위 있다는 학교가 동 취지에 호응하여 그 얼마나 문호가 개방되고 있느냐는 말이다. 다만 서글픈 현상은 주간 학생 수용만으로는 경제적으로 학교 운영을 하기 힘드는 몇몇의 빈약한 학교들만이 이 거대한 사명과 이념에 충성을 다하고 있다는 데에는 일방 애처러우면서도 우리는 그들에 대한 최대의 찬염을 아끼지 않아야 한다(경향신문, 1955.2.13.).

당시에는 엘리트 학교가 존재하였는데, '균등한 교육'의 이상이 대단하여, 모두가 능력을 펼칠 수 있도록 해야 한다는 사회적 분위기가 상당했음을 짐작게 하는 기사도 찾을 수 있다.

서울중학교장 겸 서울고등학교장 김모 씨는 "수재를 양성하는 것이 서울 중·고교의 사명"이라는 구실 밑에, 이번에 평균 급제 점수에 달하지 못한 학생 백십일 명을 "자진퇴학"이라는 명목으로 대량 퇴학시켜 사회에 물의를 일이키고 있다고 한다. "일류 교장"이라고 불리우는 김 교장님! 대한민국 교육법을 아는지 모르는지 답답하기 그지없소. 서울중학과 서울고등학교는 뉘가 설립자요, 이 학교의 교육목적이 무엇인지 김 교장이여, 아십니까? 천재교육이든 수재교육이든 시키고 무슨 재(才)교육이든 시키고 싶거든 얼마든지 시키시오. 단, 그것은 김 교장이 그 자신의 "사재"를 던져 "학원"을 따로 하나 만들어놓은 연후에 하시오. 대한민국 교육법상 공립 중고등학교이건 사립중고등학교이건 "수재교육을 하기 위하여" 성적이 좋지 못한 학생을 퇴학시킬 수는 없답니다(동아일보, 1956.4.10.).

이와 함께, '능력에 따른 교육'은 장애를 가진 학생들에게 특수교육 기회를 보장하기 위한 조항으로 활용되어 왔다. 장애 학생들에게 특수교육 기회를 제공해야 한다는 주장은 1950년대부터 1980년대 초까지도 줄기차게 이어진다.

헌법에는 그러한 규정이 있으나 실제로는 모든 학령 아동이 교육을 받을 기회를 갖고 있지 못하다. 가령 신체적 장해가 있는 아동을 위한 특수학교나 학급의 시설이 전연 없어서 이러한 아동은 교육을 받을 기회가 전연 없다. 하루속히 특수학교의 설치가 필요하다(조선일보, 1959.10.7.).

소아마비 뇌성마비 지체 부진 등으로 인해 전국에 십일만여 명을 헤아리는 지체부자유아동의 바람직한 교육 태도는 어떤 것일까? … 이날의 주제 강연에서 (전문가, 대학교수) 등은 카운슬러를 통한 체험담을 중심으로 이야기하면서 소아마비 어린이의 능력은 신체적인 조건과는 관련 없이 성장할 수 있다고 입을 모았다(동아일보, 1972.7.5.).

대구의 모 대학교는 올해 입시 합격자 사정 과정에서 필기고사 결과 합격권 내에 들어간 지체부자유 학생을 불합격시켰다고 한다. 수학에 지장이 없다고 주장하는 학생의 호소에 따르면 어릴 때 소아마비를 앓아 다리를 약간 전다는 것인데 학교 측에서는 실험실습·현장실습 등 수학에 지장을 주는 독립 보행이 불가능한 지체부자유 학생은 입학을 허용할 수 없다고 한다. … 모든 국민은 능력에 따라 균등한 교육을 받을 권리를 헌법에 보장받고 있지만 끝없이 따라다니는 불구자라는 단어 때문에 권리를 포기해야 하는 젊은이들을 위해 사회와 정책당국, 그리고 대학이 삼위일체가 되어 희망과 신념을 가지고 사회에 공헌할 수 있도록 하는 해결책을 마련해 주어야겠다(경향신문, 1977.3.4.).

이런 현실에 장애인들 스스로 헌법이 규정한 '능력에 따른 교육'을 내걸고 자신들에 대한 교육 여건을 개선할 것을 정부에 촉구하기도 했다.

지난 10월 서울에서 전국 지체부자유 대학생 3백여 명이 '지체부자유 대학생 권리 선언' 모임을 가진 바 있다. 이들은 '장애자의 발전을 가로막는 일체의 법적 제도적 차별을 일소하라'고 호소하면서, 사회는 장애자들이 가정-학교-사회에 유능한 생활인으로 적응하고 직업에 종사하며, 행복한 개인 생활을 영위할 수 있도록 정당한 기회를 보장해야 한다고 주장했다.

… 능력이 있음에도 불구하고 이러저러한 이유를 붙여 개인의 사회 진출 기회를 제도적으로 제약한다는 것은 바로 기본권의 침해인 것으로 헌법의 정신에도 어긋나는 처사가 된다(조선일보, 1982.12.25.).

마지막으로, '능력에 따라'는 여성 교육을 활성화하기 위한 근거 조항이 되어 왔다.

특히 교육상의 평등은 가장 완벽하게 달성되어 있는 것으로 널리 신봉되어 왔다. 그런 의미에서 최근 연세대 음대에서 발생한 입시 사건은 '교육상의 남녀평등'의 믿음에 도전한 충격적 사건이다. 성적으로 판정되는 입시에서 여성이란 이유로 불합격 처리된 것은 남권 존중에서 온 피해임이 분명하기 때문이다. … 교육의 기회균등은 남성에 의하여 지식과 직업이 독점되는 것을 배제하고 남성과 동등한 사회적 활동을 여성에게 보증하는 데 그 의의가 있다. 그러나 실제로 교과 과정상의 남녀 차별은 대학입학시험에 대처하는 남녀 학생의 경쟁의 공정성부터 저해하고 있다. … 오늘날 전통적인 남녀의 역할 차는 고정된 것이 아니라 개인의 능력 차에 의하여 변형되고 전도될 수 있다는 인식이 점증하고 있다. 이 인식을 뒷받침하기 위한 교육의 임무는 단순한 기회균등만이 아닌 교육 내용상의 평등을 전제로 해야 한다(동아일보, 1975.3.4.).

이상의 언론 보도를 보면, '능력에 따른 교육'은 사회적 약자, 또는 교육 약자의 권리를 보장하기 위한 근거가 되어 왔음을 알 수 있다.

2) 고교평준화 정책 시행 이후 인식의 충돌

1974년부터 70년대 말까지 순차적으로 고교평준화가 이루어지면서, '능력에 따른 교육'에 대한 인식에 극적인 변화가 일어났다. 평준화 이후 종래의 위상을 잃어버린 일류 고등학교를 중심으로 학업 능력이 우수한 학생들과 그렇지 않은 학생들을 함께 교육해야 하는 상황에 대한 불만이 터져 나왔다. 우열반을 편성하는 방식으로 대응하는 학교들이 있었지만, 이런 방식에 문제를 제기하는 학부모도 적지 않았다. 다음 기사는 당시 사정을 보여준다.

가장 골칫거리는 학력 저하로 인해 파생된 우열반 시비다. 학교 측으로선 날로 떨어져 가는 학력을 보충하기 위해서는 우열반이라도 편성, 우수 학생을 보호하여 일류대학에 진학시켜야 할 입장, 그러자 열반 소속 학부모들이 학생들의 사기 저하 문제를 들고나와 극력 반대했고 문교부도 이 같은 학부모들에 동조, 우열반 편성을 제지해 왔다. 그러나 대부분 학교들은 이 같은 제지를 무시하고 계속 우열반 운영을 강행해 오는 가운데 최근 우열반 때문에 잇달아 심각한 문제가 발생하자 문교부는 우열반 편성을 금지하는 강경한 조치를 내려 일단 수그러졌다(동아일보, 1978.5.23.).

이런 상황에서 '능력에 따른 교육'을 학업 능력이 우수한 학생들의 교육 문제에 관심을 촉구하는 근거로 활용하는 주장이 제기된다. 당시 윤형원 충남대 교수는 '평준화의 병폐'라는 제목으로 다음과 같이 말한다.

실력이야 있던 없던 무시험 진학으로 아이들이 공부를 못하는 것이 겉으로 나타나지 않고, 학교 내에서도 우열반 편성을 하지 않아 결국 꼴찌 학생의 학부형이라도 자식 자랑하기에 편하다. 이를 두고 이른바 무시험 진학이 낳은 교육의 평준화라고도 한다. 고상하게 말해서 교육의 기회균등이 보장되고 있다는 것이다. 그런데, 우리 헌법에 명시된 '능력에 따라 균등하게 교육을 받을 권리'란 지금의 이런 현상과는 그 뜻이 판이한 것이다. 능력의 고하에 따른 적절한 교육 여건을 제공받을 권리를 말한다. 똑똑한 아이는 더 똑똑한 아이가 되도록 하는 교육을 받을 권리가 있고, 떨어지는 아이는 떨어지지 않도록 하는 교육을 제공받을 권리가 보장되어야 한다는 뜻이다(조선일보, 1978.10.6.).

김철수 서울대 법대 교수는 고교평준화 정책을 "둔재 만드는 정책"이라고 비난하며, 능력에 따라 균등한 교육을 위하여 고교 입학시험을 부활해야 한다는 주장을 폈다.

정부는 학부모와 학생의 의사를 무시한 강제 배정으로 평준화 교육을 시켜 왔다. 이미 20년이 지난 평준화 정책은 천재를 둔재로 만드는 데 기여했을 뿐 교육의 수월성을 망치고 국제 경쟁력을 상실케 하고 말았다. … 아직도 인문계 고등학교에서는 우열반을 만들지 못하게 하고 있는데 이는 지나친 우민정책의 표본이라고 하겠다. 헌법은 '모든 국민은 능력에 따라 균등하게 교육을 받을 권리를 가진다'고 규정하고 있어 학습 능력에 따른 차별은 얼마든지 가능한 것이다. … 교육의 수월성을 확보하기 위하여 강제 배치제를 폐지하고 고교입시제도를 부활하여야 할 것이다(조선일보, 1992.2.11.).

그런데, 위와 같은 주장에 대하여 '능력에 따른 교육'을 근거로 반론이 등장하기도 했다. 한 시민이 '학교는 '수재'만 길러야 하나'라는 제목으로 윤형원 충남대 교수의 주장에 대하여 반론을 편 아래의 기사가 그 예이다.

모든 국민은 능력에 따라 균등하게 교육을 받을 권리를 가진다고 헌법에 명시되어 있는 점은 열등생에게는 하나의 기념비적인 복음이다. … 국가는 영리 집단이 아니다. 뛰어난 인재만을 선발하여 채용하는 사기업체가 아니다. 국가는 무수한 인연으로 얽혀있는 공동 운명체다. 가족 중에 불구자가 있으면 전 가족이 간호를 해야 하듯이 우리 국민 중에 열등생이 있으면 갑절 더 보살펴주어야 한다(동아일보, 1990.5.10.).

요컨대, 고교평준화 시행 후에는 학업 성취가 뛰어난 학생들에 대한 교육을 강화하기 위한 주장의 근거로 '능력에 따른 교육'이 활용되기 시작한다. 이런 현상은 평준화 정책 시행 이전에는 잘 드러나지 않았던 새로운 일이다. 그런데, 동일한 헌법 조문을 근거로 성취 수준이 뛰어나지 않은 학생들의 교육에도 여전히 관심과 지원을 아끼지 않아야 한다는 반대 주장 역시 제기되었다. '능력에 따른 교육'을 둘러싸고 집단 간 인식의 충돌이 이루어진 셈이다.

3) 고교평준화의 무력화와 '능력에 따른 교육'에 대한 인식의 완전한 전환

1990년대 들어 노태우 정부는 고교평준화 정책의 개선을 명분으로 과학고등학교와 외국어고등학교 등 특수목적고등학교를 점차 확대하기 시작한다. 이를 기점으로 고교평준화 정책은 서서히 힘을 잃어 간다. 그런데, 이와 맞물려서, '능력에 따른 교육'을 강력하게 주장하는 사람들이 등장하는데, 그들이 거의 예외 없이 '능력'이 뛰어난 집단에 속한다는 사실이 흥미롭다.

1993년에는 만 6살에 이르지 못했지만, 수학 능력이 있는 아동의 초등학교 입학을 금지한 당시 교육법 제96조 제1항에 대한 위헌심판소송이 제기되었다. 이 소송을 제기한 사람은 변호사였는데, 그는 자신의 자녀가 비록 만 6살에 이르지는 않았지만, 수학 능력이 충분한데도 현행 법률이 입학을 금지하는 것은 헌법 제31조 제1항이 규정한 '능력에 따라' 교육을 받을 권리를 침해하는 것이라고 주장하였다(한겨레신문, 1993. 8. 31.).

1997년에는 대입 본고사를 폐지하겠다는 교육부 정책에 대하여 외국어고등학교와 비평준화 지역 고등학교에 재학 중인 학생의 부모 143명이 헌법소원을 청구하였다. 그들은 본고사를 중심으로 한 입시 제도가 유지될 것을 신뢰하여 비평준화 지역 고등학교와 외국어고등학교에 진학했는데, 대학별 고사를 폐지하고 대학수학능력시험과 내신 성적을 위주로 신입생을 선발하도록 제도가 바뀌면 상대적으로 성적이 우수한 학생들이 손해 보게 되며, 이것은 '능력에 따른 교육'에 배치된다고 주장하였다(한겨레신문, 1997.2.18.).

이듬해인 1998년에는 과외를 금지한 법률에 대한 위헌심판소송이 제기되었다. 소송 제기자는 현직 판사였으며, 그는 과외를 원칙적으로 금지하고, 대학생과 대학원생의 교습 등 예외적으로 허용한 법률이 헌법이 규정한 '능력에 따라 균등하게' 교육을 받을 권리를 보장한 규정에 어긋나는지에 대한 여부를 다툴 필요가 있다고 주장했다(동아일보, 1998.11.11.).

이 밖에도 고교평준화 정책을 반대하는 근거로, 또는 국제학교나 일반적인 학교와는 다른 유형의 학교를 지지하는 근거로 '능력에 따른 교육'이 종종 활용되고 있다.

1970년대 말까지는 '능력에 따른 교육'이 교육 약자 또는 사회적 약자의 교육 기회를 보장하기 위한 조항으로 인식되었으나, 1990년대 들어 학업 성취가 뛰어나거나 가정의 경제력 등이 우수한 학생들에게 적합한 교육을 확대하기 위한 근거로 활용되고 있다. '능력에 따른 교육'을 둘러싼 인식이 극적으로 바뀐 것이다.

5. '능력에 따라 균등한' 교육에 대한 학설과 판례

학계에서는 '능력에 따른'에서 '능력'을 체력이나 지력과 같은 일신전속적 능력으로 해석한다. 그리고 '능력에 따른' 교육의 의미는 '균등하게'와 결합하여 해석해야 한다는 입장이 다수이다. 이 둘이 결합할 때 헌법 제11조에서 규정한 평등권의 의미를 구체화할 수 있다고 본다(고전, 2022; 허종렬, 2018). 즉, 교육 기회의 보장은 절대적 평등이 아닌 능력에 따른 교육 기회를 보장한다는 상대적 평등의 의미를 지니는데, 이것은 '같은 것은 같게, 다른 것은 다르게'라는 평등 원칙을 교육에 적용하는 것으로서,

모든 국민에게 각자의 능력에 적합한 교육을 제공한다는 의미다. 따라서 이 조항은 영재에게는 영재교육을, 장애인에게는 특수교육을, 기초학력 미달자에게는 보충 교육의 기회를 부여할 수 있는 근거가 된다(고전, 2022: 185).

한편, 헌법재판소는 본래의 입법 정신에 부합하게 해석하는 입장을 견지하고 있다. 앞에서 언급한 만 6세 조기 입학 관련 결정[7]과 과외 금지 위헌 결정[8]에서 다음과 같은 헌법 해석을 밝히고 있다.

헌법 제31조 제1항에서 말하는 "능력에 따라 균등하게 교육을 받을 권리"란 법률이 정하는 일정한 교육을 받은 전제조건으로서의 능력을 갖추었을 경우 차별 없이 균등하게 교육을 받을 기회가 보장된다는 것이지 일정한 능력, 예컨대 지능이나 수학 능력 등이 있다고 하여 제한 없이 다른 사람과 차별하여 어떠한 내용과 종류와 기관의 교육을 받을 권리가 보장된다는 것은 아니다. 따라서 의무취학 시기를 만 6세가 된 다음 날 이후의 학년 초로 규정하고 있는 교육법 제96조 제항은 의무교육제도 실시를 위해 불가피한 것이며 이와 같은 아동들에 대하여 만 6세가 되기 전에 앞당겨서 입학을 허용하지 않는다고 해서 헌법 제31조 제1항의 능력에 따라 균등하게 교육을 받을 권리를 본질적으로 침해한 것으로 볼 수 없다(헌법재판소 1994.2.24. 선고 93헌마192 결정).

헌법 제31조 제1항은 "모든 국민은 능력에 따라 균등하게 교육을 받을 권리를 가진다"고 규정하여 국민의 교육을 받을 권리를 보장하고 있다. '교육을 받을 권리'란 모든 국민에게 저마다의 능력에 따른 교육이 가능하도록 그에 필요한 설비와 제도를 마련해야 할 국가의 과제와 아울러 이

---

7   헌법재판소 1994.2.24. 선고 93헌마192 결정.
8   헌법재판소 2000.4.27. 선고 98헌가16 결정.

를 넘어 사회적, 경제적 약자도 능력에 따른 실질적 평등교육을 받을 수 있도록 적극적인 정책을 실현해야 할 국가의 의무를 뜻한다(헌법재판소 2000.4.27. 선고 98헌가16 결정).

앞에서, 일본 헌법 제26조를 언급하였는데, 이 조문에 대한 일본 학계의 해석과 판례도 간략히 검토할 필요가 있다. 헌법학자인 사토 이사오(佐藤 功, 1983)는 일본 헌법 제26조의 '능력에 따라 동등하게'의 의미를 다음과 같이 해설한다.

'능력에 따라, 동등하게'란 교육을 받을 권리의 평등, 즉 헌법 14조가 정한 평등 원칙을 교육에 적용하는 것을 의미한다. 즉, 인종, 신조, 성별, 사회적 신분, 문벌 등에 의하여 교육을 받을 권리를 차별하지 않고, 오로지 그 능력에 따라 교육을 받을 기회를 보장해야 한다는 것(교육의 기회균등)을 나타낸다. … 교육을 받음으로써 사람으로서의 능력을 향상시킬 수 있는 자질을 지속하면서, 그 자질과는 관계가 없는 다른 사정에 의하여 그것이 방해받아서는 아니 된다는 것을 의미한다. 이 경우 '능력에 따라'는 각인의 '지능(智能)의 다름에 따라'라는 의미가 아니라, 국민 지능의 다름에 따라서, 각자의 지능에 적합한 교육을 받아야 한다는 것은 특히 헌법 규정을 더 말할 것도 없다.

일본 최고재판소는 이에나가(家永) 제2차 교과서 소송에서 헌법 제26조를 생존권적 기본권으로 규정하고, '능력에 따라 동등하게'라는 것은 학업성적에 따른 교육이 아니라 모든 자녀가 각자의 능력 발달의 방식에 따라 능력 발달이 가능토록 하는 교육을 보장해 주는 뜻으로 해석한다(고전, 2019: 134).

헌법 26조는 … 생존권적 기본권의 문화적 측면으로서 아동의 교육을 받을 권리를 보장하는 것이다. 아동은 미래에 가능성을 가진 존재이기 때문에 장래에 그 인간성을 충분히 개화시켜 스스로 학습하고 사물을 알고 그것에 따라 스스로를 성장시키는 것이 아동의 생존권적 기본권이고 이런 아동의 학습할 권리를 보장하는 것은 국민적 과제이다(도쿄지방법원 쇼와 45년 7월 17일).

6. 논의 및 결론

근래 능력주의에 근거한 공정성 논의의 문제가 심각하게 부각되면서, 능력주의 자체에 대한 근본적 비판이 거세지고 있다(손준종, 2004; 박남기, 2016; 박권일, 2021). 특히 학교는 능력주의를 생산하는 공장이라는 오명을 쓰고 있으며(한승희, 2008.12.23.), 헌법 제31조 제1항의 '능력에 따라'라는 어구는 학교 교육을 왜곡하고 있다는 혐의를 받고 있다. 한 연구(김범주, 2022)는 '능력에 따라'라는 어구는 군사정부가 애초에 엘리트 교육을 추구하고자 하는 의도로 헌법에 삽입하였으며, 능력주의적 사고를 강화하기 때문에 삭제해야 한다는 주장을 전개하고 있다.

그런데, 헌법 제정 과정과 개정 과정을 살펴보면, '능력에 따라'가 엘리트 교육을 의도하여 헌법에 삽입된 것은 아니다. 선행연구(김범주, 2022)는 엘리트 교육을 시행하기 위하여 명문학교를 설립하고자 헌법을 개정하였다고 주장하고 있으나, 1962년 헌법 개정 전에 이미 명문학교가 존재하고 있었기 때문에, 특별히 명문학교를 설립하기 위한 법적 근거가 필요한 것은 아니었다. 보다 중요한 것은, 헌법 제정 과정, 그리고 교육법 제정 과정을 살펴보면, '균등하게' 교육을 받을 권리를 실질적으로 보장하기 위해서 '능력에 따라'라는 어구가 필요했음을 알 수 있다. 즉, 교육 약자와 사회적 약자들에게 균등한 교육을 보장하기 위해서는 '능력이 부족한' 사람들에게 국가가 적극적 조치를 취해야 한다는 취지가 입법에 반영되었다고 보아야 할 것이다. 실제로, 고교평준화 정책이 본격적으로 시행되기 전인 1970년대 말 전까지 '능력에 따라'는 사회적 약자들에게 '복음'과도 같은 것이었다. 경제적 어려움을 겪는 아동들의 교육 기회를 보장하고, 장애 아동과 여성들이 교육받을 기회를 확대하기 위한 방패막이와도 같은 것이었다.

그런데, 고교평준화 정책 시행을 계기로 '능력에 따라'는 학업 성취가 우수하거나, 가정의 경제력 등 면에서 우월한 위치에 있는 사람들이 자신들의 교육 요구를 정당화하는 일, 즉 자신들과는 형편이 다른 집단들과의 교육을 차별화하는 일에 동원되기 시작했다. 나아가 1990년대 말 이후에는 평등 지향적 교육정책의 전환을 강력히 요구하는 기제로 작동하고 있다.

특히, 과외 금지 정책에 대한 위헌 결정이 이루어지고 사교육이 전면적으로 허용된 후에는 가정의 경제적 영향이 학생의 학업 성취와 긴밀한 관계를 형성하게 되면서, 일신전속적 능력과 비전속적 능력을 명확히 구분하기도 어려워졌다. 타고난 능력과 가정의 경제력으로 인하여 후천적으로 획득하게 된 능력을 구분하기 어려워져 버린 셈이다. 이런 상황에서 '헌법이 상정한 능력'과 '시민들이 인식하는 능력' 간의 괴리가 커지고, 결과적으로 '헌법이 상정한 능력'은 공허해져 버린다. 대신 가정의 영향으로 만들어진 능력이 일신전속적 능력과 동일시되고, 이것이 공정성 담론과 결합하면서, 결과적으로는 사회적 약자와 소수자에 대한 차별을 정당화한다. 이렇게 교육기본권과 능력주의가 접합되었다.

참고문헌

고전(2017). 교육기본권 관점에서 본 헌법 개정 논의. **교육법학연구**, 29(2). 대한교육법학회. 1-30.

고전(2019). **일본교육법학**. 서울: 박영스토리.

고전(2022). **한국교육법학**. 서울: 박영사.

교육부(2013). 행복교육, 창의인재 양성 - 2013년도 국정과제 실천 계획 (2013 대통령 업무 보고).

국회도서관(1967). 헌법 제정 회의록(헌법사 자료 제1집).

국회도서관(2018). 세계의 헌법 40개국 제1권(제3판). 국회도서관.

국회도서관(2018). 세계의 헌법 40개국 제2(제3판). 국회도서관.

국회사무처(1948~). 속기록.

김기범(1963). 개정 헌법상의 생존권적 기본권. **法政**, 18(9), 15-18.

김범주(2022). 헌법 제31조 제1항 '균등', 그리고 '능력에 따라'에 대한 재고(再考) - 명문화되던 당시의 정치사회적 맥락의 관점에서 -. **교육정치학연구**, 29(3). 한국교육정치학회. 183-203.

김철수(1992.02.11.). 둔재 만들기 20년. 조선일보.

김현주(2018). 5·16 쿠데타 세력의 유사 민간 정권 창출. 박사학위논문. 경북대학교.

박권일(2021). **한국의 능력주의: 한국인이 기꺼이 참거나 죽어도 못 참는 것에 대하여**. 서울: 이데아.

박남기(2016). 실력주의 사회에 대한 신화 해체. **교육학연구**, 54(3), 63-95.

박일경, 김남진(1964). **헌법**. 서울: 박영사.

박찬주 외(2018). **교육 관련 헌법 개정 방향 연구**. 세종: 전국시도교육감협의회.

손준종(2004). 교육 논리로서 '능력주의' 재고. **한국교육학연구**, 10(2), 135-153.

송병춘(2017). 교육헌법(제31조) 개정에 대한 의견. 교육권 보장을 위한 헌법 개정안 토론회 발제문, 새로운 교육체제 수립을 위한 사회적교육위원회.

윤형원(1978.10.6.). 평준화의 병폐. 조선일보.

이종재, 이차영, 김용, 송경오(2012). **한국교육행정론**. 파주: 교육과학사.

임재홍(2017). 대한민국 헌법 교육조항의 새로운 구성. 교육권 보장을 위한 헌법 개정안 토론회 발제문, 새로운 교육체제 수립을 위한 사회적교육위원회.

정태수(1996). **한국교육기본법제 성립사**. 서울: 예지각.

조승래(2017). 공화주의 교육으로의 전환: 시민적 평등과 비지배를 위한 교육. **역사와 담론**, 0(81), 359-380.

한동섭(1964). **헌법**. 서울: 향학사.

한숭희(2008.12.23.). 능력주의의 함정. 매일경제신문.

허종렬(2018). 교육헌법 개정 논의의 흐름과 쟁점 검토: 헌법 제31조와 제22조의 개정안을 중심으로. **교육법학연구**, 30(2), 211-258.

홍석노(2013). 교육을 받을 권리의 헌법적 보장. 박사학위논문. 고려대학교.

홍후조, 권혜정(2013). 헌법 제31조 제1항의 비판과 개정 방향. **교육법학연구**, 25(2), 163-194.

황준성, 정필운, 이덕난(2020). 현행 교육헌법의 개정 방안에 관한 연구. **교육법학연구**, 32(1), 191-222.

佐藤 功(1983). **憲法(上)**. 東京: 有斐閣.

Young, M(1994). *The rise of the meritocracy*. 유강은 역(2020). **능력주의**. 서울: 이매진.

경향신문 1955. 2. 13일자 2면. 균등교육 실현하라.

경향신문 1977. 3. 4일자 4면. 나의 제언 지체부자유학생에도 희망을.

경향신문 2020. 6. 23일자. '능력에 따라 균등하게' … 이 문구를 어떻게 생각하십니까.

동아일보 1950. 6. 10일자 1면. 의무교육제 실시와 고충.

동아일보 1956. 4. 10일자 2면. 서울중고교 배역 학생에 퇴학 처분.

동아일보 1972. 7. 5일자 5면. 능력은 신체 조건에 무관.

동아일보 1975. 3. 4일자 5면. 남녀불평등 여기에 문제가 있다 〈1〉.

동아일보 1978. 5. 23일자 3면. 고교평준화 확대 이상과 현실.

동아일보 1990. 5. 10일자 21면. 학교는 '수재'만 길러야 하나.

동아일보 1998. 11. 11일자 23면. '무조건 과외 금지' 판사가 위헌제청.

조선일보 1959. 10. 7일자 4면. 오늘의 교육을 나는 이렇게 본다(상).

조선일보 1978. 10. 6일자 5면. 평준하의 병폐.

조선일보 1982. 12. 25일자 2면. 기회 부여의 중요성.

조선일보 1992. 2. 11일자 5면. '둔재 만들기' 20년.

한겨레신문 1993. 8. 31일자 15면. "국교입학연령 제한 위헌" 주장.

한겨레신문 1997. 2. 18일자 25면 비평준화 고교 학부모들도 헌법소원.
한국교육신문 2020. 1. 11일자. 교육 현장, '균등하게 교육받을 권리'를 누리지 못하나.

Q :
능력주의 체제에서 깊은 주의력과 공통감각은 어떻게 훼손되는가?

최근 활발한 스마트폰 사용 및 뉴미디어 활용이 능력주의와 결부 되면서 교실에서 '주의력'의 양상이 변화하고 있다. 깊은 주의력이 약화되면, 내가 다른 사람과 함께 있는 교실에서의 '교육적 시간'을 잃게 되고 그럼으로써 공통감각을 형성할 수 있는 시간과 장소를 잃어버리게 된다.

02
능력주의 교육과 공통감각의 상실:
'깊은' 주의력, 그리고 '교육적' 시간의 부재'

최진

---

1. 한국의 능력주의 교육이 지닌 독특성과 '사적' 공정성

능력주의가 완전하게 실현되기는 어려울 것이다. 그러나 그 실현 방식의 불완전성과 '능력' 규정에 대한 논쟁에도 불구하고 능력주의는 여전히 우리에게 결코 떨쳐버릴 수 없는 근대 이후의 이데올로기로 작동하고 있다. 이념적으로는 '개인의 능력에 따르는 보상'이라는 분배 원칙을 의미하기 때문에, 과거 세습에 의해 사회적 지위와 재화가 점유되던 시대로 회귀하지 않는 한 대체될 대안이 없어 보이기 때문이다. 이는 능력주의가 교육에 적용되는 논리로도 강력하게 작동하고 있음을 말해준다. 혈연과 재력이 아닌 능력에 따라 교육 기회가 배분되고 이를 통해 사회적 보상을 차지해야 한다는 논리는 원리적 측면에서 보면 그다지 문제 될 것이 없어 보인다(손준종, 2004:148).

그러나 능력주의가 교육을 '통해' 잘 실현될 수 있을까? 혹은 더 근본적으로 교육이 능력주의의 '수단'이 되는 것을 당연히 받아들여야 하는 것일까? 교육과 능력주의를 관련짓는 문제는 언제나 논쟁적이다. 예컨대 능력주의에서 능력은 '잠재된 능력'과 '실현된 노력' 중 무엇을 말하는가?

---

1   최진(2023). 능력주의 교육과 공통감각의 상실: '깊은 주의력'과 '교육적 시간'의 부재를 중심으로. **교육사상연구**, 37(2). 281-301.

능력주의에서 우선시해야 할 것은 정당성인가, 아니면 공정성인가? 이러한 쟁점에 따라 능력 있는 학생을 어떻게 규정하고 평가해야 하는지가 달라지기 때문에, 능력주의에 대한 관점은 교육 성취도를 결정하는 데 막대한 영향을 끼친다. 마치 수시와 정시 중 어떤 것이 더 학생의 능력을 잘 보여주는가, 이때 학생의 능력이란 무엇으로 정의되는가, 혹은 이 중 어떤 것이 공정한가 등의 문제에 쉽게 답해질 수 없는 복잡한 논점들이 따라붙는 것과 같다. 즉 능력주의와 공정성의 문제는 가치판단에 따라 경합하는 개념이며(정태석, 2021: 16), 능력주의 실현의 과정이자 도구로 작동하고 있는 교육 영역에서도 능력 설정의 문제 및 평가 방식의 문제는 끊임없이 경합하고 있다.

이처럼 '능력주의'라는 이념과 '교육'의 관계가 매끄럽지 않음에도 불구하고 사회의 제한된 기회 및 재화와 관련하여 공정성이나 정당성이라는 가치를 추구하기 위해 이 둘을 떨어뜨려 사유하기란 현실적으로 어렵다는 것에 우리는 공감할 수 있을 것이다. 이 글에서는 능력주의를 당연한 것으로 받아들이면서 행해지는 우리 교육의 풍경을 묘사하고, 그로부터 현재 상실되고 있는 부분을 공정성이나 정당성의 측면이 아닌 교육의 다른 가치와 관련하여 조망해 보고자 한다. 결론적으로 그 모습은 우리 '주의력(attention)'의 변화와 관련되며, 그리하여 '공통감각(common sense)'을 형성하지 못하고 있는 현상으로 특징화된다. 즉 능력주의의 논리가 교육 공간에서 강력해질수록 공통감각이 형성될 수 있는 '교육적 시간'을 잃어버리고 있다는 것이다.

여기서 공통감각은 단지 특정 시대의 사람들이 공유하고 있는 견해의 산술적 평균으로서의 상식을 의미하는 것이 아니라, 한 인간 안에 있는 감각들을 통합하는 내감이면서도 자신이 살고 있는 사회의 '규준'처럼 작동하는 감각을 의미한다(나카무라 유지로, 2003: 20-25). 즉 이때 공통감각의 의미는 우리 사회의 연대와 공동체에 대한 감각으로, 한 공동체의 구성원으로 자신을 느끼도록 하는 감정이다.[2] 이 글은 이러한 공통감각의 약화가 능력주의의 이데올로기를 교육의 과정에 전면적으로 적용하는 것과 더불어, 최근 활발한 스마트폰 사용 및 뉴미디어 활용이 이 이데올로기와 결부되면서 교실에서 '주의력'의 양상을 변화시키는 것과도 관련된다고 상정하고자 한다. 주의력의 변화가 바로 내가 다른 사람과 함께 속해 있는 교실에서의 '교육적 시간'을 잃어버리게 하는 결정적인 역할을 한다는 이야기다.

그렇다면 능력주의 교육과 관련하여 우리 사회의 공통감각이 약화되었다는 것은 구체적으로 어떤 의미일까? 우선 능력주의에 대한 인식 조사에서 다른 나라와 달리 '불평등'에 찬성하는 비율이 최근 들어 증가하는 현상을 생각해 보자(강준만, 2016; 박권일, 2021; 정태석, 2021; 우명숙, 남은영 2021). 내가 열심히 노력해서 내 위에 있는 계층으로 이동하여 평등해지는 것은 실현되어야 하지만, 나보다 아래에 있는 계층은 나와 격차가 벌어지는 불평등의 관점에 찬성한다. 그리하여 소득의 격차에 대해 정부가 개입하거나 재분배를 통해 평등을 추구해야 한다는 의견에 찬성하는 비율이 적어지고 있다. 왜냐하면, 개인의 삶에서 중요한 것은 성공이고, 성공이 스스로에게 중요한 만큼 열심히 노력할 텐데, 자신의 '노력'에 대한 보상이 충분히 주어진다는 것은 그만큼 노력하지 않은 사람과 차이가 벌어질 때 더 확실해지기 때문이다(우명숙, 남은영, 2021: 216). 결국, 사회 전체적인 평등과 불평등에 대한 '공적' 관심보다는 개인의 차원에서 노력에 대한 적절한 보상이 이루어져야 한다는 '사적' 공정성으로 향하는 관심이 증가하고 있다.

흥미로운 것은, 우리나라에서 개인 능력의 실현이 사회에 얼마나 기여

---

2 공통의 혈연, 출생, 언어 등으로부터 형성되는 협소한 테두리에서의 특수한 정서적 친밀감이 아니라, 대도시라는 커다란 사회적 공간 속에서 한 시대를 살아가는 구성원들이 공통적으로 경험하는 특수한 삶의 형태들, 문화적 실천들, 역사적 체험이나 트라우마에서 비롯되는 정서적 공감 능력을 말하며, 이러한 공통감각의 형성은 이를 근거로 한 연대적 관계의 확립, 그리고 참여와 공유의 사회적 네트워크의 생성 조건이 된다(한상원, 2020: 34).

할 수 있는가의 관점보다 '노력'에 따른 보상과 그 절차가 얼마나 공정한 가의 관점에 더 집중하게 된 것이 우리나라의 근현대사적 맥락과 무관하지 않다는 점이다. 특히 식민지를 겪는 과정에서 제한되었던 교육에 대한 열망은 해방 이후 "70만 명의 일본인들이 떠나자 한국인들의 머리 위 하늘에는 수만 개의 일자리가 번쩍"였을 때(오성철, 2015: 37) 봇물 터지듯 몰리던 학력 경쟁으로 표출되었다. 조선 후기와 달리 해방 이후부터는 계급에 대한 구분 없이 대부분의 사람들이 경쟁하기에 유사한 조건을 가지게 되었으며, 그 이후 교육은 사회적 지위를 차지하기 위한 능력을 갖추는 과정이자 제한된 재화를 차등적으로 분배하기 위해 '객관적'으로 능력을 서열화할 수 있는 기능을 담당해 왔다. 여기서 능력을 갖추기 위해 얼마나 노력했는지는 주로 '시험'의 결과를 통해 증명되어 왔다.

그러나 최근 이 시험이 각 개인이 놓인 배경적 차이에 의해 노력을 정당하게 측정하거나 보상하는 수단이 되기에 결함이 많다는 것을 우리는 목도하고 있다. 하지만, 여전히 교육을 능력주의의 실현을 위한 수단이자 과정으로 간주하는 관점은 지배적이다. 물론 교육을 통해 사회에서 필요로 하는 능력을 갖추고 인재가 적재적소에 배치되는 것은 근대 이후 대부분의 민주주의 사회에서 공통적으로 나타나는 현상일 것이다. 그러나 교육의 과정을 계층 상승을 위한 능력주의의 장으로 전면화하여 바라보는 마음의 습관은 우리나라의 고유한 사회적 특성과 분리되어 설명될 수 없을 것이다.[3]

문제는 능력주의의 그러한 분배의 논리가 교육 실천의 논리를 모두 잠식하게 될 때다. 최근 젊은 세대로 갈수록 교육 수준이 높아지고, 학업이나 취업 경쟁이 점점 더 치열해지는 상황에서 청년 세대의 공정 감각에

---

3 오성철은 한국인의 교육열이 발현되는 모습이 투자 대비 교육의 수익을 계산하여 이루어지는 합리적 선택만으로는 설명하기 어려운 측면이 있다고 분석한다(2015: 38). 아마 여기에는 경제적 이해관계 외에 상징적인 위신 효과가 작용한다고 보이는데, 그러한 명예감을 느끼는 것 역시 능력주의에 의한 보상으로 해석될 수 있을 것이다.

큰 변화가 나타나고 있다는 진단은 이러한 교육의 결과를 방증한다(정태석, 2021: 38). 공정 감각은 절차적 공정성에 대한 민감성으로 특징화되며, 능력주의가 제대로 작동하지 않는 사회구조에 대한 분노와 정당하지 않은 혜택을 받는다고 생각되는 사람들에 대한 혐오 등으로 표현되기도 한다. 특히 사회의 갈등을 해결하려는 시도로서 정치적 제도의 변화를 통해 삶의 질을 높이기보다는 능력 경쟁을 통해 개인주의적 성공을 구가하려는 욕망이 더 커지는 현상을 보인다(정태석, 2021: 27-30). 이는 앞서 언급한 것처럼 소득 격차에 의한 불평등에 찬성하는 비율이 증가하고 있다는 분석과 맞물린다. 사회 전체적인 불평등보다 개인에게 이루어져야 하는 정당한 보상이 훨씬 더 중요해지는 것이다. 보통 이러한 특성은 각 국가에서 정치적으로 보수적인 성향에서 드러내는 견해임에도 불구하고 우리나라에서는 정치적 성향에 관계없이 일반적으로 나타나고 있다. 즉, 대부분의 젊은이에게 타자에 대한 관심이나 관용이 약화되고 있다는 것이다.

한편 공통감각의 상실은 '자기표현 가치(Self-Expression Values)'와 관련해서도 생각해 볼 수 있다. 박권일(2021)은 능력주의 인식 및 가치관과 관련한 국가 간 비교에서 우리나라 사람들에게 '자기표현 가치'가 낮게 나타난다는 흥미로운 사실을 제시한다. 이는 경제적으로 성장한 나라들의 일반적인 인식과는 다른 다소 의외의 결과로, 잉글하트(R. Inglehart)와 웰젤(C. Welzel)이 1981년부터 2020년까지 장기간 7차에 걸쳐 주도한 〈세계 가치관 조사〉를 통해 드러난다. 구체적으로 이 조사는 경제적으로 풍요로운 나라일수록 사람들의 관심이 점차 삶의 질로 옮겨간다는 이론[4]을 검토하기 위한 것으로, 이는 상반된 가치에 대한 인식을 통해 구체화된

---

4 이론은 잉글하트와 웰젤이 "조용한 혁명(The Silent Revolution)"이라 표현한 것으로, 경제 발전이 민주주의를 이룬다는 결정론의 성격이 아니라 경제발전과 민주주의 발전 과정에 사람들의 신념이 결정적 매개로 작용한다고 보는 이론이다. 즉 제도가 문화를 견인한다기보다 문화가 제도를 견인한다고 주장한다(박권일, 2021: 12-13).

다. 그 가치는 '전통적 가치' 대 '세속 합리성', 그리고 '생존적 가치' 대 '자기표현의 가치'로, 그들은 보통 선진국이 될수록 전자에서 후자로 옮겨간다고 가정하였다. '전통적 가치'는 종교, 가족, 전통적 권위로 대표되며 '세속합리성'은 종교나 가족보다는 과학과 기술에 권위를 부여하고 표준화된 삶을 선호한다. 유사하게 '생존적 가치'는 경제성장과 안전을 중시하고 관용의 수준이 낮은 데 반해, '자기표현 가치'는 생태환경이나 성평등 등에 높은 중요성을 부여하고 외국인, 동성애자, 소수자 및 사회적 약자에게 관용적이므로 선진국의 특성과 관련된다.

　그들의 예상대로 일반적인 선진국은 강한 '세속합리성'과 강한 '자기표현 가치'를 보였다. 여기서 우리나라는 다소 의외의 결과를 보여주었는데, GDP가 3만 달러 이상(2020년 기준)인 소위 경제적 선진국에 속하여 '세속합리성'은 강하게 나타난 반면, '자기표현 가치'가 낮아 여전히 '생존적 가치'를 높이 평가하고 있음을 알 수 있었다(박권일, 2021: 14). 자기표현 가치는 보통 산업사회에서 후기산업사회로 이행하며 전면화된다. 사회경제적 위협이 감소하면서 인간의 존재적 안정감이 형성되고 그로 인해 단순한 이해관계를 넘어서는 연대와 관용, 자유에 대한 열망, 그리고 인류 전체에 대한 공적 관심의 표명 등이 각 개인의 가치로서 내면화되는 것이다. 즉 자기 스스로를 생각할 때, 생존을 넘어선 더 인간적인 가치들을 지향하는 사람으로 간주하고자 하고 또 밖으로 표명하게 되는 것을 자기표현의 가치와 관련지을 수 있을 것이다. 잉글하트와 웰젤은 이러한 자기표현 가치가 단지 표면적이고 제도적으로 보장된 형식적 민주주의를 넘어 개인의 일상에서 자발적으로 자유를 추구하고 타인을 존중하는 효과적 민주주의에 기여할 것이기 때문에 중요하다고 주장한다(박권일, 2021: 16).

　이처럼 소득 격차에 의한 사회적 불평등에 찬성하고, 사적 공정성에 대한 관심이 높아지며, 자기표현 가치가 낮은 것에서 이끌어 낼 수 있는 우리 사회의 특성은, 생존이 아닌 실존이나 문화적인 삶의 가치에 대한 지향이 전반적으로 낮다는 것이다. 그 어느 때보다 우리나라의 문화산업이 강력한 힘을 가지게 되고 문화 컨텐츠가 세계적으로 주목받고 있지만, 각 개인의 사적인 삶 안에서 향유되는 문화는 풍성해질지 몰라도 나를 넘어선 타자, 그리고 그 타자들을 공동체의 구성원으로 느낄 수 있는 연대 의식과 그러한 의식이 형성하는 공적 문화에는 무감각해지고 있는지 모른다. 특히 이러한 경향성은 앞서 언급한 대로 우리의 근현대적 역사에서 두드러진 능력주의 교육의 관행 때문이기도 하지만, 최근 온라인 교육의 활성화와 더불어 '학습'을 중요하게 여기는 관점이 부상하는 것과도 무관하지 않다고 보인다. 왜냐하면, 우리나라의 능력주의가 가속화해 온 '시험'을 위한 교육은 더 효율적인 공부 방법이나 콘텐츠를 선택하는 소비주의적 태도와 결탁하게 되고, 거기에 '학습', 더 정확히 말하자면 '자기주도적 학습' 담론이 가세하고 있다고 보이기 때문이다.

능력주의가 이데올로기로 작동함으로써 개인주의적 경향이 심화되고 타자의 조건과 고통에 무뎌지는 상황은, 과거 혈연과 지연, 혹은 특정한 지역에서 작동하던 공통감각을 대체할 새로운 공통감각의 형성을 지연시키거나 불가능하게 하고 있다고 보인다. 복잡성과 익명성을 특징으로 하는 대도시를 살아가는 사람들에게 전통적인 공통감각이 더 이상 작동하기 어려운 시대가 되었지만, 새로운 연대나 공동체 의식을 느낄 수 있는 계기들이 뿌리내리지 못한 채 고립된 개인의 삶들로 파편화되고 있다. 한편 이러한 시대일수록 학교는 개별 가정의 고유한 배경을 지닌 아이들이 각자의 문화를 가지고 와서 공유하는 곳이면서도 자신이 무의식적으로 가진 신념이 무비판적인 가정에 토대했음을 인식하며 공동의 문화를 배우고 공통감각을 형성해 가는 곳일 수 있다(Pring, 1977). 그러나 지금 그러한 역할을 해내기 어려운 조건에 처해있다고 보인다. 왜 그럴까?

이 글에서는 이처럼 교육 혹은 학교 교육이 공통감각을 형성하는 데 실패하고 있는 이유를 능력주의 교육과 관련하여 탐색해 보고자 한다. 더 구체적으로 말하자면 능력주의의 분배의 원칙을 교육을 작동시키는 중요한 원리라고 보는 마음의 습관과, 온라인을 활용한 학습의 효율성 및 효과성을 추구하려는 관점이 결부되는 데에 그 이유가 있다고 가정하고자 한다. 그리하여 먼저, 능력주의 프레임이 어떻게 온라인 시대의 자기주도적 학습을 가속화하고 그에 따라 우리 교실의 모습이 어떻게 변화하고 있는지를 동시대 프랑스 철학자 베르나르 스티글러(Bernard Stiegler)가 말하는 '깊은 주의력'의 측면에서 살펴보고자 한다. '깊은 주의력'의 약화는 궁극적으로 공통감각의 약화 혹은 변화와 밀접한 관련을 맺고 있다고 보이기 때문이다. 이 과정에서 교육이라는 인간의 활동이 형성해야 할 주의력이 무엇을 의미하는지, 그리고 그러한 주의력의 형성과 공통감각의 관계는 어떻게 설명될 수 있을지 탐색해 보고자 한다.

2. '깊은 주의력'의 변화가 만들어 내는 교실의 모습

2022년에 만났던 1학년 학부생과의 수업은 여러모로 힘들었던 것 같다. 아직 내공이 쌓이지 않은 강사에게 수업은 언제나 힘들 수 있지만, 코로나 팬데믹이 시작된 이후 거의 2년 반 만에 본격적으로 시작된 대면 수업에서 만난 학생들의 모습에는 다소 낯선 부분이 있었다. 전부는 아니더라도 학생들 대부분이 휴대전화를 손에 들고 수업을 들었다. 이전에도 개인용 노트북이나 패드를 지참하고 수업을 듣는 학생이 많긴 했었지만, 칠판 앞에서 강사가 무슨 이야기를 하든 휴대전화 위에서 손가락을 연신 움직이며 눈을 떼지 못하는 학생들의 모습을 볼 때면 다소 힘이 빠지기도 했다. 그러다 마침, 수업 시간에 휴대전화 사용을 금지해야 하는지를 주제로 토론을 할 기회가 있었다. 나는 학생들이 그들의 실제 선호나 편리함을 추구하고 싶은 마음과는 별도로, 그래도 규범적으로는 수업에 집중하기 위해 휴대전화 사용을 자제해야 한다고 답할 줄 알았다. 그런데 의외로 여전히 수업 시간에 휴대전화 사용이 필요하다는 의견이 많았다. 그 이유는 수업 중에 나온 어휘 중에 모르는 말이 있으면 바로 검색할 수 있고, 또 교수님이 수업 내용과 크게 관계없는 얘기를 하면 차라리 수업과 관계된 내용을 인터넷에서 찾아보거나 다른 걸 하는 게 낫기 때문이라는 것이다.

이때 마주했던 낯선 느낌은 학생들이 교생 실습을 나간 어느 초등학교 교장 선생님 말씀을 들으니 조금 선명해지는 것 같았다. 교장 선생님의 당부는 교생 선생님들이 제발 학교에 계신 현직 선생님들께 말도 걸고 질문도 하며 배우면 좋겠다는 것이었다. 학생들이 교생 선생님이 되어 수업하기 위해 준비를 해야 하는데 궁금함이 생기면 인터넷에 질문하고, 인터넷 커뮤니티를 참조해서 수업지도안을 짜온다고 말씀하셨다. 물론 인터넷에 떠다니는 수업과 관련된 아카이브가 훨씬 더 방대하고 그래서 더 알찬 수업을 할 수 있다면 무엇이 문제인가 반문할 수도 있을 것이다. 그러나 아마도 교장 선생님이 안타까워하신 것은 교생 실습을 나온 학생과 학교 선생님이 맺는 관계가 줄 수 있는 고유한 배움과 같은 것들이 사라지는 데 있었을 것이다. 여하튼 이러한 경험을 통해 내가 발견한 학생들의 특성은, 무언가 궁금한 것이 생겼을 때 마주하고 있는 현실 공간의 사람들이 아니라 가상세계의 정보들, 즉 인터넷을 통해 찾는 지식이나 자신이 신뢰할 만한 커뮤니티를 활용하는 것을 편안해하거나 익숙하게 생각한다는 것이었다.

이처럼 현실에서의 관계는 점차 '약한 유대' 관계로 특징화되고 있다. 그리고 다소 극적이긴 하지만 현실 세계에서 걸리적거리는 것들은 "노이즈", 즉 소음으로 표현되기도 한다(아즈마 히로키, 2016: 14). 인터넷에서는 이 노이즈를 배제하는 기법을 계속 개발하고 있다. 그리하여 인터넷에서 "파티에서 우연히 옆에 앉게 되어 속으로는 귀찮다고 생각하면서 이야기하는 사이에 누군가의 소개를 받는" 상황이 실현되기란 매우 힘들다. 왜냐하면 "귀찮다고 생각하는 순간 바로 차단하거나 뮤트"(음소거)할 수 있기 때문이다. 문제는 인터넷에서 노이즈를 차단하는 방식처럼 나와 관계 맺고 있는 내, 외부에 있는 것들을 대하는 방식이 현실에서도 이어지고 있다는 것이다. 예컨대 익명성이 보장되는 온라인에서는 까칠하고 날카로운 방식으로 상대방의 말에 반응하는 경우가 많고, 대부분의 커뮤니티 이용자들이 온라인상에서 사용되는 언어에 많이 노출되어 익숙해지면 비난이나 혐오 같은 부정적인 표현마저 대화체의 일부로 인식해 가게 된다. 이를 통해 뉴미디어 시대에 익숙한 세대일수록 타인에 대한 관용이 줄어들고 있다는 분석이 제기되기도 한다.[5]

　그러나 여기서 논의하고 싶은 지점은, 뉴미디어 세대의 심화된 개인주의적 경향성 그 자체보다는 부지불식간에 우리가 타인과 함께 있을 때 그들의 '현존'에 영향을 받는 정도가 약화되고 있다는 것, 그리고 여기에 능력주의 프레임의 교육이 결탁하고 있다는 것이다. 왜냐하면, 내 앞에 있는 사람보다 수많은 경쟁에서 살아남은 인터넷의 정보나 지식을 신뢰하는 것이 더 객관적이라고 생각하는 태도는, 디지털 매체가 활발히 사용되지 않았던 과거와 다른 방식으로 능력주의의 이념을 교육에 적용하도록 유도하기 때문이다. 예컨대 수능을 통해 정시 모집으로 대학에 가려는 학생들이 학교 선생님의 수업을 듣지 않고 인터넷 강의에 필요한 과제를 하거나 심지어 인강을 듣는 일이 고등학교 교실의 자연스러운 풍경이 되고 있다. 그런데 교사 또한 그런 학생들의 행태를 만류하기가 점차 어려워지는 것 같다. 내 수업보다 수능에 최적화된 인강을 듣는 것이 학생에게 시간을 절약하는 효율적인 전략이 된다고 생각하는 한, 다소의 모멸감이나 허탈함은 그 학생의 인생이 걸린 문제라는 이유로 어느 정도 감당할 만한 것이 되기 때문이다.

　물론 이전에도 소위 삼천포로 빠지는 선생님의 수업 시간을 아까워하거나 몰래 다른 공부를 하는 학생들이 없었던 것은 아니다. 그런데 주목할 점은 더 이상 '몰래' 그렇게 하지 않는다는 것이다. 이러한 현상은 무엇 때문이며, 이 현상은 왜 문제가 되는 것일까? 이 큰 질문에 대한 답은

5　https://woman.donga.com/3/all/12/3866779/1(검색일: 2023.1.17.).

다차원적으로 제시될 수 있겠지만, 여기에서는 능력주의가 교육 경험을 지배하는 방식이 디지털 매체와 결합하면서 교육에서 '주의력(attention)'을 기르는 방법을 가르치지 못한다는 데 주목해 보고자 한다. 그렇다면 이때 주의력은 어떤 의미일까? 동시대 철학자 베르나르 스티글러는 '주의력'의 형성이 결코 고립된 개인에게 가능하지 않은, 오직 사회적인 것과의 대화 속에서 이루어진다고 주장한다(Stiegler, 2012: 1). 이 주의력은 동물이 경계의 태세나 집중력을 발휘하는 것과는 다른 인간의 특징적인 주의력으로, 스티글러는 시몽동의 이론을 빌려 주의력이 형성되는 것에 '교육'이라는 양식(modality)이 필요함을 주장한다. 왜냐하면, 우리가 사회적 존재가 된다고 할 때 그것은 교육을 통해 가능하며 이때 교육은 정신적이고도 사회적인(혹은 집단적인) 의미를 떠나서는 개별화될 수 없는 '개인'을 형성하도록 돕기 때문이다.

주의력은 아주 어릴 때부터 어머니가 나에게 주의를 기울이는 것을 느꼈던 경험을 기초로 발전되며, 점차 현실에서 '내가 아닌 것'을 만나고 알아가는 경험을 통해 발달하게 된다. 그리고 보다 정교화된 형식의 주의력은 세대의 경험이 축적되어 있는 결실인 교육을 통해 형성된다(Stiegler, 2012: 1-2). 스티글러는 교육에 대하여, 개별 경험에 의해 발생한 개인의 기억들이 서로 교차하여 초개인화(transindividuation)된 지식이 전달되는 과정이라고 정의한다. 그리고 이 과정은 곧 각 개인들이 개별화되기 위해 자기 자신을 '규제'하는 과정이자 '조절'하고 '통제'하는 과정이라고 설명한다(Stiegler, 2012: 2). 여기서 흥미롭고도 중요한 주의력의 특성은, 나의 행동을 통제할 수 있는 기제는 집단적인 물리적 환경에 의해 조건화된다는 것이다. 교육이 일어나는 공간, 예컨대 교실의 상황을 생각해 보자. 교사는 이 사회에서 중요하다고 간주되는 무언가를 가르치기 위해 앞에 서 있는 존재이고, 학생인 나는 다른 학생이 그러는 것처럼 교사의 말을 수용하거나 혹은 이해하기 위해 '주의'를 기울인다. 교실이라는 장소, 그리고 그 안에 있는 구성원들은 이러한 방식으로 주의를 기울이도록 물리적으로 조건화된다. 이처럼 교육의 과정을 통해 형성되는 주의력이란 어떤 '집단적' 기억과 그 기억이 이어질 수 있는 '물리적' 조건에 의해 지속하여 이어질 수 있다.

이 주의력은 단지 어떠한 대상에 스포트라이트를 비추는 것처럼 중립적인 시선이 아니라 인간다운 존재 방식을 경험하게 하고 배우게 한다는 데서 중요한 능력이 된다. 왜냐하면, 언제나 원하는 대로 행동하지 않고 타인의 말과 행위를 관찰하며 거기에 마음을 쏟느라 나를 통제하는 태도는 내 안에 외부의 것, 즉 이질적인 것을 받아들일 수 있는 능력을 키우는 것과 밀접한 관련을 맺기 때문이다. 여기서 인간다운 존재 방식이란 당장 보상이 있거나 가시적인 반응이 주어지지 않더라도 내가 알지 못하는 다른 인간의 내면이 보여줄 비가시적인 세계를 짐작하고 상상할 수 있는 태도이다. 스티글러의 발견에서 흥미로운 지점은 이러한 태도가 어떠한 정신적인 준비 이전에 우리의 행동을 통제하는 물리적인 조건에 의해 가능하다는 것이다. 그러나 현재, 이 물리적 조건이 변화하고 있다. 온라인 수업이 아니라도 교실이라는 공간 안에서, 앞에 서 있는 누군가에 의해 우리의 행동이 통제되는 강제성이 점차 약화되고 있다. 교사에게 어렵게 주의를 기울이는 대신 '원하는 것'을 해도 된다는 시그널을 여기저기서 받고 있다. 이때 허용되는 '원하는 것'이란 바로 능력주의 교육에서의 '능력'을 쌓기 위해 도움이 되는 것들이다. 고등학교의 많은 교실에서 선생님의 수업 대신 각자에게 필요한 자료를 가지고 와서 공부하는 것처럼 말이다.

이처럼 자기에게 필요한 것을 온라인에서 신속하게 찾아 주의를 기울이고 동시에 여러 곳에 주의를 기울이는 양상을 포스트휴먼 이론가 캐서린 헤일즈(Hayles, 2007: 167)는 젊은 세대의 '하이퍼-주의력(Hyper attention)'으로 특징화한다. 그녀는 위에서 스티글러가 말한 것과 같은 주의력을 '깊은 주의력(Deep attention)'으로 명명하면서, 이러한 주의력은 과거 인문학과 같이 오랜 기간 단일 물체에 집중하고 외부 자극을 차단하면서 정보가 들어오는 하나의 스트림에서 활성화되는 것이라고 주장한다. 깊은 주의력은 긴 시간 동안 인내할 수 있는 장점을 가지며 복잡한 문제를 해결하는 데는 탁월하지만, 급변하는 주변에 대한 경각심과 유연한 대응력에서 약점을 드러낸다는 것이다. 이에 비해 하이퍼-주의력은 서로 다른 대상으로 집중력을 빠르게 전환할 수 있는 것으로, 우리의 관심을 끌기 위해 '주목 경쟁'을 하고 있는 온라인에서 신속한 의사결정이나 판단을 하기에 적합하다. 이를 위해 동시에 정보를 접하기 위한 여러 통로의 스트림을 선호하고 보다 더 높은 수준의 자극을 지속적으로 추구하기에 지루함을 잘 참지 못하는 것이 특징이다.

헤일즈는 지금과 같은 시대에 이 두 가지 주의력이 모두 필요하며, 교육에서도 이 점을 인식해야 할 것이라고 제안한다. 특히 이러한 관점은 소위 불확실성과 예측 불가능성으로 특징화되는 미래 사회에 학생들에게 필요한 능력이 어떤 것일까에 대한 유력한 답변이 될 것이다. 그리하여 스티글러와 같은 학자들의 주장, 즉 하이퍼-주의력에 의해 깊은 주의력이 침해되고 있다는 주장을 시대착오적인 것으로 보도록 할지 모른다. 나는 헤일즈와 같은 주장이 오늘날 설득력을 가진다고 할지라도, 스티글러가 왜 '깊은 주의력'을 교육에 더 본질적인 것으로 보는지 그 이유를 조명하는 것이 중요하다고 생각한다. 그것은 단순히 문해력이나 인문학의 중요성으로 말해질 수 없다. 주의력의 변화에 의해 잃어버리고 있는 교육적 차원은 인간 존재로서의 우리의 태도를 형성하는 매우 결정적인 것으로 볼 수 있기 때문이다. 그렇다면 여기서 말하는 인간 존재로서의 태도와 관련된 교육적 차원은 정확히 무엇이며, 그것은 능력주의 교육과 어떠한 관계 속에서 설명될 수 있을까?

3. 능력주의 논리와 교육의 책임 전가, 그리고 충동의 파편화

능력주의는 '교육'을 '학습'으로 보는 관점과 매우 긴밀하게 결탁할 수밖에 없다. 능력주의 사회에서 교육은 능력을 객관화하는 수단이자 평가할 수 있는 가시적 기준을 만드는 도구로 활용되고 있기 때문이다. 이러한 사회 안에서 각 개인이 상정하는 교육의 일반적인 목적이란 대개 사회적 지위와 재화를 획득하기 위해 필요로 하는 지식을 얼마나 잘 축적할 수 있는가, 그리고 그 지식을 잘 이해하고 있음을 '시험'을 통해 얼마나 증명할 수 있는가로 상정된다.[6] 즉 교육이라는 인간 삶의 양식은 자연스레 교육의 결과로 획득하게 될 가시적 성과와 맞물려 사유되고, 여기서 초점은 학습자에 맞추어진다. 그러나 초점이 학습자에게 맞추어진다는 것은 교육의 책임 또한 학습자에게 전가된다는 것을 의미한다. 이 책임은 능력주의의 논리, 즉 '내가 한 만큼 보상받는다'의 논리로 규정되기 때문이다. 경쟁에서 이기지 못하거나 실패할 때 그 결과는 열심히 하지 않은 개인, 즉 학습자가 감당하게 된다. 출발선이 같지 않다고 느낄 때도 있지만, '그들만의 리그'에 있는 특권층을 제외하고 그나마 공정한 절차에 의해 당락을 가를 수 있다고 생각하기 때문에 경쟁은 점점 더 치열해진다. 그러나 공정하지 못한 절차나 제도의 부조리함 때문에 분노는 가중되고, 끊임없이 자신을 채찍질하지 않으면 도태될까 불안함을 느끼기도 한다. 이와 같은 정서적 혼란 속에서 '사적' 공정성에 집착하게 되는 것은 어찌 보면 자연스러운 일인지도 모른다.

이처럼 능력주의가 교육의 이데올로기가 된다면, 교육의 논리가 아닌 분배의 논리, 즉 '한 만큼 보상받는다'의 논리가 교육을 잠식할 수 있기 때문에 문제가 된다. 실패했을 때 배울 수 있는 여지, 혹은 노력한 만

---

6   우리나라의 능력주의가 드러내는 특성은 특별히 '시험'에 높은 자격을 부여함으로써, 시험에 합격한 자가 누릴 수 있는 보상을 정당화하는 "시험을 통한 지대 추구와 제도화된 승자 독식"에 있다고 여러 곳에서 분석된다(박권일, 2021: 21-23).

큼 가시적인 결과를 얻지 못했을 때의 상황을 예상치 못했던 배움의 국면으로 전환할 여유나 가능성이 허락되지 않는다. 그러한 가능성이 희박한 교육적 경험은 학생들에게 가혹하다. 특히 얼마만큼 성과를 얻었는지에 대해 학습자 자신이 책임지게 만듦으로써 자기 관계를 건강하지 못하게 만든다는 점에서 더욱 가혹하다. 경쟁의 결과에 대해 남의 배경을 탓하거나 내 배경을 탓한다고 해도 일정 부분 더 열심히 하지 않았거나 하지 못한 나 자신을 탓하지 않을 수 없게 되기 때문이다. 승리한 자에게도 마찬가지의 논리가 적용된다. 그리하여 교육의 논리가 아닌 능력주의의 논리, 즉 분배의 논리가 잠식한 교육은 종국에 학습의 '사유화'를 낳게된다. 즉 '교육'이라는 인간의 관계적 활동에서 부지불식간에 교사의 자리가 희미해지고 학습자만이 부상하게 된다.

이와 같이 교육이 이른바 '학습화(learnification)'되는 시대에, 동시대 교육철학자 거트 비에스타(Gert Biesta)는 저만치 밀려난 교사의 자리를 자신이 재구성한 '가르침(teaching)'이라는 개념을 통해 복권해주려 시도한다. 비에스타는 가르침과 학습을 구별하며, 학습이 'learning from ~ '이고 가르침이 'being taught by ~ '라고 했을 때 교사는 가르침의 의미에 의해 그 존재 가치를 회복하게 될 것이라고 주장한다. 왜냐하면, 학습의 개념을 '무엇으로부터 배우는 것'으로 이해할 때 '무엇'에 들어가는 것에는 교사가 제시하는 내용뿐만 아니라 유튜브, 인터넷 강의, 혹은 자기의 경험 등 배움의 '자원'이 되는 모든 것이 포함될 수 있는 데 반해, 교육의 개념을 '~ 에 의해 가르쳐지는 것'으로 본다면 학생은 능동적으로 무언가를 배울 것을 선택하는 것이 아니라 받게 되는 수동적인 위치에 자리하기 때문이다. 즉 가르침은 학생이 교사를 만나지 않았더라면 미처 알지 못했을 어떤 세계에 초대되는 것으로 이해될 수 있으며, 이 세계는 나중에 시간이 지나서야 외부로부터 내 안에 들어온 무언가를 깨닫는 것에서 그 의미를 획득하게 된다(Biesta, 2013: 53).

비에스타는 이 가르침의 의미를 '선물(gift)'로 상징화하면서, 무엇이 들어있는지 알 수 없지만 상대방이 나를 위해 준비한 그 무언가를 학생이 받아들이고자 할 때 교육이 존재할 수 있다고 주장한다. 그러면서 언제라도 그 선물이 거절당할 수 있는 '위험'을 감수하고라도 가르침을 제공해야 함을 교사가 짊어져야 할 '아름다운 위험(beautiful risk)'이라고 묘사한다. 비에스타가 날카로우면서도 섬세하게 도려낸 학습과 교육의 개념적 차이는, 언제 어디서 무엇으로부터든 배울 수 있는 이 시대에 어떠한 지점에서 교사가 여전히 고유한 존재 가치를 가질 수 있는지 매우 탁월한 방식으로 조명한다. 그리하여 교육을 특정한 한 사람의 교사를 만나지 않았더라면 시작할 수 없었을 좋은 삶에 대한 탐색과 관련시킴으로써, 공학적 접근 방식의 한계를 다시금 직설적으로 마주하게 한다. 나아가 학생의 선택과 의사결정을 중시하는 것만이 진보적인 교육인가, 그러한 교육에서 지향하는 교육의 목적이란 과연 어떻게 제시될 수 있는가 등의 궁극적 질문을 제기한다.

그러나 능력주의의 논리가 교육의 논리가 되어버린 우리 현실에서, 학습과 구분되는 교육의 의미에 관한 위와 같은 통찰을 얻는 것과 별도로, 실제로 가르침을 '선물'로 간주하며 교육을 수행하기란 학교급이 올라갈수록 쉬운 일은 아닌 것 같다. 왜냐하면, 선물이 의미하는 것은 비에스타의 표현에 따르자면 '초월(transcendence)'의 개념과 관련되는데, 이러한 개념은 능력주의 프레임의 교육에서 환영받을 만한 것이 아니기 때문이다. 비에스타에 따르면, 초월적인 것이란 학생 내면에는 존재하지 않던 외부의 것, 즉 타자성과 관련된다. 이는 이론적인 지식의 영역이라기보다는 '권위'를 가진 자에 의해 '계시'되는 영역이다(Biesta, 2013: 50-51). '계시'는 학습자의 능동적인 선택을 통해 취할 수 있는 성질의 것이 아니다. 이는 앞서 언급한 '깊은 주의력'이 기울여질 때처럼 내 앞에 있는 사람에 의해 내가 통제될 수 있다는 것을 인정하며 마음을 쏟고 있을 때 드러나 보이게 되는 종류의 것이다. 이때 드러나 보이는 것은, 추론하거나 입증을 통해 도달할 수 없는 영역, 즉 학생이 교사를 만나지 못했다면 알지 못했을 영역으로, '무한성'에 대한 개념을 가지는 것과 관련된다.

　교육을 이처럼 학습자가 통제할 수 없는 어떤 '모호한' 영역에서, 혹은 교사의 시선과 생각을 짐작하려 할 때 만날 수 있는 '비가시적' 영역 안에서 사유하는 일은, 능력주의 교육의 틀에서 볼 때 우선으로 배제되기 쉽다. 왜냐하면, 평가와 관련한 공정성에 대한 관심이 점차 첨예해지는 때, '능력'은 누가 봐도 이견이 없을 객관식 시험이나 단답형 질문에 의해 증명될 수 있는 가시적이고 명료한 것이어야 하기 때문이다. 이 능력을 산출하도록 돕는 것이 다시 교사의 몫으로 돌아오기 때문에 교사가 할 일 또한 비교적 명확하다. 이렇게 볼 때 선물로서의 가르침이 필요하다는 주장을 현실적으로 적용하기 어렵다고 판단하는 쪽은 오히려 학생들의 성적을 서열화하여 내신 등급을 내야 하는 교사 편일지도 모른다. 명확하고 객관적인 기준에 대한 고시 없이 내신의 1등급과 2등급을 가르는 일은, 그 학생의 대학 서열과 직업 선택의 잠재력에까지 영향력을 발휘할 수 있는 무거운 책임감을 동반하기 때문이다.

　실제로 '지금' 참고 열심히 공부하면 '나중'에 좋은 대학에 가서 행복할 수 있다고 말하면서 능력주의 교육의 프레임 속에서 '능력'을 갖출 것, 즉 시험을 잘 보거나 내신 관리를 잘할 것을 종용하는 쪽은 교사 자신이다. 물론 교사들 역시 능력주의 교육의 프레임 안에서 자유롭지 못하다. 상위권 대학을 얼마나 진학시켰는가 하는 실적부터 수업 발표대회에 나가 획득한 등수, 승진에 필요한 절차를 밟아 차곡차곡 모은 점수와 최근 트렌드, 이를테면 인공지능이나 소프트웨어 교육 관련 연수를 얼마나 들었는지 등은 그 교사의 '능력'을 말해주는 객관적 지표다. 교사가 되기까지 사회에서 요구하는 '능력'을 갖추는 것이 보다 나은 삶을 영위하는 준비이자 방편이라는 것을 몸소 체득한 한 사람의 어른으로서 능력주의의 프레임 속에 경쟁력을 갖출 것을 제안하는 일은 아이들을 위한 현실적이고도 솔직한 바람일 수 있다. 즉, 능력주의가 시험제도를 더욱 공고히 하는 사회에서 비에스타가 말하는 비가시적인 초월적 세계로의 초대보다는,

가시적인 능력을 산출하게끔 돕는 선생님이 되기를 교사 스스로가 원할지도 모른다. 즉 '선물'이 학생들에게 줄 수 있는 이익보다 '능력'이 학생들에게 제공할 수 있는 이익이 더 크다고 생각될 때, 교사 스스로 선물이라는 가르침의 논리에 설득되기 어렵다는 것이다.

물론 시험에서 요구되는 '능력'을 갖추도록 가르치는 일이 선물로서의 '가르침'을 주는 일과 과연 양립할 수 없는 일일까, 다시 말해 시험 준비를 도우면서도 충분히 교사가 생각하는 세계로 안내할 수 있지 않을까 하는 질문이 제기될 수 있다. 나는 실제로 그런 일들이 종종 일어나고 있다고 생각한다. 그러나 여기서 논점은 교사 자신이 능력주의의 논리를 교육의 유일한 논리로 착각할 때의 위험이다. 왜냐하면, 그러한 관점은 교육적 '관계'를 포기함으로써 '권위'[7]를 함께 포기하게 만들기 때문이다. '네가 한 만큼, 보상받게 되는 거야'라는 논리는 학습의 '사유화'를 부추긴다. 그럼으로써 부지불식간에 교육의 책임을 학생의 책임으로 전가한다. 그런데 이때 교사가 '권위'를 포기하는 것은 앞서 논의한 '깊은 주의력'이 형성될 수 있는 장소로서 교실이 기능할 수 없도록 만들기 때문에 심각한 교육적 문제가 된다. 타자의 현전이 나의 행동을 통제하게 하는, 그러한 감응력을 길러낼 수 없도록 하기 때문이다. 더욱이 이러한 감응력은 교육이 이루어지는 공간에서 형성되지 않는다면, 다른 곳에서 길러지기 어렵다. 왜냐하면 교육적 상황은 '깊은 주의력'을 요청할 당위성이 존재하는 거의 유일한 영역이기 때문이다. 이때 당위성은 우리의 행동을 통제하면서 앞에 있는 누군가에게 주의를 기울이는 이유가 우리의 고차원적인 욕망(desire)을 형성하는 순간일 수 있다는(Lewin, 2016: 261) 점에서 도출

7　여기서 말하는 교사의 권위는 최근 불거지고 있는 교사의 권리에 대한 문제, 예컨대 벌점제 등을 통해 권력을 가지고 학생을 '외적으로' 통제할 수 있는 권한을 가지는 문제와 구분하여 논의될 수 있다. 과거 교육 실천에서 문제가 되었던 교사의 '권위주의적' 태도와 달리 학생이 자발적으로 교사를 따르고자 하는 교육적 권위의 문제는 교사와 학생이 인간적으로는 동등한 관계이되 교육적으로는 수직적 관계일 때 교육이 일어날 수 있는 조건으로서 논의될 수 있는 것이다(곽덕주 외, 2016: 32-34).

된다.

고차원적 욕망과 교육의 관계는 플라톤의 『향연』에서 디오티마가 아름다움은 자신에게 결핍된 더 높은 수준의 것을 갈망하는 것으로부터 추구된다고 묘사한 것을 떠올리게 한다. 단순한 만족으로 충족될 수 있는 충동을 억제하고 더 수준 높은 충동이나 욕망을 가지게 되는 상승의 작용은 전통적으로 교육의 과정으로 비유될 수 있다(Lewin, 2016: 261). 이와 관련하여 동시대 교육학자 데이빗 르윈(David Lewin)은 캐서린 해일즈가 말한 것처럼 '깊은 주의력'이 '하이퍼주의력'으로 대체되어 간다면, 한 곳에 깊고 오랜 주의력을 쏟지 못하는 것과 마찬가지로 욕망 또한 개별적으로 분산될 것이라고 지적한다. 즉, 집단적으로 더 높은 수준의 욕망을 가지기 위해 하위 수준의 충동을 억제하는 방법과 그 중요성을 알지 못하게 될 것이라는 것이다(Lewin, 2016: 261). 그리하여 공동체와의 대화 속에서 형성되고 상승해야 하는 욕망은, 파편화된 개인들의 충동 수준에 머무르게 된다. 바로 여기서 스티글러가 말한 주의력 형성의 교육적 의미가 분명해진다. 타자의 현전에 의해 우리가 우리의 선택권과 능동적인 행동을 통제하고 앞에 있는 사람에게 주의를 기울인다는 것은, 더 나은 욕망을 위해 낮은 수준의 충동을 억제하는 방법을 배우는 것으로 이해될 수 있다는 것이다.

그러나 충동 수준의 높고 낮음이 없음은 신자유주의 시대가 중시하는 소비자의 개인적 선호와 맞물리면서 더욱 가속화된다. 비에스타는 바로 이 지점을 문제 삼으면서 민주주의 사회에서 개인의 선호가 침해될 수 없다는 강조점에 따라 교육의 학습화가 강화되고 있음을 지적한다. 즉 학습화는 마치 내 선호에 의해 물건을 고르는 것과 같은 소비자적 태도와 관련될 수밖에 없다는 것이다. 능력주의 교육은 이러한 소비자적 태도에 개인의 '선호'보다 시험을 준비하기 위한 '효율성'이나 효과성과 같은 더 절박하고 강력한 가치를 결부시킨다. 그리하여 교사의 가르침 또한 교육의 내용적 차원으로 환원되어 학생들이 자신의 경쟁력을 갖추는 데 선택하거나 버릴 수 있는 선택지가 되고 있는 것이다. 이러한 경향성은 AI를 통해 개별화된 교육을 해야 한다거나 학생 맞춤형 교육을 지향해야 한다는 미래교육의 비전과 미묘한 방식으로 결합되어 강화되고 있다. '자기주도적 학습'이 권장하는 선택권의 강화는 개인이 자신의 통제권에 따라 시간을 관리하고 효율적으로 사용할 것을 부추김으로써 자신을 모호하고 예상치 못한 영역에 내어놓기를 거부하도록 만든다.

　이처럼 교육이 학생의 편에서 '선택'하는 영역으로 고착된다면, 능동적으로 필요한 것을 취하는 태도 외에 수동적으로 나의 예상 밖의 존재를 받아들일 수 있는 수용력을 함양하기란 어려울 것이다. 오히려 그 수용력의 필요성부터 의문시되어 나에게 낯선 이질적인 것을 탐색하고자 하는 호기심이 단절되고 있는지 모른다. 그리하여 길고 지루할 수 있는 시간을 견디면서 주의를 기울이고, 그러면서 만날 수 있는 가치를 내 안으로 들여올 기회들이 단절되고 있는 것이다. 그러므로 능력주의 논리가 교육의 논리가 되는 현상은, 기본적으로 우리 자신이 어떠한 대상과 관계 맺는 차원을 평평하게 만들기 때문에 교육적으로 더 문제일 수 있다. 삶에서 더 중요하고 그렇지 않은 것을 판단하는 기준과 노력에 의해 얼마나 공정하고 정당한 보상을 받을 수 있는지에 대한 기준이, 질적으로 차이 나지 않는 단일한 차원에 놓인다는 것이다. 더욱이 능력주의가 강제하는 시험에 더 효율적인 학습을 선택하라는 명령과, 교실을 넘어 온라인에 떠다니는 수많은 교육적 자원 중 가성비 좋은 자원을 효과적으로 취하라는 요청이 '자기주도적 학습자'라는 시대의 인재상과 절묘하게 맞물린다. 이러한 상황에서 우리의 주의력은 점차 파편화되고 충동들은 집단으로 상승되지 못한 채 개인 안에 머물면서, 교육은 개인의 '선호'를 넘어선 더 '중요한' 것과 관련될 수 있다는 신념 및 그것을 형성할 수 있는 특권을 스스로 포기하고 있는지도 모른다.

4. 문화적 시간으로서의 교육적 시간과 공통감각의 형성

지금까지 우리는 능력주의와 교육의 관련성 그 자체를 부정하기보다는 능력주의의 논리가 교육을 영위하는 전반적인 논리가 될 때의 문제점을 '학습의 사유화'로 규정하였다. 그리고 다른 경제 선진국에 비해 우리나라에서 특징적으로 나타나는 사회적 불평등에 대한 무관심과 사적 공정성에 대한 집착, 그리고 자기표현의 가치가 낮은 현상을 우리 고유의 교육적 현상과 관련짓고자 하였다. 왜냐하면, 학습의 사유화는 교육의 책임을 학습자의 책임으로 간주하게 하면서 각자의 삶에 대한 개인의 통제권을 더욱 강화하고, 여기에 이질적인 것이나 외부의 것, 즉 타자성이 들어올 겨를을 허락하지 않기 때문이다. 이처럼 결 없는 자아에게 나를 넘어서는 '타자'와 '공적 영역에 대한 감각'을 요청하는 것은 어쩌면 과도한 일일지도 모른다. 특히 이 현상을 심화하는 것은 능력주의의 논리와 결탁한 뉴미디어 시대의 광범위한 선택권 가용성이라고 보았다. 왜냐하면 이러한 교육환경은 자신의 시간을 어떻게 보낼지 스스로 기획하는 자기주도적 학습자의 태도를 권장하면서 교실에서도 교사의 가르침을 받을지의 여부를 '선택'의 문제로 바라보게 하기 때문이다.

학습에 대한 선택권은 학생의 자율성을 기르는 데 기여할 수 있지만, 이러한 선택권이 전면화될 경우 교실 안에서 교사에 의해 자신을 통제하고 주의를 기울여야 하는 태도의 당위성은 저해될 수 있다. 그리고 이 당위성이 사라진 교실에서 '깊은 주의력'을 형성할 가능성은 점차 줄어들게 된다. 깊은 주의력을 형성할 수 없다면 자신의 충동과 욕망을 단절시켜 더 높은 수준의 욕망을 형성하는 기회를 놓치고 그리하여 무엇이 중요하고 그렇지 않은지에 대한 질적 구분을 할 수 있는 배움의 기회를 놓치게 되어 교육적으로 가볍지 않은 문제가 된다. 더욱이 능력주의의 논리를 교육의 논리로 적용하는 교사일수록 시험에 의한 객관적 서열화와 이에 필요한 교육 외에 더 급박하고 현실적으로 이로운 교육은 없다고 생각할

공산이 크기 때문에, '깊은 주의력'을 형성하기 위해 요청되는 교육적 '권위'를 포기하는 것은 교사 자신일 수 있다. 여기서 교육적 권위에 의해 주의력이 형성된다는 말은, 선생님의 가르침이 내용 면에서 탁월해서일 수도 있지만 삶에 대해, 혹은 이 세계에 중요한 것을 알고 있을 것 같은 존재에 대해 다소 맹목적인 기대를 하고 복종하는 경험을 의미하는 것일 수 있다.[8] 내가 알지 못하는 어떤 것에 기꺼이 마음을 열 수 있는 기회를 만난다는 것이 무엇인지 경험해 보기 위해, 물리적으로 내 몸을 통제하고 다른 충동이 일어나도 참으면서 누군가를 오래 주시하는 연습을 해보는 것이다.

이처럼 교육적 권위가 부재한 교실은 타자가 들어올 틈이나 곁을 주는 방법을 가르치지 못함으로써, 어쩌면 인간적인 삶을 가능하게 하는 감각, 즉 공통감각[9]의 형성을 막고 있는지 모른다. 공통감각이 타자의 생각과 입장이 어떠한 것인지 방문하며 일상적인 판단을 내리는 것이라고 할 때, 불평등에 찬성하고 타자에게 무감해지는 현상을 곧 공통감각의 상실로 개념화할 수 있을 것이기 때문이다. 나카무라 유지로(2003: 13-27)는 공통감각을 인간적 삶을 가능하게 하는 독특한 감각으로 이해했던 고대 아리스토텔레스의 논의를 상기하게 한다. 아리스토텔레스에게 공통감각은 인간의 오감을 통합하는 내적 '감각'과 같은 것으로 이해되기도 하지만, 이 내감에 의해 비로소 개인의 의식이 통일되며 한 사회를 살아가는 사람들 사이에 공통되는 상식이 통일될 수 있기에 사람들 사이에

---

8 이에 대한 예시로 들뢰즈의 '감각의 교육학'을 떠올려볼 수 있다. 그는 『차이와 반복』에서 무언가를 배운다는 것을 '기호들과 부딪히는 마주침의 공간'으로 묘사한다. 이때 기호는 어떤 내용을 지시하는 것이라기보다 뭔가 이상한 공기를 감지하게 하는 것이라고 보인다. 이 공기는 교사가 기호를 발신할 때 아이들이 마주하는 공간에 채워지는 것이다. 아이들은 그 공기에서 뭔가 중요한 것이 일어나고 있다는 것을 눈치채는 것을 배울 수 있을지 모른다.

9 이러한 논의의 전개는 공통감각이 기본적으로 '건전한' 상식이라는 신념에 토대한다. 도덕적인 원칙이나 법칙은 아니지만 사람들이 공통으로 갖고 있는 판단력, 즉 '상식'이라는 의미는 18세기 영국에서 사용된 이래로 널리 일반화되었지만, 그 연원은 고대 아리스토텔레스에게까지 거슬러 올라간다.

'공통'인 감각을 형성하게도 한다. 다시 말해 내적이면서도 외부를 향하는 인간의 고유한 감각인데, 유지로는 유사한 맥락에서 현대 철학자 한나 아렌트(Hannah Arendt)의 논의를 덧붙인다. 그녀는 사람들에게 공통인 것은 세계가 아니라 오히려 사람들의 정신 구조라고 말하면서, 공통감각은 동물적인 오감을 모든 사람에게 공통인 '세계에 맞추는 감각'이자, 인간과 세계를 근원적으로 이어주는 통로로서의 감각 수용 능력으로 이해될 수 있다고 주장한다.

공통감각이 세계와 연결되기 위한 능력이라고 했을 때, 그 수준은 사물을 이해하는 것부터 특정한 사회의 관습을 내면화하는 것까지 매우 다층적이고 다면적일 수 있다. 그러나 공통감각의 이념, 즉 공통감각 중에 가장 최상의 수준이라고 상정되는 것은 일찍이 칸트가 말한 대로 이른바 타인의 마음을 방문하는 것(Arendt, 1982/2002), 즉 내가 타인의 상황이라면 어떻게 생각하고 느낄지 상상해 보는 것이라고 할 수 있다. 그리하여 공통감각은

다른 사람에 대해 지녀야 하는 적절한 감정만이 아니라, 다른 사람이 어떻게 생각할까, 거기에서는 어떻게 하는 것이 좋을까 같은 마음가짐이며, 가까운 것과 멀리 있는 것, 그리고 자명한 것을 알아내는 그때그때의 감각이다 … (이 감각은) 참과 거짓을 분명하게 식별하는 능력이라기보다, 우리들이 살아가면서 날마다 부딪치는, **아마도 참인 것과 아마도 참이 아닌 것을 식별하는 능력**이다. 이미 비코는 과학이 진실 위에 성립하는 것처럼, 센수스 콤무니스는 **아마도 진실인 것** 위에 성립한다고 말했다. **아마도 진실인 것, 개연적으로 참인 것**을 알아내는 우리들의 감각은, 진리에 대한 불충분한 인식이 아니라 보다 광범위하고 근본적인 인식이다. 따라서 정당하다 혹은 증명 가능하다고 할 때에 사용되는 의미로서의 참과 진실이 바탕으로 삼는 것이 오히려 커먼 센스다. 우리들 인간의 삶에서 중요한 것은 사물의 상태와 주변의 사정을 고려해서 판단하는 것이며, 이것

이야말로 커먼 센스의 본질이다(나카무라 유지로, 2003: 43, 강조는 필자).

  그러므로 권위가 부재한 교실에서 형성되지 못하는 것은 우리가 살아가며 의지할 "아마도 진실"인 것일 수 있다. 더 정확히 말하자면 "아마도 진실"인 것들이 어떤 맥락에서 필요한지, 그리하여 그것들이 왜 중요한지 아는 것이다. 이러한 진실은 명제적으로 수용할 수 있는 것이 아니라, 우리가 다른 사람들과 어떻게 시간을 보내는지에 따라 무의식적으로 익히게 된다는 나카무라 유지로의 지적은 이 글의 관점에서 중요한 통찰을 준다. 왜냐하면, 능력주의의 논리가 아닌 교육의 논리가 작동되는 교실은 어떠한 차원을 중요하게 여겨야 할까, 개별화된 자기 관리가 아닌 함께 존재하는 방식을 배우는 교실의 의미는 무엇일까에 대한 잠정적인 답을 제공하기 때문이다. 유지로는 다른 사람들과 함께 보내는 교실의 '시간'을 이해할 수 있는 개념틀을 제공한다. 그는 인간의 시간을 '중층적인 시간'으로 묘사한다(나카무라 유지로, 2003: 254-255). 인간은 생물학적인 존재인 동시에 사회적이고 문화적인 존재이기에 시간이 단지 과거에서 현재로, 또 현재에서 미래로 균질하고 수평적으로 흘러가는 것이 아니라, 동시에 여러 가지 리듬을 지닌, 복수의 시간 계열들이 순환하는 방식으로 흘러간다는 것이다. 즉 인간의 자연적 시간은, 의식적 혹은 무의식적 제도에 의해 매개됨으로써 비로소 사회적·문화적 시간이 된다.

  사회적 시간과 문화적 시간 모두, 자연적 시간과 비교하자면, 넓은 의미에서 인간의 제도에 의해 매개되는 이차적인 시간이라는 점에서 공통 감각의 형성과 밀접한 관련을 가진다. 그런데 유지로는 사회적 시간과 문화적 시간이 모두 인간의 시간이라고 하더라도 이차적 시간이 되는 '방향'이 다르다고 설명한다(ibid.: 255-256). 우선 사회적 시간이란 우리가 일반적으로 알고 있는 객관적인 시간으로 효율을 위해 구획되고 체계화된 시간이다. 이 시간은 '의식적'으로 기능하기 위한 제도에 의해 매개되기 때문에, 뉴턴 물리학에서 말하는 추상적 시간, 과거에서 미래로 균질적으로 흘러가는 시간, 즉 수평적 시간에 가깝다. 이에 반해 문화적 시간이란 사람들 사이의 교감과 동화에 의해 순환과 리듬이 강화되는 시간으로, 실용적이지 않은 가치와 형식에 의해 체계화된 시간이다. 이러한 시간은 '무의식적'이며 종교 의례와 같은 제도에 의해 매개되기 때문에 둥근 쇠고리와 같은, 혹은 영원의 시간이라고 할 수 있는 신화적 시간, 즉 수직적 시간으로 표현된다. 이와 같은 수평적 시간과 수직적 시간이 나름의 리듬을 가지고 이어지면서 우리에게 관습이 생겨나고 공통된 문화를 전해나갈 수 있을 것이다.

그렇다면 우리가 현재 교육을 통해 그리는 시간의 리듬에서 수평적 시간과 수직적 시간은 어떻게 이어지고 있을까? 아마도 현재의 능력주의 교육은 사회적 시간의 비중을 높여 의식적으로 효율성을 추구하게 할 것이다. 능력주의 프레임에서 시험을 준비하거나 평가에 가시적 성과를 내기 어려운 비실용적인 영역은 배제되고 있기 때문이다. 그리하여 문화적 시간이 그려내는 리듬은 약해지는지도 모른다. 문화적 시간의 가장 극적인 사례로서 '의례'와 같은 시간은, 공동체 구성원 모두의 약속에 의해 다른 차원의 세계를 지향하는 시간이다. 의례가 인간 삶에 가지는 주요한 특징은 우리가 중요하다고 생각하는 것과 관련해 우리 자신을 특정한 시간과 공간에 묶어두면서 공간과 시간을 신성화하는 것에 있다. 의례는 그렇게 우리가 원하는 대로 행동하고 취하던 일상의 패턴을 '억제'하고 '방해'함으로써 그 의식이 기리는 대상의 중요성을 인식하게 한다. 이처럼 중요한 의미로 구조화된 장소는 주체의 통제권을 포기하게 함으로써 주의를 기울이는 양태를 이끌어 낸다. 즉 우리 자신(의 통제권)을 방해(disruptive)하는 누군가의 만남은 그에 대한 주의를 기울이게 하는 것이다.

만일 교실에서 문화적 시간의 리듬을 늘리려면 그 장소는 그러한 방해의 힘이 작동하는 곳이 되어야 할 것이다. 그러나 이러한 논의를 통해 교육이 사회적 논리, 특히 분배 이념과 관련된 능력주의의 논리를 온전히 거부해야 한다고 말하려는 것은 아니다. 오히려 초점은 교육이 인간의 문화 형성에 차지하는 의미를 상기하며 교육의 시간을 문화적 시간으로 보내는 리듬을 회복해야 한다는 것이다. 그럴 때, 우리가 함께 살아가는 데 요청되는, 타인과 공통으로 지니는 감각을 형성해 갈 수 있을 것이기 때문이다. 그러기 위해서는 우리 사회의 능력주의가 요구하는 효과적이고 효율적인 시간의 논리가 교육의 논리에 전면화되는 것에 저항하고, 모호하고 비가시적인 교육의 시간을 견디는 것의 의미, 혹은 교육적 논리의 필요성에 절실히 공감하고 또 명료화할 수 있어야 할 것이다. 이러한 이해가 공유되지 않을 때 잃어버리는 것은, 서열화에 의한 사회적 재화나 지위의 차등적인 점유를 넘어 '아마도 진실'인 것, 즉 내 앞에 현전하는 타자들과 함께 살아갈 수 있는 삶의 문법이자 감각이기 때문이다.

아이러니하게도 이러한 교육적 시간을 회복하는 방법은 교육에서의 '능력'을 재규정함으로써 가능할 수 있을지 모른다. 예컨대 지금 필요로 하는 교사의 능력이 무엇인지 재규정하면서 어떠한 능력을 어떻게 인정하고 보상할 것인지에 대한 제도적 차원의 변화가 필요하다는 것이다. 오늘날 고등학교 교사들이 학생들의 강의평가를 읽는 게 겁이 난다고 하는데, 그들을 가장 힘 빠지게 하는 글귀 중 하나는 학원 선생님과 실력을 비교하는 것이라고 한다. 이때 우리가 무언가 잘못된 것 같은 느낌을 가진다면, 그 궁극적인 지점은 교사가 입시를 준비시키는 사람 이상의 어떤 존재로 여겨지지 않는다는 것과 관련 있지 않을까? 교사의 '능력'이 학생의 선택과 필요를 만족시키는 것으로부터만 평가된다고 할 때 우리가 느끼는 부정적 감정은 불합리함을 넘어선 어떤 안타까움이 아닐까? 교사의 권위를 절대화하거나 학생들의 피드백을 거부하는 것은 교사 스스로에게도 해로운 일이겠지만, 마치 소비자의 만족도를 조사하는 것과 같이 학습자의 소비자적 태도를 강화하는 것은 자신을 넘어선 존재를 향해 마음을 열 기회나 필요를 단절하도록 만들기 때문에 교육적으로 위험하다. 그러므로 우리에게 지금 긴급히 필요한 것은 교사의 능력을 교육 내용을 전달하는 차원으로만 환원하지 않고, 교사와 학생의 관계에서 일어날 수 있는 일, 학생과 학생의 관계 맺음을 성숙하게 지원하는 일 등을 포함하는 것으로 이해하는 것일지 모른다. 즉, 교육에서 함양해야 할 '능력'이 무엇인지에 대한 근본적인 모색과 더불어 그것을 추구하는 것을 가능하게 하는 교사의 '능력'에 대한 성숙한 이해 및 평가 문화가 선행되어야 할 것이다.

참고문헌

강준만(2016). 왜 부모를 잘 둔 것도 능력이 되었나?: '능력주의 커뮤니케이션'의 심리적 기제. **사회과학연구**, 55(2). 319-355.

곽덕주 외(2016). **미래교육, 교사가 디자인하다**. 서울: 교육과학사.

박권일(2021). 한국의 능력주의 인식과 특징. **시민과 세계**, 38. 1-39.

손준종(2004). 교육논리로서 '능력주의' 재고. **한국교육학연구**, 10(2). 135-153.

오성철(2015). "한국인의 교육열과 국가", **대한민국 교육 70년**. 대한민국역사박물관.

우명숙, 남은영(2021). 공정성 원칙으로서 능력주의와 불평등 인식. **아세아연구**, 64(1). 201-244.

정태석(2021). 능력주의와 공정의 딜레마: 경합하는 가치판단 기준들. **경제와 사회**, 132. 12-46.

한상원(2020). 공통감각과 메텍시스: 칸트, 랑시에르, 아도르노에게서 '도래할' 공동체의 원리. **도시인문학 연구**, 12(1). 33-61.

Arendt, H.(1982). *Lectures on Kant's Political Philosophy*. 김선욱 역(2002) **칸트 정치철학 강의**. 서울: 푸른숲.

Biesta, G.(2013). *Beautiful Risk of Education*. London: Routledge.

Hayles, K.(2007). Hyper and deep attention: The generational divide in cognitive modes. *Profession*, 13. 187-199.

Lewin, D.(2016). The pharmakom of educational technology: The disruptive power of attention in education. *Studies in Philosophy and Education*, 35. 251-265.

Pring, R.(1977). Common sense and education. *Journal of Philosophy of Education*, 11(1). 57-77.

Stiegler, B.(2012). Relational ecology and the digital pharmakon. *Cultural Machine*, 13. 1-19.

Azuma Hiroki(2016). 弱いつながり. 안천 역(2016). **약한 연결**. 서울: 북노마드.

Yujiro, N.(2013). 共通感覚論. 고동호 역(2015). **공통감각론**. 서울: 민음사.

여성동아. "다정하게 대해줘, 온라인에서" 까칠한 온라인 커뮤니티 말투, 왜? https://woman.donga.com/3/all/12/3866779/1/(검색일: 2023.1.17.).

03

Q:
능력주의 교육은 어떻게 혐오를 조장하는가?

능력주의 교육이 지향하는 조화로운 능력 발달과 성장의 관념은
건강한, 비장애의, 잘 기능하는 몸이라는 이상향을 염두에 두고 있다.
이러한 교육의 목표 안에서 병들고, 잘 기능하지 못하고, 전형적인
아름다움에 부합하지 않은 몸은 결핍으로 규정되어 주변화된다.

03

능력주의 교육과 혐오:
경계에 선 취약한 몸들[1]

박지원

---

1. 공정 담론과 혐오

오늘날 한국의 청년세대는 시험을 통한 경쟁과 선발에 익숙한 세대이다. 정치적으로 청년세대는 선발 체제의 공정성을 시대정신으로 요청하는 대표적인 집단으로 호명되기도 한다. 항상 정치의 주변부에 머물렀던 청년세대가 새로운 시대적 담론을 주도하는 것은 주목할 만한 일이지만, 막상 관련된 사건들을 구체적으로 들여다보면 청년세대가 주축이 된다고 여겨지는 주장들은 대단히 정동적이고 비일관적이며 가장 부정적인 결과로 혐오를 동반하기도 한다.

대표적인 사례로 2020년 인천국제공항 비정규직 직원의 무기계약직화를 둘러싼 논란을 들 수 있다. 이는 인천국제공항공사가 보안 검색 담당 비정규직 직원 약 2000여 명을 직접고용으로 전환한다는 결정에 대해 정규직 노조와 취업준비생들이 집단적으로 반발한 사건이다. 반발의 근거는 해당 결정이 취업시장의 공정성을 해치고 정규직 및 취업준비생에게 상대적 박탈감을 심어준다는 것이었다. 이러한 논리는 시험을 통한 공정한 선발을 강조하면서 비정규직의 불안정한 노동에서 발생하는 불공

---

1   [출처] 박지원(2023). 취약한 몸들과 능력주의 교육 너머: 혐오, 장애, 동물을 경유하여. **교육사상연구**, 37(2). 123-143.

정에 대해서는 문제 삼지 않는 이중성을 띠고 있다(장혜경, 2020). 즉, 이때 주장된 '공정'은 엄밀하게는 시험주의(testocracy)에 입각한 협소한 차원의 절차적 정당성이며, 나아가 시험을 통해 판별될 수 있는 인지적 능력이 실무 능력에 비해 우위에 있다는 위계적이고 제한된 능력관을 옹호하는 논리다. 이 사건에서 공정에 대한 제한된 이해는 결과적으로 비정규직 노동자에 대한 혐오가 발화되고 공유되는 데에 일조했다고 볼 수 있다.

또 다른 사례로 시중 은행이 채용 절차에서 남녀 응시자의 비율을 차등적으로 배분하거나 점수를 조작하여 여성 응시자를 의도적으로 탈락시킨 사건을 살펴볼 수 있다.[2] 이 사건은 조직적인 성차별에 입각한 심각한 불공정 사례로 대법원의 판결까지 나왔지만, 공정에 대한 청년세대의 요구를 응집하여 성차별 반대 운동과 같은 정치적 힘으로 견인하는 데에까지 나아가지는 못했다. 대중적인 공정담론 안에서 성차별은 보편적인 공정의 문제라기보다는 '덜' 보편적인 페미니즘운동의 논제로 여겨지며, 페미니즘은 오히려 '역차별'을 주도하여 능력주의의 건전성을 해치는 세력으로 이해되기도 한다. 이때 공정성에 대한 주장은 출산하지 않고 장애가 없는 남성의 몸을 표준으로 삼아 여성과 소수자에 대한 백래시(backlash)[3]를 주도하기도 하며, 그 결과 능력주의의 얼굴을 통해 혐오를

---

2   2015~2016년 국민은행이 신입사원 채용 당시 남성 지원자의 점수를 상향조정하여 여성 지원자를 의도적으로 탈락시킨 사건이다. 채용 1차 단계부터 구체적인 성비를 정하여 점수를 조정하였으며 2차에서는 면접 점수를 조작하였다. 2022년 현재 대법원 형이 확정되었다. 자세한 내용은 여성신문(2018.4.4.) 참조.

3   백래시(Backlash)란 사회적·정치적 변화에 대하여 불특정한 대중이 강한 정서적 반발과 조직적인 반동을 생성해 내는 현상을 일컫는 용어다. 이는 자신의 권력이 훼손되는 것에 대한 반응으로 주로 사회적 소수자에 대한 차별을 생성해 내는 기능을 한다. 미국의 여성주의 저널리스트 수전 팔루디(Susan Faludi)는 『백래시: 누가 페미니즘을 두려워하는가?』 (1991)에서 1980년대 이후 가속화된 신자유주의 물결 속에서 급격히 확장된 안티페미니즘의 논리를 백래시로 분석한다. 당시 미국 사회에서는 신자유주의 원리가 사회에 이식되면서 가부장제 질서에서는 허용되지 않았던 여성의 경제적·사회적 자유가 확대되었다. 이때 남성중심적 가부장주의 속에서 남성들이 가정과 공적 공간에서 누리던 권력이 '자유경쟁'이라는 원리로 분쇄되었으며, 그에 대한 반발로 여성의 권리 신장에 대한 반동 세력들의 극심한 형태의 백래시(여성에 대한 폭력, 사회적 억압, 미디어의 반동 등)가 확산되었다.

정당화하는 결과를 낳는다(김정희원, 2022).

서로 다른 두 사례에서는 공통적으로 청년세대를 중심으로 한 공정담론에 특정한 형태의 '주체 모델'이 전제되어 있으며, 그에 부합하지 않는 존재에 대한 '혐오'가 생산된다는 사실이 발견된다. 실제 공정에 대한 청년세대의 요구를 일반화하기는 어렵다. 해당 세대 중 명문대 입학이나 대기업 입사를 당면문제로 여기고 시험을 기반으로 한 공정한 절차가 자신에게 유리하리라 믿을 수 있는 부류는 적어도 교육자본을 향유하고 내면화할 수 있는 특정 계층이거나, 그러한 계층에 스스로를 잘못 투영한 일부에 지나지 않는다.

사회학자 신진욱(2022)은 청년세대에 대한 최근 몇 년 간의 논쟁과 명명이 실제 청년의 수행을 반영한 결과라기보다는 거꾸로 청년세대라는 가상의 집합체를 구성하는 담론이라고 주장하며 '그런 세대는 없다'라고 진단하기에 이른다. 그에 따르면 최근 한국 사회에서 전개되고 있는 "'50대'를 기득권층이나 위선적 집단으로 묘사하여 청년들의 분노를 자극하거나, '20대'에 경쟁지상주의·능력지상주의·약자혐오와 같은 부정적 딱지를 붙여 비난하는 식의 공격적 세대론"은 청년 세대 내부의 차이를 무마시킴으로써 "계급의 언어, 젠더의 언어, 인권의 언어가 공론장에서 밀려나게" 한다(신진욱, 2022: 48). 세대 갈등이라는 틀에서 특정한 연령대의 청년들을 묶어내고 분석하려는 시도들 때문에 오히려 젠더, 계급, 지역, 교육 수준 등에 따라 내부적으로 치열하게 대립하거나 새로운 돌파구를 찾아내기도 하는 역동적이고 다양한 실제 청년의 삶이 가려진다는 것이다.

신진욱(2022)의 견해는 특수한 계층이 청년세대를 과도하게 대표하는 상황에 대한 지적이라고 볼 수 있다. '능력주의/공정이 시대정신'이라는 담론을 주도하는 청년은 서열화된 세계에서 통용되는 '보편적 능력' 이외의 다른 정체성의 문제를 중립화할 수 있는 특수한 범주— 중산층, 남성, 4년제 이상 대학 출신, 수도권 거주, 비장애인 등 —에 속한 극히 일부의 사람들이다. 최근 청년세대를 중심으로 형성된 정치적 요구들은 공정에 대한 요구로 뭉뚱그려지기보다는 부조리에 대한 분노, 불안정성에서 비롯된 불안, 약자에 대한 혐오 등으로 정교하게 논의될 때 유의미한 정치적 힘으로 거듭날 수 있을 것이다. 이 글은 그 일환으로, 능력주의가 팽배한 교육에서 나타나는 취약한 몸들에 대한 혐오에 대해 살펴보고자 한다.

2. 능력주의 교육의 통치성으로서 혐오

혐오(嫌惡)는 사전적으로 어떠한 대상을 '싫어하고 미워함'을 뜻한다. 일상적으로는 커피를 싫어한다거나 예전에 싸운 친구를 미워하는 것과 같은 단순한 기호나 개인적인 관계를 지칭할 때보다는, 꽤 강한 수준의 불쾌감정이 유사한 특징을 지닌 대상들(집단이나 상황)에 대하여 일반적으로 나타날 때 쓰이는 표현이다. 혐오는 대상의 일반화를 동반한다는 점에서 순전히 개인적이기보다는 사회적인 현상으로 이해되어야 한다.[4] 홍성수(2019: 194)에 따르면 혐오는 "집단적", "역사적", "사회구조적"으로 발생하여 "소수자 집단에 대한 차별"을 발생시키는 문제다.[5] 즉, 혐오는 주로 사회적 위계의 하층에 존재하는 약자들을 향해 수행되며, 개인과 집단의 정체성 형성에 큰 영향을 미친다. 여성혐오(misogyny), 특정한 인종·종교·출신지역 혐오, 성소수자 혐오, 장애인 혐오 등 사회적으로 문제가 되

---

[4] 한국 사회에서 혐오를 주관적이거나 개인적인 정서를 넘어서 주체와 세계의 관계에서 발생하는 정동(affect)의 흐름으로 이해하려는 시도는 2010년대 이후 혐오에 의한 차별과 폭력이 사회적 문제로 대두되면서 이에 대응하기 위한 전략으로서 적극적으로 이루어지기 시작했다(손희정, 2015).

[5] 홍성수(2019: 196)는 혐오의 단계를 혐오("특정 집단에 대한 부정적 고정관념과 태도, 편견")→혐오표현("편견·차별의 유포, 멸시·모욕·위협, 증오선동")→차별("차별(배제, 분리), 괴롭힘")→증오범죄("혐오에 기반한 범죄행위"), 집단살해("특정 집단에 대한 의도적·조직적 말살")의 피라미드로 제시하였다. 이러한 논의는 소수자에 대한 개인의 부정적인 편견과 감정이 축적되어 심각한 수준의 범죄와 폭력이 발생할 수 있음을 함의한다.

는 혐오는 대체로 여러 사람이 집단으로 공유하는 감정이라는 특징이 있으며, 어떠한 정체성에 부정적인 속성을 연결해 온 오랜 역사와 사회구조에 기반을 두고 있고, 대상 집단이 겪는 차별과 불이익에 큰 영향을 미친다. 혐오가 대상자에게 모멸감을 주거나 차별 또는 폭력을 낳는 실제 효과를 발휘하기 위해서는 단순히 한 사람의 개인이 싫어하는 감정을 표출하는 것만으로는 부족하며 그러한 불호의 감정이 집단적으로 공유되고 역사적으로 반복 인용되어야 하며 이 과정이 혐오의 주체와 대상을 위계적으로 구분하고 이를 지속시키는 사회구조를 기반으로 수행되어야 한다.

최근 교육 현장에서 아동청소년 학습자를 중심으로 표현되는 혐오 또한 중요한 연구 주제로 떠오르고 있다. 이혜정 외(2019)에 따르면 한국의 교실 안에서 나타나는 혐오 중 가장 두드러지는 것은 여성혐오이며, 그밖에 다르게 행동하기, 능력 없음도 혐오의 대상이 된다. 한희정(2021)은 질적 탐구를 통해 교육 공간에서 나타나는 혐오 차별의 현상을 젠더, 외모, 다문화(인종), 능력, 장애, 계층에 대한 차별과 혐오로 범주화하였다. 혐오에 대한 이론적, 실증적 논의에서 반복적으로 강조되는 한 지점은 혐오가 능력에 대한 평가와 깊은 관련이 있다는 것이다. 특히, 능력의 신장을 목표로 하며 능력주의에 의해 지탱되는 교육에서 능력 없음이 혐오로 이어지는 구조는 교육의 문제를 이해하기 위한 핵심적인 주제이며 이에 대한 다각적인 분석이 필요하다. 조금 심각하게 진단해 보자면, 능력주의에 입각한 오늘날의 학교는 집단적 트라우마를 생성하는 거대한 혐오와 낙인의 제조 장치로 전락할 위기에 처해 있다. 그렇다면 우리는 혐오를 뛰어넘을 수 있는 교육의 논리와 방법을 개발하기에 앞서, 우리의 능력이 교육에 의해 위계화될 수 있다는 전제 자체를 비판해야 할 것이다.

그렇다면 능력주의 이데올로기는 어떻게 혐오를 생산하는가? 그리고 이 과정에서 교육은 어떠한 역할을 하는가? 논의를 풀어나가기 위해 한편의 짧은 담화문을 살펴보자.

길에서 환경미화원이 쓰레기를 치우고 있다.

건너편에서 그 모습을 바라보고 있던 A와 B가 각각 자녀로 보이는 어린이에게 말한다.

A: (환경미화원을 손으로 가리키며) 너 공부 안 하면 나중에 커서 저렇게 돼.

B: (환경미화원을 바라보며) 너 공부해서 저런 분들도 살기 좋은 세상 만들어야 해. (A를 가리키며) 공부 안 하면 이렇게 무식한 사람 되는 거야.

A: (얼굴을 붉히며 고개를 휙 돌린다.)

위 담화는 능력주의 안에서 발생하는 혐오의 구조를 잘 보여준다.[6] 담화에 등장하는 혐오는 크게 거리두기, 수치 심어주기, 두려움 생산하기에 의해 수행된다. (1) 거리두기. A는 혐오를 시작하기에 앞서 대상과 거리를 둔다("저렇게"). 이때 거리는 물리적 거리이기도 하지만, 계급이나 가족의 경계와 같은 상징적인 거리를 의미하기도 한다. A는 자신을 대상을 관조할 수 있는 안전한 위치에 놓고, 마찬가지로 안전한 가족의 경계 안에 자리한 자녀에게 혐오를 발화한다.

(2) 수치심. A는 혐오 발화를 통해 대상에게 수치심을 부여한다. A의 발화에는 직접적인 욕설이나 비하의 표현이 나타나지 않는다. 이를 혐오로 만드는 것은 언어 그 자체의 의미가 아니라, 해당 발화에 '대상에게 수치심을 불어넣는 수행성'을 지니도록 만드는 사회적·상황적 맥락과 기저에 깔린 이데올로기다. A는 능력주의 윤리에 의거하여 개인의 노력 부족

---

6 이는 인터넷상에 떠도는 세 컷으로 구성된 만화의 대사를 옮긴 것이다. 원작의 제목은 〈좋은 부모 나쁜 부모〉(팟빵직썰)로 알려져 있으나 현재 URL이 열리지 않아 원출처를 확인하기 어려운 상태이고, 그 대신 무단 스크랩이나 잘린 이미지, 패러디 등으로 남아 각종 인터넷 사이트 여기저기에 옮겨지고 있다. 출처가 분명하지 않고 익명의 군중에 의해 확대, 편집, 오독 등의 과정을 거쳐 의미가 부풀려지는 과정은 능력주의 이데올로기를 바탕으로 특정 계층이나 개인에 대한 혐오가 생성되고 확산되는 일련의 과정과 유사성이 있다. 이러한 한계로 담화의 출처를 검색된 여러 경로 가운데 뉴스 기사 하나를 선택하여 표기한다(뉴스프리존. 2019.9.30.).

("공부 열심히 안 하면")을 지적한다. 또한, 직업의 귀천을 나누는 사회적 위계 구조를 통해 청소 업무를 폄하하고, 이를 노력이 부족했기에 마땅히 승복하고 감당해야 할 정당한 결과라고 판단한다. 실제로 환경미화원이 이를 인지했는가의 여부와 상관없이, A의 발화는 대상을 응당 수치심을 느껴야 할 존재로 확정하고 있다.

(3) 전염에 대한 두려움. 또한 A는 대상에게 수치를 주는 것에서 그치지 않고 자신의 자녀에게 공부를 열심히 하지 않아서 능력 있는 사람이 되지 못하면 훗날 "저렇게" 된다는 교육적인 메시지를 던지고 있다. 이는 자녀의 내면에 자칫하면 대상의 속성이 옮을 수 있다는 두려움을 심어주는 과정이다. 이러한 두려움을 반복적으로 학습하면 주체는 능력주의의 명령에 따라 노력을 거듭하여 정당하게 인정된 자리에 오르는 것을 바람직한 정체성으로 삼게 된다.

여기서 A의 혐오 발화를 누스바움이 말하는 투사혐오(projective disgust)의 한 양상으로 이해해 볼 수 있다(Nussbaum, 2004). 그에 따르면 원초적인 혐오(primary disgust)는 '구토'를 유발하는 역겨운 '냄새'와 '외양'을 지닌 대상이 입을 통해서 신체의 내부에 들어오는 것에 대한 거부감을 지칭한다(ibid.: 166). 원초적 혐오를 유발하는 대표적인 사례인 대소변, 피, 콧물, 땀 등은 육체성 및 동물성과 관련이 있으며, 혐오 정동의 발생구조 속에는 정신과 육체, 인간과 동물 간의 뿌리 깊은 위계와 사회적 차별, 배제의 원리가 들어 있다. 따라서 원초적 혐오는 특정한 정체성을 지닌 사람들에게 투사되기도 한다. 이때 나타나는 투사혐오(projective disgust)는 사회적으로 취약한 여성, 노인, 장애인, 성소수자, 빈자, 노숙인 등을 대상으로 삼으며, 이들을 부패하는 속성, 냄새, 끈적이는 분비물과 같은 동물적 속성과 연결 짓는 방식으로 작동한다. 담화 속에서 길가에 버려진 쓰레기와 낙엽 더미는 죽음을 연상시키는 썩어가는 물질이자 진물과 냄새를 특징으로 하는 동물적인 대상이다. 담화 속 환경미화원은 오염물과의 인접성을 통해서 투사혐오의 대상이 된다.

누스바움은 투사적 혐오가 "이중의 망상"으로 구성되어 있다고 말한다(ibid., 2010: 55). 이중의 망상은 실제로는 대상이 그러한 속성을 가지지 않았음에도 불구하고 이미 어떠한 더러움이 옮았다고 여기는 망상과 그 대상과 물리적·상징적 거리를 유지하고 있는 나는 깨끗하다고 생각하는 망상으로 구성된다.

사회는 구성원들 중 몇몇을 이른바 '오염원'으로 규정하도록 가르친다. 다시 말해, 투사적 혐오는 사회적 기준에 의해 형성된다. 최소한 몇몇 사람들을 혐오스러운 존재로 간주하는 건 모든 사회의 공통점인 것처럼 보인다. 아마도 이러한 전략은 지배 집단과 그들이 두려워하는 그들 자신의 동물성 사이에 안전한 저지선을 설치할 목적으로 채택되었을 가능성이 높다. 혐오스러운 동물성의 세계와 '나' 사이에 준-인간이 존재한다면, '나'는 필멸하는/부패하는/냄새나는/진액이 흘러나오는 것들로부터 그만큼 떨어져 있게 되는 셈이다. 진짜 위험과 신뢰할 만한 연관관계가 거의 없는 이 투사적 혐오는 망상을 먹고 자라며 예속을 만들어 낸다. (중략) 투사적 혐오에는 이중의 망상이 작용하고 있다. 다른 사람의 더러움에 대한 망상과 자신의 깨끗함에 대한 망상이다. 투사의 양 측면은 모두 거짓된 믿음에 근거를 두고 있으며, 둘 모두가 위계의 정치에 이바지한다(Nussbaum, 2010: 55).

누스바움은 이러한 망상이 작동하는 원인을 두려움에서 찾고 있다. 혐오는 사회적 위계 관계 속에서, 상대적으로 열등한 동물/육체의 위치로 격하될지 모른다는 두려움에서 기인한다. 이때, 이중의 망상은 주체의 두려움을 가려주는 심리적 방어기제로서 기능한다. 더러운 타자(동물성)와 깨끗한 나(인간성) 사이에 가상의 중간 영역을 설치함으로써, 타자의 동물성이 나에게도 전염될 수 있고 내가 그 위치로 전락할 수 있다는 두려움을 떨쳐내게 되는 것이다. 이때 망상 속에 거주하며 스스로의 안전함을 확인하려는 주체는 이미 동물적인 더러움을 내부에 지니고 있는 존재이기에, 타자에 대한 혐오는 언제나 자기혐오를 원인으로 삼는 행위라고도 볼 수 있다. 이처럼 "준-인간" 영역을 설정하는 혐오 수행은 사회적 멸시와 차별을 생산해 내는 "위계의 정치"의 일부이다(ibid.).

한편, 위 담화에는 A의 발화에 비해 간접적이지만 현대 사회에서 수행되는 혐오의 본질을 보다 날카롭게 꿰뚫는 또 다른 혐오가 등장한다. 이는 바로 B와 담화 바깥에서 이를 관조하는 독자들의 시각에서 수행되는 혐오다. B의 혐오는 A의 혐오와 마찬가지로 거리두기("저런 분", "이렇게"), 수치심 심어주기("무식한"), 두려움 생산하기("공부 안 하면 저렇게 되는 거야.")의 과정으로 수행된다. 속물성을 노골적으로 드러내는 A의 발화와 달리 달리 B는 윤리를 표방한다. B의 발화는 A의 부도덕성을 꾸짖는 윤리의 형식을 띠고 있다. 또한, 대상으로 전락할 수 있다는 두려움을 '공부를 열심히 해서 약한 사람들을 돌보는 훌륭한 사람 되기'라는 능력주의 윤리로 교묘하게 대체하고 있다. 이러한 전략을 통해 B는 자신과 대상 사이에 A라는 준-인간 영역을 하나 더 놓는 셈이다. 이 과정에서 A는 약자의 상황에 공감하지 못하고 도덕적으로 행위 못하는 '인간성이 결여된 자'로 전락한다.[7] B는 A라는 완충지를 통해 혐오의 본래 대상으로부터 이중으로 멀어지는 셈이다.

위계 구조 속에서 발생하는 혐오는 이데올로기의 부수적인 산물이 아니라, 주류 이데올로기의 통치성을 구축하고 유지하는 중추적인 정동에 가깝다. 일찍이 푸코가 제안한 통치성의 관점에서 근대교육의 역사는 "몸과 역사를 접합하고, 교육된/교육될 수 없는 몸과 그 정신(그 개인성)이 범주와 균열의 역사, 인종과 비정상성의 역사에 각인시킨 도덕과 과학의 결

---

7   엄밀하게 말하면 혐오는 동물성 그 자체보다는 비인간성에 대해 작동한다고 볼 수 있다. 실제로 인간이 가진 여러 동물적 속성 가운데 힘이나 민첩성과 같은 고기능 역량이나 인간의 양심과 풍부한 정서를 의미하는 눈물은 혐오의 대상이 되지 않는다(Nussbaum, 2004). 흔히 파렴치한 인간을 두고 '짐승 같은 놈'이라 일컫는 것도 혐오가 인간성 결여를 향해 작동하고 있음을 보여준다.

합"으로 이해된다(Ball, 2012: 68). 근대적 학교를 작동시키는 주류 담론은 교육의 목적이나 내용, 방법을 결정할 뿐만 아니라 개인의 몸을 그러한 실천 속에 접합시킨다. 특히, 한국적인 맥락에서 능력주의는 가족이라는 친족성을 매개로 전파되기에 더욱 직접적으로 '몸에 대한 통치'를 강화한다고 볼 수 있다. 유전자적 친족성으로 바탕으로 구성된 단단한 경제공동체는 문화자본과 능력을 교육자본과 함께 전승시키고, 이러한 권력승계의 과정은 가족 이데올로기를 통해 정당화된다. 한국 사회에서 수저론이 능력주의의 본질을 간파하는 전략으로서 등장했음에도 그 이후 생산적인 대항 세력을 만들어 내지 못하는 이유는 그것이 새로운 형태의 우생학과 관련이 있기 때문일 것이다. 특정한 몸, 유전형질, 능력 등을 칭송하거나 멸시하는 것은 특별히 잘못된 교육의 결과가 아니라 교육이 발휘하는 통치성의 가장 중요한 한 측면이다. 가령, '명문대를 나오지 않은 사람은 공기업의 정규직이 되어서는 안 된다'라거나 '장애인 또한 공정한 경쟁의 룰에 따라야 하기에 사회적 배려는 역차별이다'라고 말할 때, 이는 명백한 혐오이지만 그와 동시에 능력주의와 공정의 윤리를 성실하게 수행하는 주체의 언어이기도 한 것이다. 요컨대, 능력주의는 특정한 '몸'의 형태를 재생산하고 규율화하며 혐오하게끔 만드는 이데올로기이며, 동시에 그 혐오를 통해서 정당화되고 강화된다.

이상에서 제시한 가상의 담화는 현대 사회에서 혐오가 교육을 매개로 생산되고 내면화되는 과정을 압축적으로 잘 보여준다. 이를 통해 혐오가 원초적이기보다는 사회적이며, 본능적인 감정이라기보다는 교육적인 과정을 통해 적극적으로 생산되는 결과물이라는 점을 살펴보았다. 특히, 교육 장면에서 나타나는 약자에 대한 혐오는 교육이 어떠한 방식의 위계를 긍정하며 그 안에서 어떠한 정체성을 지닌 인간을 표준으로 삼는지를 보여준다. 또한, 정당한 방식의 능력주의를 찾아가는 교육적 과정 또한 능력을 위계화하는 정치에 일조함으로써 그 한계를 반복한다는 것을 추정해 볼 수 있었다. 결론적으로 능력주의에 입각하여 '무엇이 더 공정한가?'를 묻는 것으로 능력주의의 한계를 근본적으로 극복할 수 없을 것이다.

우리는 그 대신 '우리는 왜 능력에 따라 대우받아야 하는가?' 또는 '우리의 몸이 근본적으로 능력에 따라 위계화될 수 있는가?'와 같은 전복적인 질문을 던져야 한다. 능력의 위계를 판별해 내지 않으면서 사회적 역할을 공정하게 배분할 수 있는 교육에 대한 상상은 기존의 규범, 질서, 실천으로부터 우리의 사유와 양심과 몸을 떼어내어 전혀 다른 맥락 속에 놓는 과정을 동반한다. 사회적 약자에 대한 익명의 분노와 혐오는 자신의 몸을 재맥락화하는 과정에서 발생하는 두려움의 또 다른 표현이라고 볼 수 있다. 이어서 몸의 취약성을 나타내는 범주인 '장애'를 통해서 능력주의 이데올로기 너머를 상상하기 위한 실마리를 발견해 보고자 한다.

3. 장애해방운동, 능력주의의 경계에 선 취약한 몸들

스페인의 화가 디에고 벨라스케스의 작품 〈세바스티안 데 모라의 초상〉(1645)의 주인공은 궁전에서 왕족의 놀이 상대로 일하던 왜소증 광대다. 회화의 역사에서 장애인을 대상으로 삼는 일은 그 자체로 드물다. 특히 이 작품에서 벨라스케스는 장애인을 그린 이전의 다른 작품들과는 달리 '광대', '소인'과 같은 명칭 대신에 주인공의 실제 이름을 작품 제목으로 내걸었으며, 대상을 우스꽝스럽거나 과장된 모습으로 묘사하기보다는 그가 지닌 강렬한 시선과 몸짓을 강조하였다(김태권, 2018). 이 작품은 장애인을 비장애인과 마찬가지의 방식으로 묘사했다는 사실만으로 생경함과 불편함을 자아낸다. 이는 일반적으로 회화에서 재현되는 '이상적이고 아름다운 몸'이 젊고 건강하며 잘 기능하는 비장애의 몸을 하고 있다는 점에서 비롯된다.

장애는 능력주의 이데올로기 안에서 특수한 위상을 지닌다. 능력주의가 어떠한 가능성을 능력으로 범주화하고 개념화함으로써 성립되는 것이라면, 장애는 그에 뒤따라 무언가를 할 수 없는 상태(disability)를 정의하는 관념이다. 장애는 능력주의 이데올로기에서 말하는 지적·신체적 능력의 한계 영역을 설정함으로써 구성된다. 장애는 완전한 몸이라는 이상향의 반례로서 존재하며 '정상의 몸'을 완성하는 범주다. 자연과 인간의 역사에서 장애는 항상 존재했지만 장애를 개념화하고 장애인의 범주를 나누기 시작한 것은 비교적 최근의 일이다. 한국의 경우 1970년대까지 장애라는 개념보다는 몸이 온전치 못하다는 뜻의 '불구(不具)' 또는 고칠 수 없는 병을 의미하는 '폐질(廢疾)'이 훨씬 보편적으로 사용되었다(김도현, 2019: 59). 교육계에서는 1977년 제정된 〈특수교육진흥법〉에서 최초로 '심신장애자'라는 용어가 사용되었는데, 이때까지도 이 용어에 대한 명확한 정의는 이루어지지 않았다(ibid.). 장애는 오랫동안 흐릿한 경계 안에서 불분명하게 말해지거나 지칭되어 온 것이다.

장애에 대한 보편적인 정의는 1980년에 이르러 국제기구를 통해 비로소 시도되었다. 세계보건기구(WHO)는 손상·장애·핸디캡의 국제분류(International Classification of Impairments, Disabilities, and Handicaps; ICIDH)를 통해 장애를 보다 보편적이고 구체적으로 정의하고자 했다(WHO, 1980). 이 분류에 따르면 손상은 "심리적·생리적·해부학적 구조나 기능의 손실 또는 비정상성", 장애는 "손상으로부터 연유하며, 인간으로서 정상이라고 여겨지는 방식으로 또는 그러한 범위 내에서 어떠한 활동을 수행할 수 있는 능력의 제한이나 결여", 핸디캡은 "손상이나 장애로 인해 개인에게 부어지는 불이익으로 연령, 성별, 사회문화적 요인에 의해 달라지는 정상적인 역할을 수행하지 못하거나 방해받는 것"으로 정의된다(WHO, 1980). 이 분류에 따라 장애를 문화상대주의를 넘어 보편적인 차원에서 정의할 수 있게 되었다. 실제로 한국을 포함한 여러 국가에서는 ICIDH에 기반하여 장애 관련 법률을 정비하였다. 또한 이 정의는 장애를 물리적 기능, 통합적인 활동, 사회적인 결과에 따라 폭넓게 정의함으로써 장애가 가지는 사회문화적 관계를 개념 속에 포괄하고자 하였다. 특히, 손상 및 장애와 핸디캡을 구분하려는 시도는 특수한 사회적 상황이 장애에 결정적인 영향을 미칠 수 있음을 함의하고 있다. 때문에 장애인의 보편적인 권리와 사회 변화를 요구하는 장애운동에서도 이 정의를 대체로 받아들이고 있다.

그러나 장애운동 또는 장애학의 또 다른 시각에서는 이러한 정의를 비판한다. 장애학자 수전 웬델(Susan Wendell)은 이 정의가 가진 한계에 대해서 지적한다. 그에 따르면 이 정의는 장애의 원인을 생의학적 손상에 두고 있으며 "구조, 기능, 인간의 신체적 능력에 대해 생물학적 또는 의학적으로 설명할 수 있는 보편적인 기준"이 있다고 가정한다(Wendell, 1996: 44). 장애의 사회적 측면을 포함하고 있기는 하지만, 장애를 정상적인 신체적 기능의 손실로부터 비롯되는 것으로 본다는 점에서 "'손상→장애→핸디캡'이라는 3단계 인과 도식을 통해 규정"하고 있다(김도현, 2019: 60). 실제로 ICIDH가 제시하는 손상의 목록은 핸디캡의 목록보다 훨씬 정교하며, 이는 WHO의 관심이 사회적 차별이나 문화적 차이보다는 생의학적 손상에 초점이 맞추어져 있다는 것을 의미한다(Ingstad, 1995: 20). 일반적으로 몸의 생의학적 상태는 손상의 정도를 절대적으로 드러내므로 과학적·합리적으로 설명 가능한 영역으로 여겨지지만, 사회문화적 요인은 문화, 맥락, 상황에 따라 상대적이고 가변적이며 불확실한 지표로 보이기 때문이다. 그러나 신체의 생의학적 기능과 구조가 정상으로 여겨지는 기준조차도 사회에서 한 사람에게 요구하는 과업이나 과학기술의 발달 수준에 따라 얼마든지 달라질 수 있다. 예컨대, 난방시설이 잘 되어 있지 않아 손수 땔감을 구해 불을 지펴야 하는 지역에서는 만성적인 체력 저하에 시달리는 사람이 장애 또는 질병의 범주에 속할 수 있다. 또한, 웬델은 손상과 장애에 대한 정의가 특정한 문화권에서는 지나치게 상대주의적으로 결정될 수 있다는 점을 지적한다(Wendell, 1996: 45). 일부 문화권에서 자행되는 여성 할례나 전족 풍습은 여성을 억압하기 위해 여성의 몸에 의도적인 위해를 가하는 것임에도 불구하고 해당 공동체 내에서는 그러한 몸을 장애화된 몸이 아니라 정상 규범에 속하는 정조와 아름다움의 상징으로 이해함으로써 여성에 대한 폭력을 공식적으로 용인하기도 한다. 웬델의 사유를 공유하는 장애학자들은 장애에 대한 정의를 둘러싼 양가적인 상황 모두를 문제로 여기며, 장애를 이해하기 위해 장애 그 자체뿐만 아니라 문화, 젠더, 계급 등 교차적인 차원들을 함께 짚어나가야 한다고 주장한다.

장애의 몸은 장애를 규정하고 설명하는 담론에 의해 취약한 위치에 처하게 된다. 장애에 대한 정의와 담론 그 자체가 장애의 몸을 통치하는 권력인 것이다. 이러한 '담론적 폭력'에 의해 타자화된 몸들은 자신의 존재를 설명할 수 있는 언어와 목소리를 빼앗긴다(Spibak, 2010). 장애인은 한 사회 안에서 권리를 인정받기 위해 '장애'라는 범주를 만들어 스스로의 몸을 그 안에 위치시켜야 하지만, 또한 그 범주에 의해서 차별과 폭력의 위험에 처하기도 한다.

특히 장애인의 취약성(vulnerability)은 때로 보호와 치료라는 명목으로 그의 주체성과 자유를 박탈하는 근거로 작용하기도 한다. 장애인의 몸은 약하기에 위험을 동반하는 사회적 역할에 적합하지 않고, 장애인은 정신적·육체적으로 취약하기에 시설에 거주해야 하며, 장애인은 범죄의 대상이 되기 때문에 항상 비장애인의 보호 아래 있어야 한다는 것이 그러한 사례다. 장애인에 대한 재활, 치유, 치료 담론에서 "취약성이 폭력을 일으킨다는 생각은 장애인이 가진 힘을 빼앗고 폭력을 당연한 것"으로 만드는 힘이다(김은정, 2017: 264). 김은정(2017: 264)은 문화적 재현 속에서 피해받은 장애인이 '복수와 자살'을 행하는 것이 "거리감을 두는 분노와 탈정치화된 연민을 거부"함으로써 장애인 자신의 "주체성을 가시화"하는 사례라고 말하기도 한다.

따라서 취약한 몸들, 즉 정상성의 결여, 결핍, 손상 등으로 규정되는 존재에게 자기 정체성 확립을 위한 투쟁은 자기 인정과 부정의 갈등 상황에 봉착하게 된다. 1990년대 이후 장애인 운동에서는 자립(自立) 담론이 형성되었다. 장애인 해방의 목적을 개별 주체의 자립에 두고 장애인이 비장애인과 마찬가지로 일상생활, 직업, 사회적 관계 등에서 자립적인 생활을 영위하는 것을 목표로 삼은 것이다. 이는 장애인을 본인의 의사와 관계없이 비자발적인 삶의 양식으로 거주시키거나 장애인의 자립적 삶을 불가능하게 만드는 사회적 차별, 인프라의 부족, 제도의 미비 등에 폭넓게 대항해 나가는 운동의 구호였다(김도현, 2019). 요컨대, 장애해방운동의 자립담론은 장애인이 스스로 취약성을 극복해 나가고자 하는 의지를 반영한다.

그러나 여러 사회적 약자의 정체성 정치에서 반복되듯, 자신의 취약성을 극복해야 할 부정적인 속성으로 이해할 때 약자는 스스로를 정체화할 수 있는 언어를 잃어버리게 된다. 취약한 몸들은 그들의 약함을 구성하는 권력구조를 빌려 스스로의 사회적 권리를 말해야 하는 역설적인 상황에 처해 있기 때문이다. 김도현(2019: 7장)은 자립의 모델을 자기결정과 선택에 기반을 둔 소비자주권주의의 모형이라고 비판하며 그 대신 서로의 취약함을 부정하지 않고 있는 그대로의 모습으로 함께 서는 "연립"의 개념을 제안한다. 이 관점은 몸의 취약성과 상호의존성을 장애인과 비장애인이 공통으로 공유하는 존재의 근본적 속성이자 조건으로 파악하려는 노력을 담고 있다. 이는 자립의 관점과는 달리 주체를 독립적이기보다는 관계적인 존재로 이해하며, 장애인의 몸이 처한 상태를 열등하거나 예외적인 상황이 아니라 보편적인 인간의 조건 속에서 사유하고자 한다.

자립은 '의존하지 않는 것'이 아니라 '의존을 선택할 수 있는 상태'입니다. 세상이 장애인용으로 돼 있지 않으니 장애인은 의존할 수 있는 것이 무척 적습니다. 장애인이 너무 의존하는 게 아니라 의존할 게 부족하기 때문에 자립이 어려운 겁니다. 인간은 약함을 서로 보충하고 의존할 수 있는 사회를 만들면서 강해졌어요. 장애인만 '의존하지 말라'는 것은 이상한 이야기입니다(김진우, 경향신문, 2018.11.21.; 김도현, 2019: 319에서 재인용).

연립의 관점은 의존에 대한 재개념화를 요구한다. 의존은 장애인에게만 해당하는 예외적이고 특수한 상태가 아니라 몸을 가진 존재라면 필연적으로 처해지는 존재론적이고 사회적인 조건이다. 인간의 몸은 의심할 여지 없이 추위와 상처, 감염에 취약하며, 고통을 통해 식별되는 속성을 가지고 있다. 가령, 우리는 평소에 위장의 활동이나 상태를 인지할 필요가 없지만 심한 배탈이 났을 때 모든 신경이 그 고통을 느끼는 데에 집중되어 위장의 존재를 인지하게 된다. 비장애인의 몸은 취약성이 잠재되어 있고 쉽게 드러난다는 점에서 장애인의 몸과 같다. 뿐만 아니라 장애인에게 고통은 생의학적인 신체의 상태뿐만 아니라, 그 몸이 행위를 제한하는 사회적 조건과 분투하는 과정에서 발생한다. 그런 의미에서 비장애인의 몸 또한 어떠한 사회적 조건에 의해서 어느 순간 더욱 위태로운 상황으로 곤두박질칠 수 있다. 장애인과 비장애인이 공유하는 몸이라는 물질적인 조건은 "자기 바깥으로서의 존재"(Nancy, 2006)로서 완결된 내부가 아니라 세상을 향해 열려 있다.

주디스 버틀러(Judith Butler)는 돌봄과 의존 없이는 생존할 수 없는 몸의 취약성이 정신의 자율성에 앞서 인간의 본질을 결정할 뿐만 아니라 특정한 공동체에 대한 감각을 일깨워준다고 말한다(Butler, 2004). 버틀러에 따르면 우리는 한없이 연약한 육체성(corporeality)으로 구성되어 있으며, 생명이 붙어 있는 한 타자의 직접적인 돌봄 행위 없이는 살아갈 수 없는 존재이기에 끊임없이 의존의 상태에 처하게 된다. 존재의 본질적 취약성은 장애인과 비장애인이 공유하는 세계를 이해하는 근거가 된다는 점에서 공통의 사회적 조건을 더욱 풍부하게 만드는 역량을 품고 있는 상태로 재정의될 수 있다. 자율성이 자아의 독립과 자립, 배타적인 자기 능력의 확충 등을 추구한다면, 몸의 취약성은 끊임없이 나와 타자의 경계를 허물로 도움을 요청한다.[8] 자기 자신과 타자의 취약성을 깨닫지 못하면 우리는 서로를 위험으로부터 보호하는 더 나은 사회를 상상할 수 없다. 이렇게 본다면 능력주의 이데올로기 속에서 경제적으로 쓸모없는 존재로 규정되는 장애의 몸은 스스로가 지닌 취약성을 근간으로 공동체를 구축하는 역량을 가진 몸으로 재해석될 수 있다.

능력주의 교육이 지향하는 조화로운 능력 발달과 성장의 관념은 건강한, 비장애의, 잘 기능하는 몸이라는 이상향을 가정하고 있다. 이러한 교육의 목표 안에서 병들고, 잘 기능하지 못하고, 전형적인 아름다움에 부합하지 않는 몸은 결핍으로 규정되어 주변화된다.[9] 그러나 몸의 이상향과는 달리 전형적인 인간 몸의 형태와 기능은 모두에게 주어진 공통의 조건이 아니다. 몸으로서 존재한다는 것은 몸의 다양성과 유한성을 끌어

---

8 버틀러의 논의에서 육체의 취약성에 대한 강조가 몸의 자율성을 전적으로 무너뜨리는 것은 아니다. 버틀러는 "우리의 몸이 어떤 의미에서는 우리의 것이며, 우리가 몸에 대한 자율권을 가질 자격이 있다는 것은 중요하다"(Butler, 2004: 54)라고 몸의 자율성에 대한 견해를 밝힌다. 사회적 약자들— 예를 들어, 성적 자유와 동성결혼 합법화를 주장하는 동성애자, 지정 성별 변경 권리를 요구하는 트랜스젠더, 낙태죄 폐지를 요구하는 여성, 거주와 신체의 자유를 요구하는 정신질환자, 장애인, 난민 등 —의 인정투쟁에는 육체에 대한 자기결정권 요구가 뒤따른다. 버틀러는 '몸의 자율권'을 주장하는 해방적 정치를 거부하는 것이 아니라, 권리로서 자율성을 위해서 투쟁하면서도 우리 모두가 사실은 서로에게 의존하고 있다는 사실을 인정하고 그로 인해 파생되는 문제들을 고려할 수 있어야 한다고 주장한다. 주체는 "우리가 누구인지를 사유하고 우리 자신을 재현하려고 할 때, 그저 경계로 구획된 존재로만 재현할 수 없는"(ibid.: 57) 사이에 존재한다. 버틀러는 '자율권을 위한 투쟁'과 '취약한 주체성의 조건' 사이에서 새로운 공동체의 모습을 구상한다.

9 교육·사회적 복지·제도지원 등의 측면에서 장애인은 "보편적 복지(제도적)"에 상반되는 "보충적(예외적·선별적)" 복지의 대상으로 여겨지며, 이는 장애인을 정상적인 사회활동을 향유하지 못하는 주변적이고, 특별한 존재로 인식하는 사회적 결핍 모델에서 기원한다(조원일, 2012: 134). 이는 일반교육의 보충 개념으로서 특수교육(special education)이 지니는 위상과 개념적 한계에서도 확인할 수 있다. 특수교육 담론은 장애를 교육의 대상이자 주체로 다루면서도 장애가 지닌 사회적 취약성을 강화하지 않기 위해 이론적·실천적 탐구를 확장하고 있다. 독일의 특수교육사에서 장애인 대상 교육은 병리적인 상태를 해결하고자 하는 의학적 모델로서 치료교육학(Heilpaedagogik), 비장애인 학습자와의 분리 교육 모델인 특수교육학(Sonderpaedagogik)을 거쳐 일반교육학과 동등한 입장에서 장애 이해를 강조하는 장애아교육학(Behindertenpaedagogik), 장애인의 사회적 삶을 증진하고자 하는 재활교육학(Rehabilitationspaedapogik) 등으로 비판적으로 확장·발전해왔다(김기홍, 2004).

안고 살아간다는 뜻이다. 따라서 인간다움의 전형이 젊음과 건강함이라는 생각을 강화하지 않는 방식으로 장애의 몸을 이해할 필요가 있다. 모든 이들의 다양한 신체적 상태를 인정하고 수용하고 공감하도록 하는 것은 장애인이 사회의 구성으로 살아갈 수 있는 토대를 마련하는 일일 뿐만 아니라, 궁극적으로는 장애 여부를 떠나 자기 자신을 있는 그대로 받아들이는 일이 되어야 할 것이다.

4. 취약성'들'의 위계 넘어서기: 장애와 동물의 교차점에서

장애해방운동의 사례에서 볼 수 있듯 취약성은 사회적 역량을 내포하고 있지만 이 힘은 단순히 '취약성은 힘이 있다'라고 선언하는 것만으로는 드러나기 어렵다. 취약함이란 그 자체로 힘을 억압당하거나 말하기를 금지당한 상태이기 때문이다. 따라서 취약성이 품은 힘은 자율적 주체의 힘과는 달리 내재적으로 발현되기보다는 복잡하고도 상호적인 정치의 과정에서 나타난다. 그 과정에서 때로는 다른 형태의 취약한 몸들과 대결 구도에 놓이기도 하는데, 다음에서는 그 사례를 통해 취약한 몸들의 갈등과 연대가 어떠한 방식으로 위계의 정치에 맞서나갈 수 있는지를 살펴보고자 한다.

장애운동가이자 동물운동가이기도 한 수나우라 테일러(Sunaura Taylor)는 『짐을 끄는 짐승들』에서 동물해방과 장애해방의 갈등과 교차에 대해서 논하면서, 서로 다른 취약성이 위계를 두고 다툴 때 발생하는 한계지점을 보여준다. 테일러는 종차별주의에 반대하는 동물운동가들이 동물권을 옹호하기 위하여 장애를 동물의 비교 대상으로 삼는 수사에 주목한다. 이는 동물권과 비거니즘에 핵심적인 근거를 제공한 피터 싱어(Peter Singer)의 공리주의적 접근에서 유래한다.

[인간이 동물보다 고통을 더 많이 느낄 수 있는 정신적 능력을 갖추고 있다는 이유로 동물실험을 정당화하는] 이러한 논증은 어른보다 아기(어쩌면 고아) 혹은 심각한 지적장애인[10]을 실험 대상으로 삼는 편이 낫다고 말할 빌미를 제공한다. 왜냐하면 그들 또한 장차 자신들에게 무슨 일이 일어날지 모르기 때문이다. 이 논증에 관한 한, 인간이 아닌 동물, 유아 그리고 지적장애인들은 동일한 범주에 속해 있다. 인간 아닌 동물들에 대한 실험을 정당화할 목적으로 '인간의 우월한 정신 능력'과 '더욱 예민하게 고통을 느낄 수 있는 능력'을 연결시키는 논증을 사용하려면, 우리는 아기와 지적장애인들을 실험 대상으로 삼을 용의가 있는지를 자문해 봐야 한다. 그리고 동물과 이런 사람들을 구분해야 한다면 도대체 그 기준은 무엇인가?(Singer, 1975: 50)

싱어는 종차별주의[11]를 논박하기 위해 지적장애인과 동물을 비교하는 철학적 수사를 사용한다. 싱어에 따르면 동물은 인간과 마찬가지로 고통에 대하여 감각적으로 반응하고 유사한 고통을 피하기 위한 의식적인 행동을 한다(ibid.). 싱어는 이러한 '쾌고감수력'을 이해(interests)를 갖기 위한 전제조건으로 본다. 동물이 인간과 마찬가지로 쾌고감수력을 지닌 존재라면, 인간의 이해를 위해 그들에게 고통을 주는 것은 정당화될 수 있을까? 또한, 고통을 인간만이 할 수 있는 언어적 표현과 행위의 영역으로

---

10 지적장애(知的障礙; intellectual disability)는 표준적인 수준보다 지능이 낮은 장애를 지칭하는 용어다. 이전에는 지적 발달의 지연으로 정의하는 정신지체(精神遲滯; mental retardation)가 사용되었으나 장애인에 대한 무시와 차별을 발생시킨다는 이유로 개명되었다. 원문은 이를 '정신지체'로 표기하고 있으나 이러한 지점을 인지하여 본 인용구에서는 '지적장애'로 표기한다.

11 종차별주의(speciesism)는 어떤 개체의 종에 입각한 차별을 의미한다. 주로 인간 종의 편의와 쾌락을 위하여 다른 동물 종을 착취하는 행위를 일컫는다. 종차별주의의 사례로는 육식, 공장식 축산업(과밀한 환경, 질병에의 취약성, 잔혹한 도축 등), 동물성 재료(모피, 가죽, 털 등)를 사용한 패션 산업, 동물실험, 동물산업(동물원, 서커스, 박제, 사냥, 반려동물 산업 등), 부정적인 속성을 동물에 빗대는 표현 등을 들 수 있다.

정의한다면, 고통을 표현하는 데에 서툰 인간의 아기나 장애인도 고통을 느끼지 않는다고 여겨야 하지 않을까? 싱어는 이와 같은 논리를 바탕으로 종차별주의의 정당성을 논파해 나간다.

한편, 이와 같은 싱어의 논리에서 장애인과 동물은 '누가 더 인간에 가까운가?'라는 담론적 투쟁을 겪는다. 장애와 동물 해방운동에서 이러한 갈등은 꽤 흔하게 나타난다. 장애해방운동에서는 장애인을 '동물화'하는 것에 맞서 인간으로 대하기를 요구한다("장애인을 동물로 취급하지 말라"). 동물과의 비교는 장애뿐만 아니라 여성이나 빈자의 해방을 말할 때도 자주 나타나는 수사이다("여성은 동물이 아니다", "짐승을 챙기기 이전에 가난한 사람부터 챙겨야 한다"). 한편, 종차별주의에 반대하는 이들은 기능이 정상 범주에 미치지 못하는 인간 약자(장애, 영유아, 노인 등)와 동물을 비교하며 동물이 인간과 다르지 않음을 주장한다("지적장애인과 훈련된 개 중 누가 더 인간에 가까운가?"). 장애인의 인간화를 요구하는 장애운동과 장애인과 동물을 등치하는 종차별반대운동은 서로를 적으로 삼지 않았지만 어느 순간 서로를 부정해야만 자신의 주장을 관철할 수 있는 담론적 갈등 상황에 놓이게 된다.

테일러는 "종차별에 반대하고 비인간 동물의 도덕적 지위를 정의하기 위해 지적장애인의 사례를 언급하는 것은 철학적 착취"라는 철학자 리시아 칼슨의 견해를 인용하며 피터 싱어를 필두로 한 공리주의 동물해방론의 논리를 강하게 비판한다(Taylor, 2017: 139). 한 사회가 정상적인 신체적·인지적 기능을 수행하지 못하는 장애인을 돌본다면 그와 유사한 수준의 신체적 역량을 지닌 동물 존재 또한 돌보아야 한다는 방식의 논리는 '비장애중심적'이며 '인간중심적'이다(ibid.). 테일러는 신경전형주의(neurotypicalism)가 이와 같은 동물과 지적장애인 간의 담론적 갈등을 초래하는 동시에 이들 모두를 소외시키는 바탕이라고 주장한다(Taylor, 2017: 120). 신경전형주의란 인간 종이라면 마땅히 도달해야 할 전형적이고 규범적인 인지 능력을 정해두고 그 기준에 적합하지 않은 이들을 비전형적인 범주로 분류하려는 경향을 의미한다. 신경전형주의는 신체와 신경의 정상 기능을 전제한다는 점에서 일종의 비장애중심주의라고 할 수 있다. 신경전형주의의 관점에서 보면 종차별은 장애인차별을 경유하여 발생한다(ibid.). 비인간 종을 착취할 때 동원되는 수사들은 동물을 인간의 신경전형적인 속성을 결여한 일종의 장애 상태로 간주하고 있다. 예컨대, 동물은 지능이 부족하고, 언어가 발달하지 않았으며, 충분히 사회적이지 못하고, 신체적으로 직립보행이 불가하거나 소근육을 활용한 섬세한 조작 능력이 떨어진다고 여겨진다.

이는 지적장애, 발달장애, 자폐인, 뇌병변장애인 등을 설명할 때 사용되는 수사와도 동일하다. 신경전형주의 틀 속에서 나타나는 동물과 장애인의 유비관계는 인종차별, 성차별에서도 반복되어 온 논리라고 볼 수 있다. 비장애인 개인의 전형적인 신경 특질에 기반하는 비장애중심주의는 "인간은 신의 형상에 따라 만들어졌다는 신앙으로부터 인간이 진화의 정점이라는 믿음까지" 아주 오랜 역사의 과정에서 인간중심주의적 세계관을 뒷받침하고 있다(ibid.: 121).

따라서 장애해방론과 동물해방론이 공격하고 투쟁해야 하는 것은 그들을 서로 비교하게 만드는 상위의 통치성 그 자체, 즉 다양한 신경적인 속성을 위계화하고 그중 일부를 더 가치 있는 위치에 놓는 인간중심적·능력중심적 세계관이라고 할 수 있다. 테일러가 제안한 장애해방과 동물해방의 연대는 능력주의 너머를 만들어 나가는 일종의 방법론을 제공한다. 능력주의는 인간의 신경전형성에 기반하여, 소수의 신경전형적 인간만이 도달할 수 있는 결과에 보편적인 가치를 부여하는 체제다. 테일러식으로 말하자면 능력주의는 비장애중심주의이고, 종차별적이며, 또한 인종차별적이고 성차별적이다. 따라서 능력주의 교육을 비판한다는 것은 궁극적으로는 비장애중심적·종차별적·인종차별적·성차별적인 인간중심 교육 패러다임을 문제시하는 것이기도 하다. 그에 대한 대안 모색은 '능력 있음'의 외연에 위치하는 비인간화된 존재들에 대한 관심과 그들의 능력에 대한 재해석에서 시작하여야 할 것이다.

5. 능력주의 너머를 상상하며

혐오는 능력주의 통치성의 일부로 작동하며 특정한 형태의 몸과 마음가짐을 권력화하고 정당화하는 데에 기여한다. 혐오는 '능력이 없다고 여겨지는 대상'과 거리를 두고, 멸시를 통해 대상에게 수치심을 부여하고, 최종적으로는 주체의 내면에 두려움을 생산하는 과정을 통해 수행된다. 두려움은 특히 일종의 교육적 메시지로서 기능한다. 주체는 스스로가 혐오의 대상인 동물성·육체성으로 전락할지도 모른다는 두려움을 해소하기 위하여, 혐오의 대상과 나 사이에 '준-인간' 영역을 설치하여 '나는 깨끗하고 그것은 더럽다'라는 이중의 망상을 유지함으로써 차별과 위계의 정치를 생산한다. 능력주의 이데올로기는 '능력이 없어지면' 혐오의 대상으로 전락한다는 두려움을 생산함으로써 노력과 자기계발이라는 능력주의 윤리를 유지하게끔 한다. 능력이 없는 존재에 대한 혐오는 교육의 실수나 부정적인 결과가 아니라, 능력주의를 주체의 내면에 안정적으로 유지하게 해주는 핵심적인 동력인 것이다. 따라서 능력의 위계에 대한 근본적인 성찰 없이는 혐오 문제에 다가가기 어렵다.

능력의 위계에 대해 다양한 방식의 저항을 거듭해 온 취약한 몸들의 소요는 능력주의 너머를 상상할 수 있는 실마리를 제공한다. 특히 장애 (disability)는 할 수 있음(ability)에 뒤따라 정의될 수밖에 없는 능력주의의 반동 범주라 할 수 있다. 장애는 건강하고 아름답고 온전하게 기능하는 몸이라는 능력주의 육체성의 이상향에 반하는 동시에, 역설적으로 스스로의 비정상성을 통해 정상의 몸을 가능케 한다. 장애운동은 사회 안에서 장애인의 권리를 인정받기 위해 '정상성의 결여, 결핍, 손상'으로 규정되는 '장애'라는 취약한 개념 속에 스스로의 몸을 위치시키고, 또한 스스로의 자율성과 독립성을 주장해야 하는 자기 모순적인 투쟁을 거쳐왔다. 자기 자신의 존재를 설명하는 담론에 의해 역설적으로 대상화되는 것은 취약한 이들의 인정투쟁에서 반복되는 문제다. 장애학은 장애인을 약한 존재 또는 자율적인 존재로 규정하는 대신에, 장애가 지닌 취약성·의존성을 장애인과 비장애인이 공유할 수 있는 보편적인 공동체 구축 역량으로서 재개념화한다. 취약성을 바탕으로 하는 존재론을 중심으로 능력주의를 대체할 수 있는 새로운 주체 모델을 상상할 수 있다.

또한, 장애운동과 동물권 운동의 담론적 대립을 통해 '취약성의 정치'가 치열하고 불확실한 투쟁을 동반한다는 것을 살펴보았다. 장애해방운동과 동물권운동은 각자 자신의 권리를 주장하기 위해 서로를 비인간화하는 전략을 사용하였다. 장애해방의 관점에서는 장애인을 동물화하지 말라고 주장하고 동물해방의 관점에서는 지적장애인과 지능이 높은 동물을 비교하며 누가 더 인간에 가까운지를 질문한다. 수나우라 테일러(2017)는 이들을 공통적으로 취약하게 만드는 신경전형적·인간중심적·능력주의적 세계관 자체에 대한 대항을 통해 취약한 이들의 연대가 모색되어야 한다고 말한다. 취약성은 사회적 구조와 관계 속에서 발생하는 위태로운 속성이기에, 항상 또 다른 취약성과의 관계 속에서 트러블과 함께하는 방식으로서 주체성을 획득한다. 이는 능력주의 너머의 정치를 정교화하기 위한 전략이 될 수 있을 것이다.

매년 겨울이 되면 온 사회가 떠들썩하게 그해의 대학수학능력시험에 대해 이야기한다. 시험이 쉬웠는지, 어려웠는지, 만점자는 얼마나 나왔는지, 명문대에 입학 커트라인이 얼마나 되는지 등 많은 정보들이 쉴 새 없이 매체에 보도된다. 문제는 극도로 특수한 명문대 입학 사례가 한국 교육의 범례로 작동한다는 점이다. 우리 사회는 결코 보편이라고 할 수 없는 극히 일부의 동류 집단, 그 가운데에서도 가장 뛰어난 사례에 대해서는 그 능력과 노력에 감탄하고 칭송하며 감정을 이입할 수 있지만, 그보다 절대적으로 많은 수의 취약한 몸들에 대해서는 쉽게 외면하거나 혐오를 생산하기도 한다. 취약한 몸들의 고통과 소외는 왜 수능보다 보편적인 교육의 문제가 될 수 없는가? 교육은 취약한 이들의 상황을 이해하고 비난하지 않는 도덕적인 시민을 길러내는 것을 넘어서 그들의 소요 속에서 우리 모두의 몸도 그들과 함께 취약해질 수 있다는 위급성을 발견해 나가고 더 나은 방식으로 공존할 수 있는 공통의 세계를 모색하도록 할 때 보편적인 목적에 훨씬 가까워질 수 있을 것이다. 능력 없는 자를 낙오시키고 멸시하는 능력주의 교육의 타자들이 서로의 취약성을 공유할 때 능력주의 너머를 발견할 수 있지 않을까.

참고문헌

김기홍(2004). "특수교육(학)"용어의 개념 재고: 독일의 특수교육(학)사를 중심으로. **특수교육**, 3(2). 25-45.

김도현(2019). **장애학의 도전**. 파주: 오월의 봄.

김정희원(2022). **공정 이후의 사회**. 파주: 창비.

김태권(2018). **불편한 미술관**. 파주: 창비.

뉴스프리존(2019.9.30.). 좋은 부모가 먼저? 나는 좋은 부모일까? 아니면 나쁜 부모일까?. http://www.newsfreezone.co.kr/news/articleView.html?idxno=200853에서 2023.4.6. 인출.

신진욱(2022). **그런 세대는 없다: 불평등 시대의 세대와 정치 이야기**. 원주: 개마고원.

여성신문(2018.4.4.). 은행권 채용 차별에 여성들 분노…국민은행 이어 하나은행도 '남성 특혜'. http://www.womennews.co.kr/news/articleView.html?idxno=140945에서 2023.4.6. 인출.

이혜정 외(2019). **혐오, 교실에 들어오다**. 서울: 살림터.

손희정(2015). 혐오와 절합하고 경합하는 정동들: 정동의 인클로저를 넘어서 혐오에 대해 사유하기. **여성문학연구**, 36. 117-141.

조원일(2012). 장애학적 관점에서 특수교육 및 장애인 복지 정책의 방향 재고 — 능력주의에 의한 인간 서열화에의 요구 —. **지체·중복·건강장애연구**, 55(4). 125-140.

장혜경(2020). 고용과 노동에서의 공정성, 어떻게 볼 것인가? 인천국제공항공사 정규직 전환 문제를 중심으로. **황해문화**, 109. 44-61.

한희정(2021). 학교 공간의 혐오·차별 현상 연구. **미디어, 젠더 & 문화**, 36(4). 187-239.

홍성수(2019). 혐오(hate)에 어떻게 대응할 것인가?—혐오에 관한 법과 정책—. **법학연구**, 30(2). 191-228.

Ball. S. J.(2012). *Foucault, Power, and Education*. 손준종 외 역(2019). **푸코와 교육: 현대 교육의 계보**. 서울: 박영스토리.

Butler, J.(2004). *Precarious Life*. 윤조원 역(2018). **위태로운 삶**. 서울: 필로소픽.

Faludi. S.(1991). *BACKLASH: The Undeclared War Against American Women*. 황성원 역(2017). **백래시: 누가 페미니즘을 두려워하는가?**. 파주: 아르테.

Ingstad, B. & Whyte, S. R. (Eds.).(1995). *Disability and Culture*. 김도현 역(2011). **우리가 아는 장애는 없다**. 서울: 그린비.

Kim, Eunjung(2017). *Curative Violence: Rehabilitating Disablility, Gender, and Sexuality in Modern Korea*. 강진경·강진영 역(2022). **치유라는 이름의 폭력**. 서울: 후마니타스.

Nancy, J.(2006). *Corpus*. 김예령 역(2012). **코르푸스: 몸, 가장 멀리서 오는 지금 여기**. 서울: 문학과 지성사.

Nussbaum, M.(2004). *Hiding From Humanity: Disgust, Shame, and the Law*. 조계원 역(2015). **혐오와 수치심: 인간다움을 파괴하는 감정들**. 서울: 민음사.

Nussbaum, M.(2010). *From disgust to humanity: Sexual orientation and constitutional law*. 강동혁 역(2016). **혐오에서 인류애로: 성적지향과 헌법**. 서울: 뿌리와 이파리.

Singer, P. (1975). *Animal liberation*. 김성한 역(2012). **동물해방**. 고양: 연암서가.

Spivak, C. G.(2010). *Can the Subaltern Speak?: Reflections on the History of an Idea*. 태혜숙 역(2013). **서발턴은 말할 수 있는가?: 서발턴 개념의 역사에 관한 성찰들**. 서울: 그린비.

Taylor, S. (2017). *Beasts of burden: Animal and disability liberation*. 이마즈 유리, 장한길 역(2020). **짐을 끄는 짐승들**. 파주: 오월의 봄.

Wendell, S.(1996). *The Rejected Body: Feminist Philosophical Reflections on Disability*. 강진영 외 역(2013). **거부당한 몸: 장애와 질병에 대한 여성주의 철학**. 서울: 그린비.

World Health Organization. (1980). *International classification of impairments, disabilities, and handicaps: a manual of classification relating to the consequences of disease*, published in accordance with resolution WHA29. 35 of the Twenty-ninth World Health Assembly, May 1976. World Health Organization.

Young, M.(1958). *Rise of the Meritocracy 1870-2033: An Essay on Education and Equality*. New York: Penguin Books.

2부

능력주의 비판,
공정한 교육은 가능한가?

Q:

능력주의 사회에서 누구나 노력을 통해 원하는 교육적
성취를 이뤄낼 수 있는가?

가정의 사회경제적 지위에 따라 학생들의 스스로 공부하는 시간의
양에 차이가 있었고, 공부 시간의 학업성취 향상 효과 또한 유의미
한 차이가 존재했다. 자기 주도적인 노력은 결국 사적 영역에서의
교육적 자원의 격차를 반영한다.

04
능력주의의 그림자로서 노력의 불평등:
가정 배경과 공부 시간, 학업 성취 간의 관계 분석[1]

전하람

1. 들어가며: 누구나 노력할 수 있는가?

공정한 사회를 갈망하는 한국 사회에서 노력은 성공의 중요한 요소로 간주되며, 이는 능력주의(meritocracy)와 긴밀하게 연결되어 있다. 능력주의는 사회적 지위 획득에 있어서 개인의 재능과 노력이 결합한 성과를 중시하는 이데올로기로 특히 노력의 가치를 강조한다. 구체적으로 능력주의는 개인이 얼마나 노력하느냐에 따라 누구나 성공할 수 있는 기회가 주어진다고 보고 기회의 배분에 있어서 정의를 구현하는 이상향을 그리고 있다. 이러한 맥락에서 학교 교육과 교육적 성취에 있어서 학생들의 노력은 교육이 사회이동의 발판이 되는 현대 사회에서 매우 큰 의미를 지닌다. 과거 '4시간 자고 공부하면 합격하고 5시간 자면 탈락한다'는 사당오락(四當五落)의 신화부터 현재 초등학생 시기부터 강조되는 소위 상위 1%의 공부 습관을 꾸준히 익히는 과정 모두 이러한 교육에서의 노력이 지니는 가치에 대해 가늠할 수 있도록 한다.

능력주의에서 노력은 이 이데올로기가 지향하는 이상적인 결과를 만들어내기 위한 가장 중요한 요소 중 하나다. 노력이 교육적 성취 및 사회

---

1 [출처] 전하람(2024). 능력주의의 그림자로서의 노력 불평등: 가정배경에 따른 공부시간 격차 및 공부시간-학업성취 관계 조절. **교육연구논총**, 45(3), 5—35.

적 지위 획득에서 중요한 이유는 노력의 결과가 개인의 능력을 증명하는 수단으로 여겨지기 때문이다. 특히, 한국 사회에서는 학업 성취가 개인의 노력과 직접적으로 연결되어 있다는 인식이 강하다. 이는 교육을 통해 사회적 이동이 가능하다는 믿음과 결합하면서, 학생들은 끊임없이 경쟁하고 노력하는 교육환경에 놓이게 된다. 여기서 노력은 누구든지 할수 있고 노력이 맺은 결실은 누구에게나 같을 것이라는 인식은 노력과 능력, 그리고 그를 통한 사회적 지위의 획득이 정의롭다는 일련의 공식을 지탱하는 가정으로 작용한다. 실제로 한국의 많은 학생들이 언젠가는 내가 쏟은 노력이 결실을 맺을 수 있다는 희망을 품고 끊임없이 학업 성취를 향상시키려 노력하고 있다는 점은 사회가 발전할 수 있는 동력을 유지하는 데 긍정적인 역할을 한다.

반면 능력주의에 기반을 둔 노력의 강조는 공정한 경쟁 체제 구축을 위한 제도 개선을 통해 오히려 계층 간 교육격차를 정당화하는 기제로 작용할 수 있다. 노력이 누구에게나 가능하고 동일한 노력이 동일한 결과를 가져올 수 있어야 한다는 믿음이 굳어지면 실제로는 개인이 속한 가정의 사회경제적 배경이 모두 다르고 그에 따라 불평등한 결과를 받아들일 수밖에 없는 현실을 직시하지 못하게 되기 때문이다. 과연 누구나 성공할 수 있는 최대한의 노력을 할 수 있고, 노력의 결실은 누구에게나 같다고 할 수 있는가? 그에 따라 가정의 사회경제적 배경과 같은 구조적인 요인을 극복하는 것이 가능한가? 이러한 물음에 답하기 위해서는 노력의 과정과 결과에 대한 계층 간 차이를 살펴보는 실증적인 분석이 필요한 상황이다.

이러한 필요성에도 불구하고 노력의 격차에 대한 분석을 직접적으로 수행한 연구는 찾아보기 어려운 것이 사실이다. 그 이유 중 하나는 노력을 어떻게 조작적 정의하고 측정해야 하는가에 대한 의문을 해결하기 어렵기 때문이다. 노력은 동기, 태도, 가치, 실천행위 등을 모두 포함하는 복잡한 개념으로 이를 객관적으로 측정하는 것은 어려운 일이다. 이 글에서는 위에서 제기한 노력의 구조적 불평등에 대한 문제에 답하기 위해 학생들의 공부 시간을 노력의 대리지표로 사용하여 가정 배경과 노력이 어떠한 관계를 지니는지 실증적인 분석을 시도하고자 한다. 단, 학생의 공부 시간이 학업 성취 향상을 위한 노력의 대리지표가 될 수 있는지 분석에 앞서 살펴봄으로써 학교 교육 및 사교육 시간을 제외한 방과 후 스스로 공부하는 시간을 개인의 성공 의지를 반영한 노력하는 실천 행위로 고려할 것이다. 이러한 조작적 정의 이후 공부 시간으로 대표되는 개인의 노력이 가정 배경의 영향을 받는 구조적인 요인인지에 대한 논의와 함께 이를 뒷받침하는 분석을 수행할 것이다. 이를 통해 한국 교육 시스템 내에서 노력과 공정성의 실제 모습을 규명하고, 노력의 결과를 공정하게 평가할 방안을 모색하는 데 기여하고자 한다.

　이 글의 주요 내용은 다음과 같다. 첫째, 능력주의에서의 노력이 가지는 의미를 따져보고 노력의 대리지표로서의 공부 시간 설정의 타당성을 검토할 것이다. 둘째, 공부 시간과 가정 배경 간의 관계를 실증적으로 분석함에 있어서, 가정의 사회경제적 배경에 따른 공부 시간의 격차, 그리고 가정의 사회경제적 배경에 따른 공부 시간과 학업 성취 간의 관계 조절에 대해 살펴볼 것이다. 끝으로 능력주의 강조가 오히려 노력의 격차와 교육불평등을 심화시키는 역설적인 상황에 대해 논의하고 이에 대한 분석을 진행하고자 한다. 능력주의는 개인의 노력을 강조하는 반면, 개인의 노력을 더욱 촉진하기 위한 주변의 지원에 대해서는 무관심하다. 그에 따라 학생의 노력에 있어서 부모의 지원에 대해서 충분히 고려하지 못하게 되어 개인이 극복하기 어려운 구조적 불평등을 간과하게 할 가능성이 있다. 한편, 능력주의의 강화는 결과에 대한 경쟁 이전에 결과로 나가는 과정, 즉 노력에 대한 학생 개인과 부모의 경쟁을 심화시킬 수 있다. 특히, 부모의 사회경제적 지위에 따른 부모의 교육적 관여와 지원이 최근 들어 사교육은 물론 공교육 전반에서 강조되면서 공부 시간으로 측정되는 노력의 양과 질의 격차가 벌어지게 될 것으로 예상한다.

이 글에서는 이론적인 검토와 함께 한국교육고용패널 1주기와 2주기의 1차년도 자료를 활용하여 분석을 진행하고 경험연구 결과를 제시하고자 한다. 이를 통해 2000년대와 2010년대에서 노력의 과정과 결과에 대한 가정 배경에 따른 격차 및 격차 심화에 관한 가설을 검증해 보았다.

2. 능력주의의 공정성과 불공정한 노력의 격차

1) 노력의 대리지표로서의 공부 시간

가. 능력주의에서의 노력과 공정성의 의미

노력은 학교 교육에 임하는 학생들뿐만 아니라 사회 모든 구성원들에게 있어서 성공하거나 성공을 위한 과정에서 성과를 취한다면 반드시 필요한 요소다. 능력주의(meritocracy)는 사회적 지위 획득에 있어서 재능과 노력이 합쳐진 업적(성과)을 가장 중요한 요소로 내세우는 가상의 사회를 대표하는 이데올로기로서, 성공에 있어서 노력의 가치를 공식화했다고 볼 수 있다(Young, 1994/2020). 능력주의에서 능력을 입증하는 성과를 도출하는 데 있어서 선천적인 재능과 노력은 모두 중요하지만 각기 다른 성격을 가지고 있다. 인간이 가지고 있는 선천적인 재능은 분명 성공에 이르는 데 있어서 중요한 요소 중 하나다. 예를 들어, 지능(Intelligence)은 학교 교육에의 학업 성취와 유의미한 정적 인과관계를 가지고 있다(Costa & Faria, 2018). 그러나 지능과 같은 선천적인 재능은 후천적으로 개인이 통제하기 어려운 부분이라는 점에서 공평하지 않다. 롤즈(Rawls, 1999/2016)는 이에 대해 한 개인이 태어나기 전부터 결정되어 있고 어떤 결과를 가지고 태어나는지 알 수 없는 우연에 의한 불평등을 야기하는 요소가 된다고 주장했다. 반면, 노력은 후천적으로 개인이 통제할 수 있는 영역으로 인식되고 있다. 노력은 한 개인이 성취를 위해 투자

하는 시간과 에너지의 총합으로 정의할 수 있는데(Cabonaro, 2005), 개인에게 성공을 위한 시간과 에너지는 대체로 모든 사람에게 똑같이 주어진 상태에서 출발한다. 노력하기 위한 동등한 조건이 갖추어져 있다는 인식은 노력을 공정성(fairness)과 긴밀하게 연결하는 논리로 연계된다(박남기, 2018).

　　모두가 자신의 성공을 위해 노력할 수 있고, 그에 따라 성공의 가능성을 높일 수 있다는 인식은 능력주의 사회는 공정성이 갖추어진 사회라는 가정을 가능하게 했다. 특히 한국 사회에서는 성과보다 노력이 더 가치 있게 받아들여져야 한다는 인식이 더 강하게 나타나는데, 이는 기회와 절차의 공정성을 강조하는 사회의 모습을 대변하고 있다. 2021년 국회미래연구원에서 조사한 '한국인의 행복조사'에서는 조사에 참여한 표본 응답자가 이상적인 자원분배의 기준을 묻는 다음과 같은 질문에 대해 노력의 가치를 가장 높게 평가하고 있는 것으로 나타났다(이상직, 2022). 구체적으로 '높은 지위와 경제적 풍요를 누가 얻는 것이 가장 바람직한가?'라는 질문에 남녀 모두 가장 높은 비율로 '노력한 사람일수록 많이 얻는 것이 바람직하다'를 선택하였다(남성 48.4%, 여성 48.2%). 실제 성과를 올린 사람이 많이 얻는 것이 바람직하다고 응답한 비율이 남녀 각각 28.8%, 26.7%인 것을 비교하면 결과보다는 과정에서의 공정성에 대해 더 높은 가치를 부여하는 모습을 엿볼 수 있다.

　　박남기(2018)는 기회와 절차의 공정성에 기반한 노력의 가치에 대한 인식은 사회 전체에 성취동기를 부여하는 동시에 능력(실력) 경쟁의 과열과 부작용을 야기하고 있다고 주장한다. 그는 개인이 성공하려는 의지가 있고 그 의지를 행동으로 실천하는 노력이 뒷받침된다면 누구든지 사회에서 성공할 수 있다는 믿음은 사실상 신화에 가깝다고 주장한다. 노력이 있다면 무엇이든 가능하다는 논리는 노력할 때 개인이 통제할 수 없는 영역이 있다는 점을 간과하는 순간 더 이상 논리적이지 못한 궤변으로 변질된다. 학생이 학교에서 높은 교육적 성취를 하기 위해서는 운과 같은 비실력적인 요인의 영향을 제어하고 가정에서의 부모 및 학교에서의 교사 등 주위의 의미 있는 타인들의 도움이 절실하다. 이렇게 개인이 통제할 수 없는 영역이 있음에도 불구하고 불굴의 의지와 끝없는 노력이 모든 상황을 역전시킬 수 있다는 생각은 개인이 마주하는 성과를 구조적인 요인보다는 개인적인 요인으로 귀결하는 착오를 범하게 한다는 것이다 (박남기, 2018).

즉, 능력주의의 이상(理想)과 노력의 가치와 가능성에 대한 환상은 불평등한 현실을 가리는 문제를 야기한다. 만약 노력이 전적으로 개인이 통제할 수 있는 영역이 아니라 가정 배경과 같은 구조적인 요인의 영향을 받는다면, 노력의 결과에 대해서 개인의 책임만을 물을 수는 없을 것이다. 그리고 개인이 쉽게 극복할 수 없는 구조적인 불평등의 결과를 보정하는 분배의 정의를 고민해야 할 것이다. 다만 이러한 가정이 현실에서 실제로 나타나는지 확인하기 위해서는 실증적인 분석을 통해 노력과 가정 배경 간의 관계를 검증해 보는 작업이 필요하다.

나. 노력 측정의 어려움과 기존 측정 방식의 한계

노력과 가정 배경으로 대표되는 구조적인 요인 간의 관계를 실증적으로 규명하기 위해서는 노력이라는 개념을 조작적 정의하고, 개인의 노력을 측정하여 변수화하는 작업이 선결되어야 한다. 박권일(2021)은 능력주의 사회관에 있어서 노력이 선천적인 재능에 비해 훨씬 공정해 보이는 (적어도 개인에게 동일한 발동 조건이 작용하는 것처럼 보이는) 반면, 이것이 객관적 측정이 어렵기 때문에 노력의 가치를 재단하고 노력의 정도에 대해 개인 간 차이가 있다고 짐작할 뿐이라고 논하고 있다. 그에 따라 노력에 대한 구조적 제약에 대해 논의하길 거부하는 인식도 찾아볼 수 있다(박권일, 2021; 박남기, 2018).

카보나로(Carbonaro, 2005)는 학생의 노력과 학업 성취가 인과관계를 갖는 것은 분명하지만, 노력이 측정하기 어려운 개념이기 때문에 이 관계를 규명하기가 쉽지 않다는 점을 밝히고 있다. 노력을 측정하기 위한 가장 간단한 방법은 학생들에게 (학업성취 향상을 위한) 노력을 얼마나 했는지 물어보는 것이다. 그러나 이 응답만으로 노력을 제대로 측정했다고 보기는 어렵다. 왜냐하면 학생 개인마다 노력에 대한 정의가 다를 수 있고, 노력하는 행위가 사회에서 이상적으로 생각하는 가치를 반영하기 때문에 자신의 노력 여부를 실제보다 긍정적으로 왜곡해서 응답할 수 있기 때문이다(Carbonaro, 2005). 그러한 측정상의 어려움으로 인해 학생의 동기부여(motivation), 자기효능감(self-efficacy), 몰입(engagement) 등 심리적인 변인들을 노력의 대리지표로 사용하는 경우도 있는데(Bong & Clark, 1999; Jimerson, Campos, & Greif, 2003; Johnson, Crosnoe & Elder, 2001), 심리적인 상태는 실질적인 노력을 추동하기는 하지만 노력하는 행위 자체를 의미하지는 않는다.

한편, 노력을 측정하는 방식으로 학생들의 노력한 정도에 대한 교사의 평가를 노력으로 조작적 정의하여 분석을 진행하는 방식도 사용된 바 있다(Carbonaro, 2005). 이 방법은 외부자의 객관적인 시선이라는 측면에서 학생의 자기 보고식 응답이 야기하는 왜곡을 보정할 수 있는 장점이 있는 반면, 교사가 학생의 학교에서 그들이 관찰한 측면만을 통해 노력의 정도를 보고한다는 점, 그리고 교사가 학생들이 보여주는 성취도에 따라 편견을 가지고 노력을 역산할 수 있다는 점이 문제가 될 수 있다.

또한 노력을 통해 이루어낸 성과를 노력을 대리하는 지표로 사용하는 것을 생각해 볼 수 있다. 그러나 이는 우수한 교사를 측정하기 위한 실증적인 분석모형인 부가가치 모형(value-added model, VAM)과 같은 한계를 가지고 있는데, 그것은 결과를 통해 과정을 유추하려고 하는 데서 오는 문제를 의미한다. 교사의 질에 대한 부가가치 모형이 기저에 갖고 있는 핵심적인 가정은 성과에 이르기 위한 과정을 일종의 블랙박스로 보고 가르친 학생들이 보여주는 성취도에 기반한 성과라는 정량적인 지표를 토대로 교사의 질이라는 정성적인 측면을 규정하려고 한다는 점이다

(Grossman, Cohen, Ronfeldt, & Brown, 2014; Koedel & Rockoff, 2015). 그러나 이런 노력의 측정 방식은 결국 노력이라는 과정 자체의 의미를 축소하고 그보다는 노력으로 얻어진 결과에만 주목하게 되는 한계를 극복하기 어렵게 한다.

다. 노력의 대리지표로서의 스스로 공부하는 시간

노력은 무엇인가에 대한 개념의 범위를 특정하기 어렵고 측정할 수 있는 개념으로 조작적 정의하는 것 또한 쉽지 않다는 점 때문에 노력과 가정 배경과 같은 구조적 요인 간의 관계를 규명하기 어렵다는 점을 파악할 수 있었다. 또한 노력을 측정하기 위한 여러 방법이 각기 가지고 있는 한계점에 대해서도 살펴보았고, 노력을 측정하기 위한 대리지표를 새롭게 고안해 낼 필요가 있음을 알 수 있었다. 기존의 방식이 가진 문제점으로는 가치판단이나 외부 요건에 따라 응답의 왜곡이 발생하거나, 노력하는 행위가 아닌 실천을 추동하는 심리적 상태나 실천의 결과 등을 통해서 노력을 측정하고자 함으로써 노력하는 행위 자체는 측정하지 못하는 점들을 들 수 있었다.

여기에서는 개인이 의지를 가지고 투자하는 시간과 에너지의 총합으로 노력을 정의한 카보나로(Carbonaro, 2005)의 논의로부터 노력의 대리지표를 구하는 방법에 대한 고민을 시작했다. 에너지는 측정할 수 있는 방법이 제한적이고 체력 등과 같은 선천적으로 타고나는 부분을 통제하기 어려운 반면, 시간은 측정하기 용이하고 개인의 특성에 관계 없이 똑같이 사용할 수 있는 최대치가 정해져 있다는 점에서 노력의 공정함을 따지는 데도 유용하다. 따라서 이 글에서는 학생에게 있어서 학업적인 성공을 보여주는 학업 성취를 향상시키기 위한 노력으로 공부 시간이라는 대리지표를 고려하고자 한다. 다만 공부 시간의 총량은 학교에서 공부하는 시간(정규 교육과정을 이수하는 시간과 보충학습을 하는 시간), 사교육비를 투자하여 학원 강습 또는 과외지도를 받는 시간을 포함하게 되므로, 노력을 측정하는 공부 시간은 개인이 학업성취도 향상이라는 목표를 이루기 위해 의지를 갖고 에너지를 투자하며 스스로 공부하는 시간으로 한정할 것이다.

이를 뒷받침하는 근거로, 국제학업성취도평가(Programme for International Student Assessment; PISA) 보고서에서는 학습 시간의 투입이 부족할 경우 학업성취가 낮아지고, 질적인 측면을 고려하지 않더라도 학습 시간의 절대적인 투입이 학생들에게 반드시 필요하다는 점을 보여주었다(OECD, 2020). 이는 공부 시간이 학업 성취라는 결과로 이어지는 노력의 과정을 의미하는 지표로 고려될 수 있음을 의미한다. 국내에서 공부 시간에 주목한 연구들은 스스로 공부하는 시간이 학생 개인이 학업 성취 향상을 위한 의지를 실천하는 의미를 가진다는 점을 강조하였다(김희삼, 2011; 이기종, 곽수란, 2010; 조혜영, 이경상, 2005). 김희삼(2011)은 스스로 공부하는 시간을 자기주도학습 시간으로 명명하여 사교육 시간의 수학능력시험 제고 효과를 비교하면서 스스로 공부하는 시간을 능동적인 의지와 노력을 반영한 것으로 규정하였다. 이기종·곽수란(2010)은 스스로 공부하는 시간이 학업 성취 초기값과 변화량에 모두 정적인 관계를 가진다는 점을 분석 결과로 제시하면서 공부 시간의 양이 공부에 집중하는 정도나 효율적인 공부 방법의 선택 등 질적인 측면을 보여주지 못하는 제한점이 있지만 충분한 시간을 들여 공부하지 않았을 경우 높은 학업성취를 기대하기 어렵다는 점을 들어 공부 시간이 학생의 학업 성공의 의지와 실천을 보여주는 지표로 활용할 수 있다고 해석하기도 했다. 이러한 국내외 연구를 바탕으로 이 글에서는 스스로 공부하는 시간을 학업 성취를 향상하기 위한 노력의 정도를 보여주는 가시적이고 측정가능한 노력의 대리지표로 간주하고 가정 배경과의 관계를 규명하고자 한다.

2) 공부 시간과 가정 배경 간의 관계

사회 구성원 모두가 노력할 수 있는 환경이 동일하고, 노력한 정도에 따른 결과가 같을 것이라고 가정할 수 있다면, 노력은 성공의 척도가 될 뿐만 아니라, 성공하기 위한 가장 명확하고 공정한 수단이 될 수 있을 것이다. 공정한 경쟁의 장을 만들고자 한 일련의 한국 교육제도의 개선 방향은 이러한 가정하에 노력한 만큼 성과를 거둘 수 있는 교육환경을 만들고자 하는 의도가 반영되어 왔다(이현주, 전하람, 2022). 그러나 누구나 노력하면 성공할 수 있다는 능력주의의 낙관적인 시선과 이를 사회 전반에 구현할 수 있다는 기대는 적극적인 불평등의 시정 조치에 대한 낮은 관심으로 이어지는 부작용을 가져오기도 했다(성열관, 2015). 모든 개인이 원하는 만큼 노력할 수 있고, 노력한 만큼 성공할 수 있도록 제도적인 환경이 조성될 경우, 성공을 위한 공정한 경쟁의 장이 만들어졌다고 볼 수 있다.

그러나 그 장 속에서는 결국 성공과 실패는 온전히 개인이 책임져야 하는 상황이 벌어진다. 이때 경쟁의 공정성에 기대 사회에서 실패한 집단의 삶을 사회가 묵과하게 되는 결과를 초래할 수 있다. 더욱이 노력할 수 있는 환경과 노력의 효과가 가정 배경에 따라 달리 나타난다면 경쟁의 결과는 사실 사회의 책임이 더 클 수도 있기에 이 문제는 공정한 경쟁의 장으로서 교육환경을 조성하는 것만으로는 해결되지 않을 수 있다.

능력주의에서 능력을 인정받는 성과를 만들기 위해서 개인이 할 수 있는 일은 개인이 통제가 가능한 노력에 해당하는 부분에 대해 비교 우위를 가지는 것이다. 상대적으로 우위를 점한다는 것은 시간으로 따지면 더 많은 시간을 성공을 위해 투자한다는 것이고, 질적인 측면을 따지면 같은 시간을 투자하더라도 결과를 이끌어 내는 효율성을 남들보다 높이는 것을 의미한다. 따라서 능력주의 사회에서는 보이는 성과를 통한 사회적 지위의 획득에 앞서, 성과를 도출하기 위한 노력의 양과 질에 대한 과정의 경쟁이 펼쳐지게 된다. 그런데 이 경쟁은 개인의 경쟁이기도 하지만 학생의 가정이 참여하는 경쟁이기도 하다. 우선 초중등교육을 받는 학생들은 부모의 양육으로부터 독립적일 수 없다. 그리고 부모의 지원과 관리 및 감독은 직간접적으로 학생들의 학습에 영향을 미치고 학업 성취를 향상하려는 학생의 노력 또한 영향을 받게 된다. 부모의 자녀 양육과 양육 방식의 계층 간 차이는 자녀가 교육적으로 성취하는 데 있어서 결과를 만들어 내는 과정에 기여할 수 있고 가정의 사회경제적 자원과 계층적 지위에 따라 격차가 발생한다는 점에서 주목해 볼 필요가 있다. 라루(Lareau, 2003)는 불평등한 어린 시절에 대한 대규모 질적 탐구를 통해 계층 간의 양육 방식의 차이가 학교 교육에서의 성취에 결정적인 영향을 미치고 뿐만 아니라 학생들의 교육적 포부 및 성취동기에도 영향을 미침으로써 스스로 성취할 힘과 성취를 위한 노력의 격차를 야기한다는 점을 밝혀냈다. 구체적으로 중산층 부모들은 집중양육(concerted cultivation)을 통해 자녀가 학교 교육처럼 조직화된 교육활동을 방과 후에도 수행할 수 있도록 하고, 자녀들이 그들의 시간을 보다 나은 교육적 성취를 위해 계획적으로 사용할 수 있도록 지도한다. 반면, 저소득층과 노동자 계층 부모는 자연적 성장을 통해 자녀가 성취해 나가길 기대한다는 것을 보면 개입의 적극성 측면에서 큰 차이를 나타냄을 알 수 있다.

부모의 교육적 관여의 중요성 증대는 사교육 참여와 같은 직접적이고 가시적인 지원에 더해 방과 후 시간을 자녀가 자기 주도적으로 학습활동에 할애할 수 있도록 학습환경을 조성해 주는 부분에서도 확인된다. 우선 현재 사교육 시장은 학원과 과외와 같은 전통적인 강의형 대면 학습에서 온라인 인터넷 강의를 통한 시공간에서 자유로운 비대면 학습, 그리고 자기 스스로 공부하는 시간을 설계하고 학습해 나가는 자기 주도적 학습 습관을 길러주는 맞춤형 코칭이 더해지는 형태를 보이고 있다(아주경제, 2023.1.29.). 일명 학습PT, 에듀시터와 같이 학습 습관을 잡아주고 시간을 효율적으로 관리하는 능력을 키우는 사교육 서비스와 함께, 중산층 부모들은 자녀가 일정한 규칙 속에서 스스로 결정할 수 있는 기회를 부여함으로써 노력할 수 있는 환경을 조성하고 노력할 수 있는 힘을 길러주는 데 지원을 아끼지 않고 있다(Doepke & Zilibotti, 2019). 부모의 온정적 개입주의는 가정에서의 사회경제적 자원에 기반하여 자녀의 인내심, 집중력, 성취동기, 자기 주도성 등 성공을 이끄는 가치와 태도를 심어 주기 위한 전략을 수행하는 방향으로 자녀 양육에서의 계층 간 격차를 만들어 낸다(Doepke & Zilibotti, 2019).

부모의 사회경제적 지위로 대표되는 가정 배경은 결국 학생이 교육적 성취 향상을 위해 노력하는 상황을 만들어 내고, 노력이 효과적으로 학업성취 향상이라는 결실을 맺게 하는 데까지 영향을 미칠 개연성이 크다. 한국 사회의 교육열 현상에서 두드러지는 가족 중심주의는 이러한 개연성을 더욱 강화하는 사회문화적 환경이다. 가족 중심주의는 자녀의 교육적 성공이 단순히 개인의 성공이 아니라 집안의 성공으로 인식됨에 따라 교육이 학생 개인의 몫이 아니라 가정 그리고 부모의 몫으로 인식되는 경향을 의미하기 때문이다(김경근, 2016). 이와 더불어 교육을 통한 경쟁과 교육과 노동시장 간의 연계가 강한 사회일수록 사교육뿐만 아니라 자녀가 방과 후 시간을 학업 성취에 할애하고 효과적으로 그 시간을 쓸 수 있도록 도와주는 부모의 교육적 지원이 강조되는 특징을 보인다(Doepke & Zilibotti, 2019). 한국은 기회와 절차의 공정성을 그동안 중시해 왔고 교육과 노동시장 간의 연계가 강한 국가 중 하나다. 뿐만 아니라 가족 중심주의의 교육열이라는 문화적 특성 또한 강하기 때문에 결국 공부 시간이 가정 배경과 밀접한 연관성이 있을 가능성이 크다고 볼 수 있다. 그 연관성은 가정 배경에 따른 공부 시간의 양과 단위 시간 투자 대비 성취도 향상 효과로 나타낼 수 있는 질적인 측면 모두를 의미한다.

3) 공부 시간과 가정 배경 간의 관계 강화 가능성: 능력주의 강조의 역설

이 연구에서는 학생의 학업 성취를 위한 노력이 가정 배경과 같은 구조적인 요인의 영향을 받을 수 있다는 점을 학생 개인의 노력을 지원하는 가정과 부모의 개입, 그리고 부모의 교육적 관여와 양육에 있어서의 계층 간 격차라는 측면에서 살펴보았다. 추가로 이러한 관계가 과거에 비해 현재 더 강화되었을 가능성에 대해 능력주의 강조의 역설을 통해 논하고자 한다.

2022년 경기도교육연구원에서 발간한 보고서 「생애 교육 불평등의 실태와 대안」에서는 20세 이상 전국을 대표하는 2,000명의 응답자 가운데 '개인이 노력한다면 개인의 사회경제적 지위가 높아질 수 있을 것'이라고 응답한 비율이 44.3%로 노력을 통한 성공 가능성에 대한 긍정적인 인식이 과반을 넘지 못하는 것으로 나타났다(백병부 외, 2022). 이러한 결과는 한국 사회에서 노력의 가치가 구조적인 제약을 극복할 수 있을 정도로 대단하다고 보지 않는 사람들이 더 많다는 것을 의미한다. 세계 가치관 조사(World Value Survey; WVS)에서는 참가국의 국민이 인식하고 있는 노력의 가치를 조사하기 위해 조사 참가자에게 '열심히 노력하면 더 나은 삶을 살 수 있다'라는 문항에 동의할수록 1점, '열심히 노력해도 성공하기 어렵고 운과 배경이 중요하다'에 동의할수록 10점으로 응답하라고 묻고 있다. 이 중 후자에 동의하는 8점부터 10점까지의 응답을 보인 참가자의 비율을 보면, OECD 평균은 1990년 1차 조사에서 2018년 7차 조사에 이르기까지 약 10% 내외로 시대의 흐름에 따라 크게 변화하지 않는 경향을 보인다. 반면, [그림4-1]에서 볼 수 있듯이 한국의 경우, 1990년 1차 조사의 9.5%부터 2005년 5차 조사까지는 10.7%로 OECD 평균과 비슷한 모습을 보였지만 2010년 6차 조사에서는 14.3% 2018년 7차 조사에서는 14.1%로 노력의 가치에 회의적인 응답의 비중이 눈에 띄게 증가한 것을 확인할 수 있었다. 이와 같은 조사 결과는 결국 한국에서 노력이 더 이상 개인적인 의지에 따라 좌우되는 것이 아니라 다른 요인에 의해 영향을 받고 있고 노력이 자신에게 주어진 구조적인 틀을 깨어내는 데 있어서 한계가 있다는 점을 인식하는 구성원이 점점 더 많아지고 있음을 의미한다.

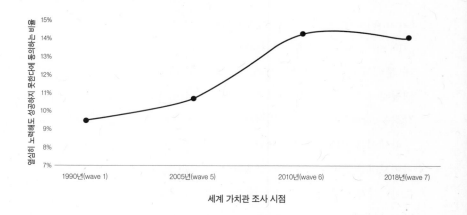

[그림4-1] 세계 가치관 조사에서 나타난 노력의 가치 인식 시점별 비교

(출처: https://www.worldvaluessurvey.org/wvs.jsp)

그렇다면 왜 이러한 노력의 가치에 대한 부정적인 인식이 증가한 것일까? 이에 대한 답을 능력주의 강조의 역설에서 찾아보고자 한다. 능력주의 강조의 역설은 노력의 중요성을 강조함에 따라 사회 모든 구성원이 더 나은 성과를 도출하기 위한 노력에 대한 무한 경쟁에 참여하게 되고 경쟁에서 이기기 위한 수단이 총동원되면서 오히려 불평등의 심화가 나타난다는 가설이다(박남기, 2018). 노력이 가정 배경의 영향을 받을 가능성이 높은 이유는 역설적으로 성과를 도출하는 데 있어 노력이 후천적으로 개인이 통제할 수 있는 유일한 영역에 가깝다는 데 있다. 얼마나 시간을 많이 투자하고, 얼마나 효율적으로 시간을 쓰느냐에 따라 성과가 달라질 수 있다는 인식은 능력주의 사회관의 강화와 결합하여 노력이 개인

을 넘어선 가정의 영역, 가정의 사회경제적 지위에 따른 계층의 영역으로 이전될 가능성을 높일 것이다.

능력주의 사회에 대한 강조, 공정한 경쟁을 위한 제도의 발전은 역설적으로 공정한 노력의 기회 속에서 결과를 얻어내지 못하는 집단의 문제를 개인의 책임으로 돌릴 가능성을 높이게 된다. 교육 팽창(educational expansion)이 사회에 미친 영향을 살펴본 베이커와 르텐드레(Baker & LeTendre, 2005)는 공교육의 확대가 교육을 통한 사회이동의 기회를 고르게 분배하는 데 기여했지만, 그 안에서의 과도한 성취 경쟁을 야기하고 경쟁에서 이기기 위한 행위, 즉 부모가 중심이 되는 가정의 교육적 관여 강화가 강제된다는 점을 지적하고 있다. 모두가 공교육을 받을 수 있는 상황에서는 일정 수준의 학교 교육을 받을 수 있는지에 관한 절대적인 차이보다는 얼마나 양질의 교육을 받고 학교에서 어느 정도의 성취도를 보이는가와 같은 상대적인 차이가 사회적 지위를 결정하는 데 더 큰 영향을 발휘할 가능성이 커진다. 그리고 상대적인 차이를 위한 경쟁에서는 그만큼 남들보다 더 많은 노력을 경주했는가, 즉 노력의 격차를 만듦으로써 작은 차이더라도 더 좋은 평가를 받아내야 한다는 것이다. 공정한 경쟁을 위한 기회의 분배는 기회를 성공으로 바꾸려는 노력 여하에 따라 결과의 차등으로 이어지게 된다. 따라서 노력의 중요성이 강조될수록, 다시 말해 노력을 통한 성공이 강조될수록, 부모의 지원을 중심으로 노력할 수 있는 여건과 노력의 효율성을 높이기 위한 전략이 마련될 가능성이 높아질 것이다. 한국 사회가 교육을 통한 사회이동을 강조하고, 교육에서의 공정한 경쟁 환경을 조성하려는 노력을 꾸준히 해온 만큼, 능력주의 강조의 역설에 따라 노력의 구조적인 불평등이 더 심화했는지 여기에서 확인해 보고자 한다.

한편, 세계 가치관 조사에서는 노력의 구조적 제약에 대한 인식의 시점별 변화를 살펴봤지만 그 인식이 교육 분야에서의 가정 배경에 따른 노력과 그 효과 차이에 대한 인식을 반영하고 있는지에 대해서는 다루지 않았다. 따라서 여기에서는 세계 가치관 조사 대신 국내 자료를 중심으로 2000년대와 2010년대의 비교를 통해 공부 시간의 가정 배경에 따른 격차가 강화되었을 가능성에 대해 분석함으로써 실증적인 근거를 제시하고자 한다.

4) 가설

이 글에서 노력의 격차에 대해 검증해 볼 가설은 다음 [그림4-2]와 같다.

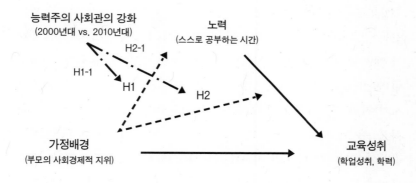

[그림4-2] 연구가설 모형

H1. [노력할 수 있는 환경] 부모의 사회경제적 지위가 높을수록 스스로 공부하는 시간이 더 길 것이다.

H1-1. 부모의 사회경제적 지위와 스스로 공부하는 시간 간의 정적 관계는 2000년대에 비해 2010년대에 더 강해졌을 것이다.

H2. [노력의 결실] 스스로 공부하는 시간에 따른 학업 성취 향상 효과는 부모의 사회경제적 지위가 높을수록 더 크게 나타날 것이다.

H2-1. 스스로 공부하는 시간과 학업 성취 간의 부모의 사회경제적 지위의 조절 효과는 2000년대에 비해 2010년대에 더 커졌을 것이다.

3. 가설검증의 절차

1) 데이터 및 분석 대상

노력의 대리지표로서의 공부 시간과 가정 배경, 학업 성취 간의 관계, 그리고 그 관계의 시점별 차이에 대한 가설을 검증하기 위해 한국교육고용패널(Korean Education and Employment Panel; KEEP) 데이터의 1주기와 2주기 자료의 1차년도 자료를 활용하였다. 한국직업능력연구원이 수집 및 관리하는 한국교육고용패널 데이터는 한국 사회에서 중등교육에서 고등교육으로의 진학, 그리고 취업까지 교육을 통한 사회적 지위를 획득하는 경로에 관한 사회적 현상을 파악하고 그에 기반한 교육 및 고용정책 개발에 관한 제언을 제시하는 것을 목표로 하고 있다(윤혜준 외, 2019). 한편, 한국교육고용패널은 1주기(2004~2015) 조사에 이어 2주기(2016~) 조사가 진행 중인 상황으로 각 주기는 시점은 다르지만 같은 방식으로 층화표집을 거쳐 표본을 구성하였고 일부 문항을 제외하면 전체적인 설문 구성이 동일하여 시점 간 비교가 가능하게 했다. 최종적으로 한국교육고용패널 1주기 1차년도(2004년) 자료에 응답한 일반계 고등학생 1,794명과 2주기 1차년도(2016년) 자료에 응답한 일반계 고등학생 6,421명을 통합한 총 8,215명을 대상으로 분석을 수행하였다.[2]

---

2 한국교육고용패널 1주기 1차년도 조사는 고등학교 3학년 학생들을 대상으로 2004년 3월에 시행되었으나 2주기 1차년도 조사는 2016년도 10월 고등학교 2학년 학생을 대상으로 하여 완전히 동일한 시점의 표본이라고 보기 어려운 점이 있다. 따라서 시점을 맞추기 위해서는 2주기의 2차년도인 2017년 조사를 통해 동일 학년을 대상으로 분석을 실시해야 하나 한국직업능력연구원에 따르면 2차년도 조사는 고등학교 3학년 학생들에게 10월에 실시할 경우 대학수학능력시험 직전에 설문이 이루어져 상당한 부담을 줄 수 있어 2018년 3월, 즉 고등학교 졸업 이후 회고적인 설문으로 진행되었다. 고등학교 졸업 이후에 고등학교 생활을 묻는 회고적 설문의 한계와 함께, 여기서 주목하고 있는 대학 입시를 앞둔 학생들의 공부 시간, 학업 성취 등의 변수가 이러한 한계에 영향을 받을 수밖에 없는 점을 고려하여 각 주기의 1차년도 조사를 통합 및 비교 분석을 수행하였다.

2) 변수설명

노력에 대한 두 가지 가설을 검증하기 위한 분석에서 활용된 주요 종속변수[3]는 공부 시간과 학업 성취다. 먼저 공부 시간은 혼자 스스로 공부하는 시간을 의미하는 노력의 대리지표로서 학교, 학원, 과외를 제외하고 혼자서 공부하는 일주일 평균 시간을 8개의 구간으로 구분한 서열형 명목변수[4]로 정의되었다. KEEP I의 1차년도 설문에서는 일주일 평균 공부 시간을 ① 3시간 미만, ② 3~5시간, ③ 5~10시간, ④ 10~15시간, ⑤ 15~20시간, ⑥ 20~25시간, ⑦ 25~30시간, ⑧ 30시간 이상으로 구분하여 응답할 수 있도록 했다. KEEP II의 설문에서는 공부 시간을 직접 주중과 주말로 나누어 범주를 두지 않고 입력하도록 방식을 변경한 바 있으나, 두 연도의 통합과 조사 시점 간의 비교를 위해 범주형 변수로 통일하여 분석에 적용하였다. 다음으로 학업성취는 고등학교 주요 인지 교과목인 국어, 영어, 수학에 대해 '잘한다'고 생각하는 정도를 5점 척도(① 전혀 그렇지 않다, ② 그렇지 않다, ③ 보통이다, ④ 그렇다, ⑤ 매우 그렇다)로 응답한 값의 평균으로 정의하였다. 첫 번째 가설의 검증을 위한 종속변수는 공부 시간, 두 번째 가설의 검증을 위한 종속변수는 학업 성취이고, 공부 시간은 두 번째 가설의 주요 독립변수로 고려되었고 학업 성취는 첫 번째 가설검증에서 공부 시간과 가정 배경 간의 독립적인 관계를 추정하기 위한 통제 변수로서 분석에 고려되었다.

가정의 사회경제적 배경은 첫 번째 가설에서 노력할 수 있는 환경의 격차를 야기하고, 두 번째 가설에서 노력의 효과를 조절하는 주요 변수

---

3 종속변수는 분석에서 다른 요인에 의해 영향을 받아 변하는 결괏값을 의미한다. 여기서는 가정 배경에 따라 공부 시간이 달라지고, 가정 배경 및 공부 시간에 따라 학업성취도가 달라진다고 가정하였다.

4 명목변수(nominal variable)는 서로 다른 값을 가진다는 점을 구분할 수는 있지만 수치화할 수 없고, 값 간의 간격이 동일하지도 않아 '어느 정도 다른지' 비교할 수 없다는 특징을 가지는 값을 의미한다. 예를 들어 성별, 지역 등을 생각해 볼 수 있다. 여기서 서열형 명목변수는 순서를 매길 수 있다는 점에서 일반 명목변수와는 다른 특징을 갖는다(예: 순위, 학력).

로서 고려되었다. 가정의 사회경제적 배경은 부모의 최종 학력과 월평균 소득을 요인분석으로 산출한 단일화된 표준화 점수로 분석을 위해 조작적 정의되었다. 이 중 부모의 최종 학력은 어머니와 아버지 둘 중 더 높은 학력을 기준으로 교육 연한으로 변환하였고, 월평균 소득은 표준정규 분포를 가정하기 위해 자연로그를 취하였다.

공부 시간과 학업 성취에 영향을 미칠 수 있고, KEEP I과 II에서 모두 포함된 변수로서는 사교육비, 성별, 거주지역, 고교 유형이 고려되었다. 사교육비는 자녀에 투입된 월평균 사교육비에 자연로그를 취한 후, 시점별로 평균을 0, 표준편차를 1로 하는 표준점수로 변환하여 분석에 투입하였다. 성별은 여학생을 1, 남학생을 0으로 하는 이분형 명목변수를 의미하고, 거주지역은 수도권 거주를 1, 그 이외의 지역 거주를 0으로 변환한 더미변수[5]로 정의되었다. 고교 유형의 경우 일반고에 재학하는 경우를 1, 특목고 또는 자율고에 재학하는 경우를 0으로 하는 더미변수다. 끝으로 통합 표본에서는 조사 시점에 따른 공부 시간과 학업 성취의 차이를 고려하기 위해 조사 시점(2016년=1, 2004년=0) 변수를 추가로 고려하였다.

---

5   더미변수(dummy variable)는 어떤 특성을 가지고 있는 경우를 1, 그렇지 않은 경우를 0으로 코딩한 변수를 의미한다.

〈표4-1〉변수설명 요약

변수구분	변수명	세부설명
종속변수	공부 시간	학교, 학원, 과외를 제외하고 혼자서 공부하는 일주일 평균 시간을 8개의 구간으로 구분한 서열형 명목변수
독립변수	학업 성취	고등학교 교과목(국어, 영어, 수학)에 대해 '잘한다'고 생각하는 정도를 5점 척도(전혀 그렇지 않다 ~ 매우 그렇다)로 응답한 세 과목 평균 점수 (Cronbach α =
	가정사회경제적배경*	부모의 최종학력(교육연한)과 월평균 소득(로그변환값)을 요인분석을 통해 단일화한 점수
	사교육비*	자녀에 투입된 월평균 사교육비를 로그로 변환한 후 표준화한 점수
	성별	여학생=1
	거주지역	수도권(서울, 경기, 인천)=1
	고교 유형	일반고=1; 특목고/자율고=0
	조사 시점	2016(KEEP II)=1, 2004(KEEP I)=0

* 가정의 사회경제적 배경과 사교육비의 경우 각 조사 시점에 따라 표준화함으로써, 조사 시점에 따른 물가 및 임금 상승 등에 의한 추정치 왜곡이 발생하지 않도록 함.

3) 분석 방법

가. 순서형 로지스틱 회귀분석

첫 번째 가설을 검증하기 위한 분석 방법은 서열 로지스틱 회귀분석(ordered logistic regression analysis)이다. 먼저 첫 번째 가설에서 공부 시간과 가정 배경 간의 관계를 규명하기 위해서는 일주일 평균 공부 시간을 구간으로 정의한 변수의 특성을 고려한 분석 방법이 필요하다. 종속변수인 공부 시간은 시간에 따라 8개의 범주로 구성되었고, 이 범주들은 간격은 일정하지 않지만 시간의 길이에 따라 순위를 매길 수 있는 서열척도(ordinal scale)의 형태를 띄고 있다. 따라서 이러한 순서형 범주의 특성

을 고려하여 서열 로지스틱 회귀분석을 첫 번째 분석에서 적용하였다.[6]

나. 중다회귀분석

두 번째 가설로서 공부 시간과 학업 성취 간의 관계에 대한 가정의 사회경제적 배경의 조절 효과를 살펴보기 위해, 공부 시간과 가정의 사회경제적 배경의 상호작용항이 학업 성취와의 관계가 통계적 유의성이 있는지 중다회귀분석을 적용하였다. 학업 성취의 경우, 5점 척도로 측정이 되어 있어 공부 시간과 같이 순서형 범주로 가정할 수도 있지만 국어, 영어, 수학 교과에 대한 주관적인 학업 성취 평균값을 종속변수로 구성하였기 때문에 범주형으로 구성하는 것은 무리가 있다고 판단하여 종속변수를 연속변수로 가정하는 중다회귀분석을 실시하였다.[7]

---

[6] 로짓점수를 구하는 회귀식은 다음과 같이 표현할 수 있다(Long & Freese, 2014).

$$\Omega_{\leq m| > m}(X) = \frac{\Pr(y \leq m|X)}{\Pr(y > m|X)} \text{ for } m = 1, 2, \dots, 8 \qquad (1)$$

$$\ln \Omega_{\leq m| > m}(X) = \tau_m - X\beta$$

회귀식(1)의 Ω는 X가 주어졌을 때 종속변수인 일주일 평균 공부 시간 구간 y가 특정 구간 m보다 클 확률 대비 m과 같거나 작을 확률의 승산이고 이어서 회귀식(2)에서의 좌변 Ω의 로짓값(logged odds)은 절편값인 τm과 X의 계수 β에 의해 결정된다. 여기서 β는 분석에서 고려되는 가정의 사회경제적 배경을 포함한 독립변수의 벡터를 의미한다. 이 식에서 m 범주에 해당하는 절편에서 Xβ를 더하지 않고 빼는 형태를 취하는 이유는 종속변수 y가 m 보다 높을 확률 대비 m보다 작거나 같을 확률에 대한 승산을 추정하기 때문이다.

[7] 이를 회귀식으로 표현하면 다음과 같다.

$$Y = \alpha + \beta_1 Hours + \beta_2 SES + \beta_3 Hours * SES + \delta * Controls + \epsilon_1 \qquad (3)$$

회귀식(3)에서 학업 성취 Y를 추정하기 위해 공부 시간(Hours), 가정의 사회경제적 배경(SES), 공부 시간과 가정의 사회경제적 배경 간 상호작용항(Hours*SES)이 분석에 투입되었고 β1, β2, β3은 각 변수들의 회귀계수를 나타낸다. 그리고 사교육비와 성별을 비롯한 통제 변수의 벡터는 식에서 δ로 표시되었다.

다. 반복 횡단면 연구설계 및 다중대체

가설검증을 위한 서열 로지스틱 회귀분석과 OLS 회귀분석에 더해, 이 글에서 수행한 분석의 또 다른 관심은 조사 시점에 따라 가정 배경, 공부 시간, 학업 성취 간의 관계가 다르게 나타나는지 살펴보는 것이다. 이를 위해 KEEP I의 1차년도인 2004년 표본과 KEEP II의 1차년도인 2016년 표본을 통합하기 위해 반복 횡단면 연구설계(Repeated Cross-sectional Research Design) 모형의 가정[8]을 참고하여 표본을 구성하였다. 이 글에서 2000년대에 비해 2010년대에 노력에 있어서 가정 배경의 영향이 커졌을 것이라는 가설을 검증하고 있듯이, 반복 횡단면 연구설계는 시간의 흐름에 따른 사회구조의 변화가 행위자의 행동과 인식에 영향을 미쳤을 가능성에 대해 초점을 맞추고 있다(DiPrete & Grusky, 1990).

한편, 결측치의 발생으로 인한 데이터의 왜곡을 최소화하고 데이터가 담고 있는 정보를 최대한 활용하기 위해 다중대체(multiple imputations) 기법[9]을 활용하여 결측치를 처리한 후 분석을 진행하였다.

---

8 계량적인 분석을 위해 반복 횡단면 연구설계는 일정한 시간 간격을 두고 동일한 조사 대상이 되는 표본에 대해 수집된 자료를 통해 대상의 특성이 시점 별 차이가 나타나는지 살펴보기 위한 방법이다(Steel, 2011). 반복 횡단면 연구설계를 위한 표본은 서로 시점이 겹치지 않는 시간의 간격이 유지된 상태에서의 동일한 모집단에 대한 반복 측정과 함께, 표집대상, 표집과정, 설문문항의 구성 등에서 데이터 구조가 동일해야 하는 가정을 충족해야 한다. 여기서 활용되는 분석자료는 한국직업능력연구원이 동일한 과정을 통해 데이터를 수집했기 때문에 이러한 가정을 위반했다고 보기는 어렵다. 다만, 표본의 크기에 있어서 차이가 존재한다는 점이 문제가 될 수 있는데 데이터를 관리하는 한국직업능력연구원에 따르면 모집단의 특성에 대한 추정값이 표본의 크기에 따라 달라지지 않도록 사후층화(post-stratification) 보정을 위한 가중치를 제공하고 있어 표본 크기 차이로 인한 추정값 왜곡을 우려하지 않을 수 있었다(윤혜준 외, 2019).

9 결측치를 대체하기 위한 회귀모형에는 실제 분석모형에서 고려된 모든 변수를 투입하였고(Azur et al., 2011; Moons et al., 2006) 종속변수의 대체된 값은 결측치로 변경하여 최종 분석에서는 제외하였다. 종속변수의 대체값은 회귀모형 추정의 왜곡을 발생시킬 우려가 존재하기 때문이다(von Hippel, 2007).

4. 가설검증 결과를 통해 본 구조적 요인에 따른 노력의 격차

1) 기술통계

노력을 시간의 개념으로 대리하는 지표로서 혼자 스스로 공부하는 시간과 이와 관련된 가정의 사회경제적 배경 및 학업 성취를 포함한 변수들의 기술통계 결과는 <표4-2>와 같다. 먼저 혼자 스스로 공부하는 시간을 8구간으로 나누었을 때, KEEP I의 1차년도인 2004년과 KEEP II의 1차년도인 2016년 모두 일주일 평균 10시간 미만 혼자 공부하는 경우가 각각 60.2%, 60.5%로 나타났다. 다만 가장 비율이 높은 구간을 보면, 2016년에는 5~10시간(30.96%), 2004년에는 3시간 미만(26.59%)으로 다소 차이가 나타났다. 10~15시간 구간에서는 2016년 KEEP II 1차년도 표본에서는 15.6%의 학생들이 분포되어 있었던 반면, 2004년 KEEP I 표본에서는 10%에 미치지 못했다. 공부 시간 상위 구간으로서 일주일 평균 15시간 이상 공부하는 경우를 보면, 2004년과 2016년 표본, 통합 표본 모두에서 개별 구간이 10%를 넘지는 않았다.

주관적인 학업 성취 수준에서는 5점 척도의 중간값에 해당하는 2.5점을 약간 상회하는 정도로 각 표본의 평균을 확인할 수 있었고, 가정의 사회경제적 배경과 사교육비는 2004년과 2016년 각각 해당 표본 내에서 표준화를 거쳤기 때문에 평균은 0, 표준편차는 1의 값이 도출되었다. 다른 변수들의 기술 통계값을 전체 표본을 통해 살펴보면, 여학생과 남학생은 1:1의 비율이었고, 수도권에 거주하는 학생의 비율은 약 47%, 일반고 재학 비중은 87%였으나 2004년 표본에서는 98%, 2016년 표본에서는 84%로 다소 차이가 있었다.

〈표4-2〉 기술통계 결과

변수명	KEEP I+II (N=8,215)		KEEP I (N=1,794)		KEEP II (N=6,421)	
	n	%	n	%	n	%
공부 시간 (일주일 평균)						
3시간 미만	1,520	18.5	477	26.59	1,043	16.24
3~5시간	1,198	14.58	347	19.34	851	13.25
5~10시간	2,244	27.32	256	14.27	1,988	30.96
10~15시간	1,165	14.18	164	9.14	1,001	15.59
15~20시간	710	8.64	155	8.64	555	8.64
20~25시간	440	5.36	140	7.80	300	4.67
25~30시간	345	4.20	118	6.58	227	3.54
30시간 이상	593	7.22	137	7.64	456	7.10
	M	SD	M	SD	M	SD
학업 성취	2.84	0.74	2.57	0.66	2.91	0.74
가정사회경제적배경*	0.00	1.00	0.00	1.00	0.01	1.00
사교육비*	0.00	1.00	0.00	1.00	0.00	1.00
성별 (여학생=1)	0.50	0.50	0.43	0.49	0.52	0.50
거주지역 (수도권=1)	0.47	0.50	0.44	0.50	0.48	0.50
고교 유형 (일반고=1)	0.87	0.34	0.98	0.15	0.84	0.37

* 각 조사시점으로 표준화한 점수

2) 공부 시간과 가정 배경 간의 관계

혼자 스스로 공부하는 시간을 8구간으로 나눈 서열형 명목변수에 대한 서열 로지스틱 회귀분석 결과는 〈표4-3〉에 정리되어 있다. 노력할 수 있는 환경의 격차를 가정하는 첫 번째 가설은 '가정의 사회경제적 배경에 따라 공부 시간의 차이가 나타날 것이다'였고, 서열 로지스틱 회귀분석 결과는 가설을 지지하고 있었다. 구체적으로 통합 표본에서는 가정의 사회경제적 배경이 1 SD 증가하면 공부 시간의 구간을 결정하는 데 있어서 상위의 구간에 위치할 log odds를 .147 증가시키는 것으로 나타났고,

이는 .001 수준에서 통계적으로 유의미한 결과였다.[10] 학업 성취를 비롯한 다른 변수를 통제한 가운데에서도 가정의 사회경제적 배경에 따른 공부 시간의 격차가 나타났다는 점은 노력할 수 있는 환경의 차이가 같지 않고 그에 따라 공부에 할애할 수 있는 시간의 확보가 가정 배경에 따라 달라진다는 점에 대한 경험적 근거가 된다. 이러한 노력을 위한 환경이 다를 수 있다는 점은 조사 시점에 따라 구분해서 분석을 돌려보았을 때, 2000년대보다는 2010년대 이후의 경향일 가능성이 높다는 점이 나타났다. 2004년의 KEEP I의 1차년도 자료에서는 가정의 사회경제적 배경과 공부 시간 사이에는 정적 관계는 존재하지만 이 관계가 통계적으로 유의미하지는 않은 반면, 2016년 KEEP II에서는 이 관계가 통계적으로 유의미하게 나타나 시점별 차이가 존재하는 것으로 나타났다.

가정 배경과 공부 시간 관계를 통해 본 환경에 따른 노력의 격차를 보다 쉽게 이해하기 위해 STATA의 margins와 marginsplot 명령어를 통해 각 구간에 위치할 확률을 추정하여 그래프로 나타내 보았다. [그림 4-3]은 공부 시간의 하위 4개 범주(위)와 상위 4개 범주(아래)의 추정확률 그래프로서 이때 다른 독립변수는 평균값으로 고정하였다. 먼저 위쪽 그래프를 보면 가정의 사회경제적 배경이 좋아질수록 5-10시간 구간의 확률은 크게 변하지 않았지만, 3시간 미만과 3-5시간에 속할 확률은 감소하고 대신 10~15시간에 속할 확률은 증가하는 것으로 나타났다. 구체적

---

10 결괏값이 명목변수일 경우, 특정값을 가질 확률이 어느 정도인가를 회귀분석에서 추정하게 된다. 다만 확률의 분포는 0부터 1까지의 한정된 범위 안에서만 이루어지기 때문에 회귀분석의 가정을 충족하지 못하는 문제가 생겨 확률 대신에 승산(odds)의 개념을 사용하게 된다. 승산은 "어떤 사건이 일어날 확률을 그 사건이 일어나지 않을 확률로 나눈 것"(P/1-P)으로 계산되는데 이때도 분포가 (0, ∞)의 한정된 범위 안에서만 이루어진다. 그래서 승산에 log를 취해 logged odds 값을 최종적으로 분석에서 활용하게 되는데, 분포의 범위는 (-∞, ∞)로 한정되지 않고, 정규분포를 보이게 되기 때문에 이를 회귀함수의 결괏값으로 사용한다. 분석결과표에서의 회귀계수(독립변수와 종속변수 간의 관계의 강도)는 독립변수 값의 1단위 변화에 따른 logged odds 증감량을 의미하며, 이 값의 변화가 실제로 무엇을 의미하는지에 관해서는 [그림4-3]에서 볼 수 있는 바와 같이, 확률로의 변환을 통해 이해할 수 있다.

으로 가정의 사회경제적 배경이 -2 SD에서 2 SD로 값이 증가함에 따라 3시간 미만의 최하위 구간에 속할 확률은 19.6%에서 11.1%로 낮아진 반면, 10-15시간에 속할 확률은 13.3%에서 17.6%로 높아졌다. 공부 시간의 상위 구간인 15시간 이상의 4개 범주에 속할 추정확률을 나타낸 아래쪽 그래프를 보면, 가정의 사회경제적 배경 점수의 증가에 따라 점진적으로 각 구간의 추정확률이 증가하고 있음을 볼 수 있다. 일주일 평균 30시간 이상의 최상위 구간을 예를 들어 살펴보면, 가정의 사회경제적 배경 점수가 -2 SD에서 2 SD로 증가함에 따라 이 구간에 위치할 추정확률이 3.8%에서 7.2%로 약 1.89배 상승하는 것으로 나타났다.

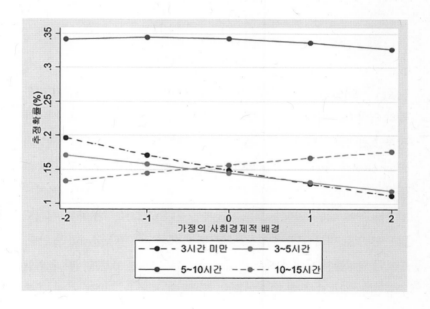

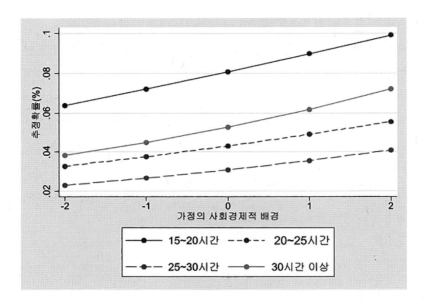

[그림4-3] 가정 배경에 따른 공부 시간 추정확률 그래프
(위: 하위 4개 범주; 아래: 상위 4개 범주)

한편, 공부 시간의 증감에 영향을 미칠 수 있는 요인으로 고려된 변수들의 영향력을 살펴보면, 먼저 학업 성취가 높은 것은 많은 공부 시간과 정적인 관계를 나타내고 있었다. 조사 시점에 따른 공부 시간의 차이(log odds=-.160)는 통계적으로 유의미하지 않았지만, 시점에 따라 각 변수의 통계적 유의성은 다소 차이를 보였다. 사교육비의 경우, 2016년 표본에서만 사교육에 대한 투자가 많은 가정에서 혼자 스스로 공부하는 시간도 많은 것으로 나타났다. 성별 간 차이는 2016년도에서만 유의했던 반면, 수도권 학생들의 상대적으로 긴 공부 시간은 2004년 표본에서만 유의한 결과였다. 끝으로 특목고나 자율고 학생들과 일반고 학생들 간의 공부 시간 차이는 조사 시점에 따라 상반된 결과가 도출되었다. 2004년 표본에서는 일반고 학생들이 더 오래 혼자 스스로 공부한 반면, 2016년에는 특목고 또는 자율고 학생들의 공부 시간이 더욱 길 가능성이 높게 나타났다.

〈표4-3〉 서열 로지스틱 회귀분석 결과

종속변수: 공부 시간	KEEP I+II		KEEP I		KEEP II	
	Log Odds	Robust S.E.	Log Odds	Robust S.E.	Log Odds	Robust S.E.
가정사회경제적배경	0.147***	0.031	0.112	0.057	0.175***	0.033
학업 성취	0.750***	0.038	0.794***	0.079	0.743***	0.036
사교육비	0.057	0.034	-0.021	0.056	0.126**	0.037
성별 (여학생=1)	0.137	0.074	-0.103	0.104	0.367***	0.098
거주지역 (수도권=1)	0.247**	0.091	0.539***	0.123	0.016	0.124
고교 유형 (일반고=1)	-0.319	0.192	1.572*	0.675	-0.485*	0.199
조사 시점 (KEEP II=1)	-0.160	0.096	-	-	-	-
Cut1	0.385	0.254	2.581	0.699	0.168	0.244
Cut2	1.300	0.256	3.581	0.706	1.034	0.246
Cut3	2.358	0.256	4.218	0.708	2.474	0.252
Cut4	2.963	0.257	4.646	0.708	3.255	0.259
Cut5	3.492	0.258	5.143	0.709	3.847	0.268
Cut6	4.026	0.259	5.764	0.713	4.310	0.274
Cut7	4.670	0.262	6.570	0.716	4.805	0.278
Pseudo R2	0.031		0.032		0.038	
N	8,215		1,794		6,421	

* p<.05, ** p<.01, *** p<.001
상기된 Pseudo R2은 결측대체된 1번째 데이터셋에서 도출된 값임.

3) 학업성취에 대한 공부 시간 효과 및 가정 배경의 조절

가설검증의 두 번째 주안점은 노력의 효과가 개인이 처한 환경에 따라 다르게 나타날 것이라는 노력의 효율성 격차에 있다. 이에 따른 가설은 '가정의 사회경제적 배경에 따라 공부 시간이 학업 성취에 미치는 영향이 다르게 나타날 것이다'였고 이에 대한 분석 결과는 〈표4-4〉에서 확인할 수 있다. 학업 성취를 종속변수로 하는 OLS 회귀분석의 결과는 두 번째 가설을 지지하는 것으로 나타났다. 지지의 근거는 공부 시간과 가정의 사회경제적 배경의 상호작용항의 통계적 유의성이다. 그 전에 공부 시간의 학업성취 향상 효과를 살펴보면 통합 표본을 통한 분석결과는 공부 시간이 1구간 상향되었을 때, 주관적인 학업성취도는 5점 만점에 .185점 향상되었다. 기술통계를 통해 확인한 학업 성취의 표준편차가 0.74이므로 이는 약 .25 표준편차의 상승으로도 표현할 수 있다. 다만 공부 시간의 효과는 시간의 증대와 함께 학업 성취 향상의 효과가 반감되는 것을 공부 시간의 2차항을 통해 확인 가능하다. 그리고 이러한 공부 시간의 정적 효과와 2차항의 부적 효과는 KEEP II의 2016년 자료에서 보다 명확하고 통계적으로 유의하게 나타났다. 한편, 공부 시간의 학업 성취 향상 효과는 가정의 사회경제적 배경에 따른 상호작용이 있는 것으로 드러났는데, 다시 말하면 가정의 사회경제적 배경 수준이 높을수록 공부 시간의 정적 효과 크기는 커진다는 점이다. 이는 가정 배경에 따라 공부 시간 효과가 조절될 것이라는 두 번째 가설을 지지하는 경험적 근거로서, 개별 시점의 분석을 통해 봤을 때 2016년 자료에서만 이러한 상호작용항의 통계적 유의성이 존재하는 것을 확인할 수 있었다.

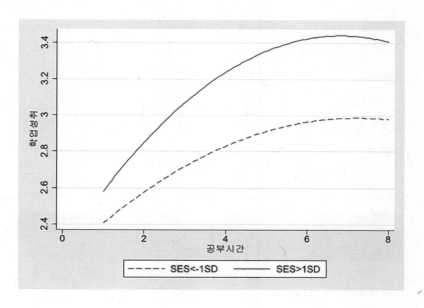

[그림4-4] 가정배경에 따른 공부 시간의 학업성취 향상 효과 차이(2016년)

[그림4-4]에서는 2016년의 KEEP II 1차년도 표본을 기준으로 공부시간과 학업성취 간의 관계와 가정 배경에 따라 공부 시간의 효과가 조절된 점을 보다 시각적으로 확인할 수 있다. OLS 회귀분석을 통해 각 개인의 학업성취에 대한 회귀식에 기반한 추정점수를 구하고 이를 공부 시간에 따른 2차 함수를 가정하여 그래프를 구성하였다. 그리고 이를 가정의 사회경제적 배경 수준에 따라 다른 양상이 나타나는지 살펴보았다. 가정의 사회경제적 배경이 평균보다 1 표준편차 아래에 위치한 집단에서는 공부 시간을 아무리 늘리더라도 3점 즉, 보통 수준을 넘지 못하는 것으로 나타난 반면, 가정의 사회경제적 배경 1 표준편차 상위 집단은 공부 시간 효과의 기울기가 더 클 뿐 아니라 시간을 늘리면 3.4점 이상의 학업 성취에 대한 긍정적인 자기평가가 이루어질 수 있다는 점을 확인할 수 있다.

한편, 다른 변수들과 학업 성취 간의 관계를 살펴보면 사교육비 지출은 학업 성취를 향상시키는 데 유의했고, 여학생들은 자신의 학업 성취에 대한 주관적인 평가에 있어서 남학생들보다 점수를 낮게 인식하는 경향이 2016년도 자료에서 나타났다. 일반고와 특목고 또는 자율고의 차이 역시 2016년 표본에서 통계적으로 유의미했고 조사 시점에 따라서는 2016년의 표본에서 학업 성취에 대한 주관적인 평가가 조금 더 긍정적인 것으로 나타났다.

〈표4-4〉 OLS 회귀분석 결과

종속변수: 학업성취	KEEP I+II		KEEP I		KEEP II	
	Coef.	Robust S.E.	Coef.	Robust S.E.	Coef.	Robust S.E.
공부시간	0.185***	0.017	0.109***	0.027	0.256***	0.020
공부시간2	-0.012***	0.002	-0.004	0.003	-0.018***	0.002
가정사회경제적배경	0.053**	0.018	0.092**	0.030	0.015	0.021
공부시간* 가정사회경제적배경	0.012**	0.004	0.009	0.006	0.016**	0.005
사교육비	0.068***	0.010	0.039*	0.019	0.086***	0.010
성별 (여학생=1)	-0.086***	0.021	-0.043	0.040	-0.125***	0.022
거주지역 (수도권=1)	0.000	0.021	-0.007	0.039	0.012	0.023
고교유형 (일반고=1)	-0.125**	0.037	0.049	0.112	-0.121**	0.037
조사시점(KEEP II=1)	0.295***	0.022	-	-	-	-
상수	2.289***	0.052	2.231***	0.121	2.453***	0.053
R2	0.178		0.141		0.146	
N	8,215		1,794		6,421	

* p<.05, ** p<.01, *** p<.001
상기된 R2는 결측대체된 1번째 데이터셋에서 도출된 값임

5. 나가며: 노력의 불평등을 어떻게 받아들여야 할까?

공부 시간, 가정 배경, 학업 성취 간의 관계를 규명하고 2000년대와 2010년대의 차이를 비교하는 가설을 한국교육고용패널 자료를 통해 검증한 본 연구 결과를 요약하면 다음과 같다.

첫째, 고등학생의 스스로 공부하는 시간과 가정 배경 간의 관계를 분석한 결과, 부모의 사회경제적 지위가 높을수록 고등학생 자녀가 스스로 공부하는 시간이 증가하는 정적 관계가 통계적으로 유의한 것으로 나타났다. 이는 노력할 수 있는 환경이 모든 개인에게 같지 않을 뿐만 아니라 개인이 통제할 수 없는 구조적인 요인에 의해 결정되는 부분이 있다는 점을 보여주는 결과다. 그리고 이러한 공부 시간과 가정 배경 간의 관계는 2004년 자료에서는 유의하지 않았으나 2016년 자료에서만 통계적인 유의성을 보여주었다. 즉, 노력할 수 있는 환경에 대한 구조적인 요인의 영향이 과거에 비해 현시점으로 오면서 실질적으로 작용하고 있다는 점을 드러냈다. 둘째, 스스로 공부하는 시간이 학업 성취 향상에 미치는 효과가 가정 배경에 따라 상이할 것이라는 가설 또한 분석 결과 채택되었고, 첫 번째 가설과 마찬가지로 공부 시간과 가정 배경 간의 상호작용은 2016년 자료에서만 유의한 것으로 나타났다. 노력할 수 있는 환경뿐만 아니라 노력의 효율성 또한 가정배경에 따라 달라질 수 있음을 확인할 수 있는 결과였다.

이와 같은 결과를 바탕으로 다음과 같이 논의할 수 있다.

첫째, 학생에게 있어 학업 성취 향상을 위한 노력은 가정 배경과 같은 구조적인 요인의 영향을 받으므로 교육 및 교육 이후의 노동시장에서는 노력의 정도와 그에 따른 결과에 대한 책임을 오롯이 학생 개인에게만 지우지 말아야 한다. 노력은 분명 개인의 의지가 반영되어 나타나고 성과를 도출하는 데 필요한 재능이나 운과 같은 영역에 비해 개인이 어느 정도 통제할 수 있는 영역으로 인식되어 왔다. 그에 따라 지금까지 능력주의 사회관에서는 노력과 그에 따른 성취를 개인이 마음먹기에 달린 것으로 인식하곤 했다. 노력만 있으면 누구나 성공할 수 있다는 '노력무한긍정론'이 노력의 가치를 지나치게 이상적으로 생각하는 문제가 있다면, 노력과 그에 따른 결과가 온전히 개인의 책임이라는 '노력개인책임론'은 개인의 성취에 대한 원인을 개인에게 돌림으로써 성공한 개인에게는 승자독식의 정당성을 부여하고 성공하지 못한 개인은 남들보다 못한 결과를 사회의 안전망 없이 그대로 받아들여야만 하는 상황을 마주하게 한다(박권일, 2021; 박남기, 2018). 특히 노력에 대한 개인의 책임 강조는 성공과 실패라는 결과에 따라 계층의 양극화 및 계층 간의 갈등을 심화시킬 우려를 키운다. 또한 교육에 있어서의 성공에 대한 자만과 실패로 인한 좌절은 노동시장 진입과 성인기의 삶 전반에 영향을 미쳐 서로에 대한 이해보다는 각자도생의 단절된 사회를 야기할 수 있다. 공부 시간으로 측정된 노력의 계층 간 격차는 하위계층을 중심으로 공교육이 어떻게 노력할 수 있는 동력을 제공할 수 있을 것인가를 고민하게 하는 동시에, 현시점으로 오면서 가시적으로 드러난 노력의 격차는 우리 사회가 놓치고 있는 교육 현상에 대해 고민하게 한다. 한 예로 스스로 공부하는 시간과 관련된 자기주도성을 들 수 있다. 자기주도성은 김희삼(2011)의 연구에서 볼 수 있듯이 사교육 참여와 대비되는 개념으로 사교육에 의존하는 문제를 해결할 수 있는 개념으로 소개되어 오고 있다(김나영, 손윤희, 2021). 그러나 자기주도성이 후천적으로 계발될 수 있는 영역이라는 점을 생각해 봤을 때, 이에 대한 교육적 논의가 공교육 가능성의 측면뿐만 아니라 부모의 영향과 같은 사적 영역에서 계층 간 격차를 보여주는 문제의식의 측면에서도 접근해 볼 필요가 있다. 학습자의 자기주도성은 학교의 혁신적 수업모형에 의해 촉진되기도 하지만, 부모의 학업에 대한 지원과 지지에 의해서도 촉진된다(김샛별·박수원, 2024; 김성경·우연경·최영인, 2017; 연보라·김경근·장희원; 이정은, 2023). 자기주도적인 학습 능력은 학생 스스로 자신의 학업에 대한 주도권을 가지고 능동적인 태도로 공부할 수 있는 능력으로서, 관련 연구에서는 부모의 자녀 교육에 대한 관심과 정서적인 지원, 대화의 빈도, 부모의 시간 관리 및 감독과 자녀의 학습결정권에 대한 존중 등 세밀한 교육적 관여 전략을 요구한다는 점을 보고하고 있다. 즉, 사교육이 직접적이며 경제적인 투자를 통한 접근이 용이한 교육적 지원 행위인 반면, 자기주도학습은 자녀가 스스로 학습에 몰입하고 시간을 할애할 수 있도록 부모가 인내심을 가지고 세심하게 이끌어줘야 하는 세련된 형태의 지원 행위의 결과인 것이다. 실제로 자녀 교육에 있어서 부모의 역할을 안내하는 글이나 서적에서는 '자기주도성', '습관', '루틴' 등이 빠지지 않고 등장한다(한국경제, 2024.4.2.; 한국일보, 2023.9.5.). 이는 라루(Lareau, 2003)의 계층 간의 양육 방식의 차이가 결국 자녀 교육을 위한 적극적인 고민과 전략적인 선택에서 나타나고 있다는 점을 고려해 봤을 때, 자기주도적인 노력은 공교육의 긍정적인 측면을 드러내기보다는 결국 사적 영역에서의 교육적 자원의 격차를 반영할 가능성이 앞으로 더 커질 수 있음을 우려하게 한다. 자기주도적인 노력은 또한 성취에 대한 동기부여와 자신의 학업 성취에 대한 효능감도 관계되어 있다. 따라서 자기주도성이 사적 영역에서 차이를 보일 가능성이 크다는 점과 함께 성취 경험의 차이와 누적되는 격차가 곧 노력의 계층 간 격차를 심화시킬 수 있음을 인지해야 한다. 교육현장에서는 하위계층에게 성공의 경험을 생애 초기 단계부터 지속적이고 의미 있게 부여하는 교육적 처치가 필요하다는 인식을 공유할 필요가 있다.

둘째, 노력의 결과에 대한 가정 배경에 따른 차이는 같은 노력을 하더라도 실제로 성취하는 결과가 구조적인 요인에 의해 달라질 수 있음을 보여줌으로써, 결과에 대한 보정을 통한 평등의 실현 과정이 필요함을 일깨워주었다. 특히, 공정한 경쟁을 위한 환경이 구현되더라도 그것이 결과의 불평등을 줄일 방안이 되지 못할 수 있음을 이해하는 것이 필요하다. 몇 년 전 정시전형과 학종전형의 공정성 논란부터, 현재 시점의 대학수학능력시험의 사교육 카르텔 논란까지 대학입시 정책에 대한 과도한 경쟁과 경쟁에 있어서 가정의 사회경제적 지위의 영향은 그로 인한 불평등을 완화하려는 공정한 경쟁 환경을 조성하려는 정책 시행으로 이어졌다. 그러나 이 글에서 수행한 분석 결과에서 볼 수 있듯이 노력하는 정도가 같더라도 출발선은 같아지지 않고, 도착점 또한 가정 배경에 따라 달라질 수 있다. 결국 결과에 미칠 수 있는 구조적인 요인의 영향력을 인정하고 교육양극화를 해결하기 위해서는 결과를 보정하는 정책이 도입되어야 한다는 데 있어서의 사회적 합의가 필요하다.

학생들의 교육적 성취를 위한 노력의 결과를 보정하는 작업은 비단 사회적 약자를 배려하는 것에서 그치면 안 된다. 그동안 사회적 약자 배려 정책은 역차별의 논란이 있을 정도로 능력주의와 개인의 노력이 가진 힘을 믿는 사회 구성원들에게 받아들여지기 어려운 점이 있었다(성열관, 2015). 따라서 사회적 약자를 배려하는 정책적인 시도가 왜 필요한지, 사회에서 성공한 집단에게 그들의 성공이 단지 개인의 노력과 재능으로만 이루어지지 않는다는 점을 이해시키고 구성원 모두가 상생하는 태도를 가지도록 하는 정책이 동시에 이루어질 필요가 있다. 노력은 배신하지 않는다는 믿음의 해체, 누구나 노력하면 성공할 수 있다는 믿음의 해체, 내 성공은 나 자신의 개인적인 노력이 쌓아 올린 당연하고 합당한 보상이라는 자만에 대한 반성적 성찰이 우리 사회에 필요하다.

마지막으로 청년 세대가 보여주는 노력의 가치에 대한 회의적인 인식 강화가 근거 없는 푸념이 아닌 실증적인 근거에 기반한 합리적인 현실 인식일 수 있음을 이해하고 성공을 위한 노력을 지속할 수 있는 사회적 안전망을 제시하는 분배의 정의를 실현하는 제도적인 개선이 절실히 요구된다는 점을 논의할 필요가 있다. 세대 간의 갈등 요인 중 하나는 자원 배분에 대한 형평성에 대한 이견일 것이다(황선재, 2022). 이전 세대에 비해 후속 세대, 청년 세대는 보다 적은 자원을 가지고 보다 치열한 경쟁을 해야 하는 상황에 내몰려 있다. 학교 교육에서의 치열한 경쟁은 끝없는 소모적인 노력을 강요하고, 노력을 하더라도 부모의 지원 여하에 따라 성과가 달라지는 불공정함을 모든 청소년이 경험할 수밖에 없도록 한다. 이러한 과정은 공부 시간과 가정 배경 간의 관계를 넘어서, 보다 높은 지위로 올라가기 위한 대학 재수의 선택이나 대학원의 진학 등 계층 간의 격차를 심화시키는 노력의 다양한 형태로 확장될 수 있음을 현세대는 경험하고 있다(최성수·이수빈, 2018; Jeon & Shim, 2023; Posselt & Grodsky, 2017). 따라서 노력할 수 있는 환경과 노력의 효율성에 있어서의 계층 간 격차 분석 결과를 통해 노력을 개인이 통제할 수 있는 영역으로만 한정하지 않고, 결과의 분배와 함께 과정에서의 분배 정의도 관심을 가지고 성장할 수 있는 기회를 동등하게 부여해야 한다. 여기에서 기회는 경쟁에 참여하는 기회가 아니라 OECD가 교육의 목표를 개인의 성공에서 모두의 웰빙으로 전환한 것처럼 모두가 잘살 수 있는 상생의 장에 참여하는 기회가 되어야 할 것이다(이상은 외, 2018).

한편, 이 글에서는 노력할 수 있는 환경과 노력의 결실에 있어서 구조적인 요인이 실제로 작용하고 있다는 점을 공부 시간이라는 대리지표를 통해 확인했지만 몇 가지 연구의 제한점을 염두에 두어 결과를 신중히 해석하고 이를 보완하는 후속 연구가 필요하다. 첫째, 공부 시간이 노력에 대한 완벽한 대리지표가 될 수 있는지에 관해서는 여전히 의구심을 가질 수 있다는 점이다. 사교육 시장의 흐름을 앞서 논의하면서 사교육 참여가 방과 후 시간 중 일부에 해당하는 대면 학습뿐만 아니라 시공간의 제약이 없는 형태의 비대면학습, 그리고 학습코칭과 같은 방과 후 시간의 효율적인 관리의 영역까지 확대되었다는 점을 이야기한 바 있다. 따라서 스스로 혼자 공부하는 시간이 현재 사교육과의 구분이 모호해졌을 가능성이 있다. 둘째, 2000년대와 2010년대와의 비교뿐만 아니라 2020년 현재와의 비교가 추가되어야 우리 사회가 노력의 계층 간 격차에 대해 어떤 흐름을 이어가고 있는지 보다 시의적절한 해석을 더할 수 있다.

참고문헌

김나영, 손윤희(2021). 중학생의 자기주도학습역량에 대한 사교육 참여 효과 분석. **교육혁신연구**, 31(4), 241-265.

김경근(2016). 한국 사회 교육열의 동인, 유산, 승화방안에 대한 탐색적 고찰. **교육학연구**, 54(1). 229-257.

김샛별, 박수원(2024). 부모와의 공부성적 대화가 중학생의 자기주도학습에 미치는 영향: 흥미적성 및 학교생활 대화의 조절 효과를 중심으로. **미래청소년학회지**, 21(1). 145-163.

김성경, 우연경, 최영인(2017). 청소년이 지각하는 부모 양육태도와 자기주도성 및 학업성취의 종단적 관계. **한국교육학연구**, 23(3). 199-223.

김희삼(2011). 왜 사교육보다 자기주도학습이 중요한가?. **KDI 정책포럼**, 231. 1-19.

박권일(2021). **한국의 능력주의: 한국인이 기꺼이 참거나 죽어도 못 참는 것에 대하여**. 서울: 이데아.

박남기(2018). **실력의 배신: 왜 우리는 열심히 노력해도 여전히 불행한가?** 서울: 쌤앤파커스.

백병부 외(2022). **생애 교육 불평등의 실태와 대안**. 경기: 경기도교육연구원.

성열관(2015). 메리토크라시에서 데모크라시로: 마이클 영 (Michael Young) 의 논의를 중심으로. **교육학연구**, 53(2). 55-79.

아주경제(2023.1.29.). "'S대 출신 강사부터 AI교사까지' 교육업체들, 신입생 유치전에 사활." https://www.ajunews.com/view/20230129143329517(검색일: 2024.6.3.).

연보라, 김경근, 장희원(2013). 부모의 사회경제적 지위, 학업 지원, 양육 방식, 사교육 참여, 자기주도적 학습 능력 간의 구조적 관계. **한국교육학연구**, 19(3). 99-122.

윤혜준 외(2019). **한국교육고용패널조사II (2019)**. 세종: 한국직업능력개발원.

이기종, 곽수란(2010). 학업 성취 변화에 영향을 미치는 공부 시간 효과 추정. **조사연구**, 11(1). 43-61.

이상은 외(2018). **OECD 교육 2030 참여 연구: 역량의 교육정책적 적용 과제 탐**

색. 충북: 한국교육개발원.

이상직(2022). 한국인의 분배 인식: '능력주의' 논의에 대한 시사점. **국가미래전략**, 50. 1-20.

이정은(2023). 고등학생의 자기주도성에 영향을 미치는 요인. **학습자중심교과교육연구**, 23(20). 959-974.

이현주, 전하람(2022). 대학입시제도의 공정한 경쟁에 관한 체계적 문헌 고찰 — 학교 교육으로 인한 능력주의의 배태(胚胎)—. **교육사회학연구**, 32(3). 209-239.

조혜영, 이경상 (2005). 사교육 시간, 개인공부 시간, 학교수업참여도의 실태 및 주관적 학업성적향상효과. **한국교육**, 32(4). 29-56.

최성수, 이수빈(2018). 한국에서 교육 기회는 점점 더 불평등해져 왔는가?: 부모 학력에 따른 자녀 최종학력 격차의 출생 코호트 추세. **한국사회학**, 52(4). 77-113.

한국경제 (2024.04.02.). "자기주도 성장을 돕는 청소년활동."https://www.hankyung.com/article/2024040248351(검색일: 2024.6.3.).

한국일보 (2023.09.05.). "'빅블러' 시대의 자녀 교육 방향." https://m.hankookilbo.com/News/Read/A2023090414280005537(검색일: 2024.6.3.).

황선재(2022). 인구고령화와 세대 갈등: 자원배분을 둘러싼 세대 간 형평. **사회과학연구**, 33(2). 149-172.

Azur, M. J. et al. (2011). Multiple imputation by chained equations: What is it and how does it work? *International Journal of Methods in Psychiatric Research*, 20(1), 40-49.

Baker, D. P. & LeTendre, G. K.(2005). *National differences, global similarities: World culture and the future of schooling.* Redwood City, CA: Stanford University Press.

Bong, M. & Clark, R. E.(1999). Comparison between self-concept and self-efficacy in academic motivation research. *Educational psychologist*, 34(3), 139-153.

Carbonaro, W.(2005). Tracking, students' effort, and academic achievement. *Sociology of Education*, 78(1), 27-49.

Costa, A. & Faria, L.(2018). Implicit theories of intelligence and academic achievement: A meta-analytic review. *Frontiers in psychology*, 9, 829.

DiPrete, T. A., & Grusky, D. B. (1990). The multilevel analysis of trends with repeated cross-sectional data. *Sociological Methodology*, 20(1990), 337-368.

Doepke, M. & Zilibotti, F.(2019). *Love, money, and parenting: How economics explains the way we raise our kids*. Princeton, NJ: Princeton University Press.

Grossman, P., Cohen, J., Ronfeldt, M., & Brown, L.(2014). The test matters: The relationship between classroom observation scores and teacher value added on multiple types of assessment. *Educational Researcher*, 43(6), 293-303.

Jeon, H. & Shim, J.(2023). Who Gets a Second Chance at College Admissions? An Analysis of the Characteristics of Jeasoo-saengs (Repeaters in Korean), and Their Performance in Higher Education and Labor Market. Presented for the Conference on K-Education Revisited: Achievements and Challenges of Korean Education, *The Pennsylvania State University*, 15 August, 2023.

Jimerson, S. R., Campos, E., & Greif, J. L.(2003). Toward an understanding of definitions and measures of school engagement and related terms. *The California School Psychologist*, 8, 7-27.

Johnson, M. K., Crosnoe, R., & Elder Jr, G. H.(2001). Students' attachment and academic engagement: The role of race and ethnicity. *Sociology of education*, 74(4), 318-340.

Koedel, C., & Rockoff, J. E.(2015). Value-added modeling: A review. *Economics of Education Review*, 47, 180-195.

Lareau, A. (2003). *Unequal childhoods: Class, race, and family life*. Berkeley, CA: University of California Press.

Moons, K. G. et al. (2006). Using the outcome for imputation of missing predictor values was preferred. *Journal of Clinical Epidemiology*, 59(10), 1092-1101.

OECD(2020). *PISA 2018 Results (Volume V): Effective Policies, Successful*

    Schools. Paris: OECD Publishing.

Posselt, J. R. & Grodsky, E.(2017). Graduate education and social stratification. *Annual review of sociology*, 43, 353-378.

Rawls J.(1999). *A Theory of Justice*. 황경식 역(2016). **정의론**. 서울: 이학사.

Steel, D. (2011). *Repeated Cross-Sectional Design. in Encyclopedia of Survey Research Methods.* Thousand Oaks, CA: Sage Publications.

Von Hippel, P. T. (2007). Regression with missing Ys: An improved strategy for analyzing multiply imputed data. *Sociological Methodology*, 37(1), 83-117.

Young M.(1994). *The Rise of the Meritocracy*. 유강은 역(2020). **능력주의**. 서울: 이매진.

Q:

교육에서 숙고해야 할 '능력'은 무엇인가?

근대 이전, 사람들은 '능력'을 '할 수 있음(ability)'에 '덕(virtue)'의 의미를 더해 이해했다. 그것에는 공동체와 관련된, 인성, 인격, 품성 등의 의미가 내재되어 있었다. 오늘날 교육은 이러한 '능력'의 차원들을 간과함으로써 어려움을 겪고 있다. 능력주의 시대, '능력'이 '우리'가 아닌 '능력 그 자체'만을 위해 쓰이지 않도록 교육은 사라진 '능력'의 차원에 주목해야 한다.

05
능력주의와 교육의 불공정성:
'능력' 형성의 맥락에 대한 이론 검토[1]

조나영

1. '능력주의'에 대한 이해의 필요성

능력은 저주일 수 있다. 유능한 젊은 여성으로서 케이시 한은 번듯한 삶과 성공을 선택해야 한다는 강박관념을 가지고 있었다. 하지만 그녀가 갈망한 것은 화려함과 통찰이었다. 블루칼라 노동자들이 모여 사는 뉴욕 퀸스의 허름한 동네에서 자라난 한국인 이민자로서 그녀는 맨해튼에서 세탁소를 운영하는 부모님의 근면하고 힘겨운 삶을 넘어선, 눈부시고 화려한 인생을 꿈꾸었다(Min Jin, 2022: 13).

"능력은 저주일 수 있다?"라는 물음을 던지게 한 이민진의 소설 『백만장자를 위한 공짜 음식 *Free Food for Millionaire*』은 누군가 '능력'을 갖추었다고 해서 그것이 반드시 그 사람의 사회적 '성공'을 보장하지 않는다는 사실을 보여준다. 작가는 사람들이 신뢰하는 능력주의 — 작품에서 이를 직접적으로 언급한 대목은 없다 — 사회임에도 불구하고, '누군가'의 능력은 온전히 인정받기 어렵다는 점을 지적한다. 작품은 미국 이민자 2세인 케이시 한의 삶을 통해 교육적 노력과 성과에 바탕을 둔 '능

---

1 [출처] 조나영(2023). 교육공정성, 능력주의가 보장할 수 있는가?: '능력' 형성의 맥락에 대한 이론적 검토. **교육사상연구**, 37(2). 255-280.

력'보다는 태어날 때부터 주어진 경제적, 사회문화적 자본과 계층이라는 '비능력'적 요인이 '성공'에 불가항력적으로 작용하고 있음을 드러낸다. 상류층에 속한 '백만장자'들에게는 기업을 인수, 합병하거나 주식투자를 통해 얻은 '공짜 음식'이 언제나 마련되어 있고, 그들도 그것을 당연시한다. 하지만 그들과 다른 다수의 사람에게는 끊임없이 세상에 '공짜'란 없다는 신념을 따르도록 요구하는 가정과 사회의 강한 교훈이 따라다니며, 그로 인해 그들은 '노력한 만큼(정해진 것)'만을 취하는 것을 당연하다고 생각한다. 케이시 한은 아이비리그를 졸업하고 학업적, 직업적 능력을 충분히 갖추었음에도 이동이 '제한된' 사다리의 어느 한 지점에서 자신에게는 확실치 않은 그 '공짜'를 어떻게 여겨야 할지 고민한다. 그녀는 명문대학을 졸업했음에도 인턴 생활을 하며 근근이 살아가는 자신과 달리 이탈리아에서 미술사 석사과정을 밟으며 삼촌이 소유한 갤러리에서 자신과 유사한 계층의 사람들과 어울리고 있을 친구 버지니아의 삶을 떠올리며 그곳으로는 결코 들어설 수 없는 '한계'를 느낀다. 자신이 갈망하는 '화려함'의 제한된 범주와 그 화려함으로부터 자신을 지키고자 하는 '통찰' 사이에서 케이시 한은 끊임없이 갈등한다. 이런 그녀에게 '능력'은 분명 저주일지도 모른다.

능력주의 사회가 추구하는 바에 따르면, '능력 있음'은 누군가의 삶을 축복으로 이끌어야 마땅하다. 능력주의(meritocracy)란 누군가 '노력'해서 사회에서 요구하는 '능력'을 갖춘다면, 그에 합당한 '보상'을 받고, '성공할 수 있도록 보장하는 사회시스템(McNamee & Miller, 2015/2016: 12)이기 때문이다. 그런데 사회에서 요구하는 '능력'을 갖추지 못한 이들은 말할 것도 없고, 소위 '유능'하다는 이들조차 그것을 저주로 여길 수 있다는 사실은 무엇을 의미하는가? 케이시 한의 '능력'과 백만장자, 상류계층인 친구 버지니아, 그리고 노력하지 않은 권력을 지닌 이들의 '능력'은 같은 것인가? '능력'이라는 획일적인 삶의 과제 앞에 누군가는 '백지'를, 다른 누군가는 '컬러링북'을 들고 있는 듯하다. 자신의 삶을 어떤 모습으로 어떻게 그려넣을지에 대해 '아무런' 지원과 자원을 받지 못한 이들과 그 반대되는 삶 속에서 선명하게 그려진 형상에 '마음껏' 색을 입히기만 하면 되는 이들 모두에게 그들이 부여받은 '능력' 형성의 과제는 같은 무게로 전해질 것인가? 문제는 그것이 무엇이든 할 수 있고, 하면 되는 '동일한' 의미의 '능력'으로 여겨진다는 데 있다.

흔히 사람들은 누군가 지능지수가 높고, 시험성적이 월등하며, 명문대학을 졸업한 뒤 전문직에 종사하여 높은 연봉이나 소득을 얻으면, 이를 기준으로 그 사람의 '능력'에 따른 합당한 '보상'을 받아도 된다며 그 가치를 인정한다. 하지만 자신보다 '열등'해 보이는 누군가가 더 나은 혜택과 보상을 받게 되면 비합리적이고 불공정한 사안으로 치부하고 이를 용납하려고 하지 않는다. 우리 사회 안에서 '공정성' 논란을 불러일으킨 여러 사안— 비정규직의 정규직화, 청년우대정책, 여성할당제, 군복무 면제, 취업 및 입시 특혜, 소외계층 및 지역 지원 정책, 소수자 우대 정책 등 —은 사람들이 획일적인 '능력' 유무로만 성공 여부를 재단하는 가운데 이루어지고 있다(김정희원, 2022: 30; 35). 이때 '능력'의 기준은 온당한가? 사람들이 '능력'을 놓고 그에 따른 결과와 보상에 대해 공정성 시비를 겨루는 이유는 무엇인가? 그것은 '능력'의 근거와 기준, '능력'에 따른 보상 여부와 그 정도가 정당한지와 관련이 있다.

공정한 사회를 위한 정당한 논거와 원칙으로 강고하게 자리 잡은 능력주의는 분명 신분과 지위, 계급과 계층 간의 격차 등을 합리화하는 이들에게 반성과 성찰의 가능성을 열어주었다. 그것이 전근대적이고 세습적이며 불공정하고 불평등한 사회 체제를 극복하고 사회 변혁과 혁신의 동력을 제공한 것도 사실이다. 하지만 이런 능력주의가 더는 공정하고 평등한 사회 구현을 위한 약속을 이행하지 못한다는 사실— 앞서 케이시 한의 갈등 원인, 비능력적 요인의 영향력, 동일한 '능력'에 대한 학교와 사회의 요구 등 —을 확인함으로써, 그 원인으로 능력주의가 제대로 작동하지 않았기 때문이라는 인식(White, 2007/2017; McNamee & Miller, 2015/2016;

Frank, 2016/2021)과 함께 능력주의 자체가 문제라는 비판(박권일, 2020; 2021; Young, 1994/2020; Markovits, 2020/2020)까지 제기되고 있다. 그렇다면, 능력주의가 진정으로 제 몫을 다하도록 하면 되는가? 아니면, 능력주의를 대신할 새로운 사회 체제나 이념을 마련하면 되는가? 우리는 과연 이 물음들에 답할 수 있을 것인가?

능력주의를 둘러싼 부분적 혹은 전면적 비판에 앞서 분명한 건, 능력주의가 일종의 혁신 사상으로 서구 세계의 지배 이데올로기로 여겨지기까지 일련의 역사적 흐름 속에서 형성된 제도이자 문화이기도 하다는 점이다(Wooldridge, 2021). 교육받은 이들이 많지 않았던 시대 자수성가형 인간이 이상적인 인간상으로 여겨지고, 사회진화론과 자조론 등이 이를 뒷받침하는 사상적 근거로 작동하는 가운데 산업과 기술이 발달하면서 '능력'을 획득하는 기회 구조가 변화되던 그때와 사회적, 문화적 자본과 지위의 세습으로 새로운 형태의 장벽인 획일적 '능력'을 마주하면서 '능력주의'라는 이름으로 보장하고 있는 신족벌주의(nepotism, nepo-baby의 시대)를 마주한 지금은 사뭇 다르다. 이렇듯 능력주의에 근거한 성공을 위해 요구되는 표준화된 '능력' 사이에는 차이가 있다. 상황과 맥락 안에서 '능력', '능력주의'를 들여다봐야 하는 이유다. 적어도 '능력'의 형성과 결과가 공정성 논란에 휩싸이지 않고, 교육이 단지 계층 이동과 계급 재생산을 위한 능력주의의 동력일 뿐이라는 한계에서 벗어나기 위해서라도 '능력주의'에 대한 구체적인 이해가 필요하다. 이러한 이해에 기반할 때 능력주의 체제를 강화하기 위한 기준이 아닌, 보다 더 정의로운 사회의 전체 구도를 위한 단계로서 공정성이 교육활동을 위한 준칙으로 여겨질 수 있을 것이다.

2. '능력' 형성 맥락(기회-절차-보상)과 공정성

1) 능력 형성의 조건: 기회 공정성

역사적으로 기회를 균등하게 보장받기 위한 노력은 자유를 향한 분투였다.[2] 전근대적 세습 체제에서 벗어나 사회가 근대성을 확보하면서 개별 인간의 자유를 위한 권리는 점차 확대되었다. 이제 사람들은 누구도 예외없이 자신이 태어나면서부터 부여받은 삶의 배경이 아닌 오직 자신들의 노력과 능력 여하에 따라 사회적 위치와 지위가 결정된다고 믿었다. 이른바 '능력주의'는 평등한 사회로의 이행을 기치로 내세우며 개별 인간의 자유로운 발달과 사회적 계층 이동의 기회를 제약하는 것들을 역사의 저편으로 물러나게 했다. 화이트(White, 2007/2017: 94)는 기회의 측면에서 우리가 평평한 경기장에 있지 않다면 직업과 소득이 나태하고 덜 유능한 이들에게 돌아갈 수 있으므로, 개인의 '능력'이 적합한 보상을 받기 위해서는 '기회의 평등(equality of opportunity)'이 존재해야 한다고 주장한다. 그는 능력 형성의 기본 조건으로서 기회 배분의 정당성을 능력주의가 보장할 수 있다고 설명하면서, 그것을 강약의 정도로 구분한다. '약한 능력주의'는 인종, 젠더, 종교 등에 따른 차별로 능력의 원칙이 좌절되는 것과 관련이 있으며, 최소한의 인간 권리를 위해 이런 능력주의를

---

2   존 스튜어트 밀(J. S. Mill)은 여성과 남성의 사회적 관계에 만들어 낸 원리 그 자체가 잘못된 것이며, 이는 인간 사회의 발전을 가로막는 중대한 장애물 중 하나로, 완전한 평등의 원리로 대체되어야 한다고 주장한다(Mill, 1984/2020: 879). 역사가 증명하듯이 무력에 바탕을 두고 존속되어 온 여성과 노예, 그리고 흑인 등 성별, 인종, 신분, 계급적 차이로 인한 억압과 지배는 이제 현대적 발전을 이룩해 낸 곳에서는 정당화될 수 없다. 밀에 따르면, "그것은 바로 인간이 더 이상 자신이 태어난 곳에서 평생 살거나, 태어나면서부터 짊어지게 된 운명의 굴레에 얽매여 죽을 때까지 꼼짝도 못 한 채 살지 않아도 된다는 것이며, 인간은 이제 타고난 능력과 좋은 기회를 이용하여 자신이 원하는 목적을 달성할 수 있는 자유인이 된 것"(Ibid.: 901)임을 의미한다. 역사적 흐름과 함께 사람들은 타고난 삶의 조건에 의해 자신이 하고 싶고, 되고 싶은 무언가를 위한 기회를 제한받지 않게 된 것이다. 하지만, 현대의 능력주의 시스템 하에서는 모두를 위한 평등과 자유가 과연 진정으로 실현되었다고 할 수 있는지 확신하기 어렵다.

확보하기 위해서는 국가나 공공기관들에 의한 반차별법이 필요하다. 반면, '강한 능력주의'는 상속된 부, 교육, 가정환경 등 배경의 불평등과 차별이 부재한, 개인의 능력만이 온전하게 작동할 수 있는 체제를 말한다 (Ibid.: 98-110). 강한 능력주의 사회를 지탱하기 위해서는 '모든' 차별을 불식시킬 기회의 평등이 요구된다.

　그렇다면, 화이트의 관점에서 볼 때 현대 사회는 얼마나 능력주의적인가? 강한 능력주의는 과연 모두가 자유롭고 평등한 정의로운 사회를 실현할 수 있는가? 사실상 화이트는 강한 능력주의의 불가능성을 제기하며, 오늘날 능력주의가 과연 공정을 위한 이상적인 규범이 될 수 있는지에 대해 반론— i) 개인의 절대적 자유 위협, ii) 지위 불평등, iii) 기회 평등과 결과 불평등의 모순성, iv) 덜 유능한 이들에 대한 불공정함 —을 펼친다(Ibid.: 118-131). 피시킨(Fishkin, 2014/2019: 96-155) 역시 이 문제와 관련해서 모든 이들이 자유롭게 능력을 갖출 기회가 균등하게 이루어질 수 없는 요인을 i) 가족(부모라는 조건), ii) 업적(타고난 재능에 더해진 노력의 반영물), iii) 출발점(유리한 여건과 기회의 연쇄), iv) 개별성(개인이 추구하려는 삶의 다양성)으로 정리한다. 이들은 사람들이 자신의 능력 형성을 위해 순전히 개인적이고 독립적인 상태에 놓일 가능성이 희박하다고 여긴다. 이미 라루(Lareau, 2003/2015)는 부모의 사회적 지위와 경제적 능력의 차이가 자녀의 양육 방식과 학업성취도를 결정한다고 보고한 바 있다. 드워킨 (Dworkin, 2000/2021) 또한 '출생의 우연'과 마찬가지로 인간의 삶과 긴밀한 관계에 있으나 그들이 전적으로 통제할 수 없는 '운(luck)'의 작용을 지적하며, 능력 형성의 조건이 불평등함을 주장한다. 삶의 시작점을 동일하게 맞출 수 없다. 이런 가운데 우리에게 부여되는 기회는 공정하게 다가오지 않는다. 누군가에게는 성공을, 다른 누군가에게는 실패를 경험하게 하기 때문이다. 그렇다면, 우리는 이미 결정된 삶에 좌절할 수밖에 없는가? 능력 형성을 위해 애쓸 필요도, 기회의 문제를 논할 이유도 없는 것인가?

드워킨은 불평등의 원인으로 작동하는 '운'을 구체화함으로써 이 물음에 대해 답하고 있다. 그는 '운'을 우리의 선택가능성에 따라 '선택적 운(option luck)'과 '눈먼 운(brute luck)'으로 구별한다. 전자는 우리가 통제할 수는 없지만 선택할 수 있으며, 후자는 우리가 통제할 수도, 선택할 수도 없다. '선택적 운'은 자신이 예측한 결과에 따라 피했을 수도 있는 위험을 받아들임으로써 이익이나 손해를 감당해야 하는 문제에 관한 것이며, '눈먼 운'은 인간이 숙고할 수 있는 모험(gamble)이 아닌 위험 그 자체의 결과에 대한 것이다(Dworkin, 2000/2021: 147-148). 따라서, 선천적인 장애나 재능, 부모와 가정환경, 그리고 불의의 사고 등과 같이 우리가 선택할 수 없는 '눈먼 운'에 대해서는 사회적 '보험'을 통한 보상이 필요하지만, 후천적 질병과 노력, 주식투자, 범법적 행위 등 어느 정도 우리의 선택이 작용하는 경우는 개인이 책임져야 할 부분이다. 물론, 두 가지 운의 형태나 불운의 정도 차이를 명확히 하는 일은 쉽지 않다. 그럼에도 드워킨의 논지를 통해 우리는 능력 형성과 기회 공정성 문제에 대한 시사점을 얻을 수 있다. 하나는 우리가 선택할 수 없는 불운에 대해 그리고 그로 인한 불평등을 완화하기 위해 사회적 보상이 제공되어야 한다는 사실이며, 다른 하나는 설령 운의 영향력을 무시할 수 없다 하더라도 우리가 삶 속에서 부여받는 '기회'와 그것에 기울이는 선택과 노력의 정도나 범위 자체가 무용한 것은 아니라는 점이다. 이는 인간의 자기 삶에 대한 책임의 문제와 맞닿아 있기 때문이다.[3]

---

3 오늘날 계층 상승 실현에서 귀속적 요인(출생 및 출신 배경)과 성취적 요소(동기, 노력, 근면 등의 개인적 태도) 모두 중요하다는 모순된 인식이 어떻게 가능한가에 대해 자흐베, 렌츠, 그리고 슈타머(Sachweh, Lenz, & Sthamer, 2018/2021)는 계층 상승 인식과 능력에 대한 태도가 계층별로 상이하다는 연구 결과를 보고했다. 연구 결과에 따르면, 중상층에 비해 중하층이 계층 상승에 대해 더 사회비판적 태도를 보이고 있긴 했지만, 그렇다고 자기 책임을 전적으로 부인하는 것은 아니었다. 아울러, 중장년층과 비교할 때 청년층에서 계층 상승을 위한 기회가 불공정하고, 능력 성취에 더 많은 희생이 요구된다는 점을 알고 있었음에도 여전히 사회의 기본 규범으로서 능력의 의미나 자기 삶에 대한 의지와 인내 등 성실한 태도의 중요성 또한 인식하고 있는 것으로 나타났다(Sachweh, Lenz, & Sthamer, 2018/2021: 36-37).

우리는 모두에게 기회가 균등하게 허락되지 않는다는 사실을 알면서도, 혹은 알고 있기에 더욱 강하게 평등하고 공정한 기회를 요구한다. 기회 불평등에 대한 인식의 원천에는 그것이 단지 사회적 기준이나 척도에 따른 분배나 보상을 위한 조건만이 아니라는 깨달음이 있기 때문이다. 기회균등을 공정한 원칙으로 제시한 롤즈도 지적했듯이 기회는 능력과 재능을 쌓아 출세할 수 있다는 관념과 혼동될 수 없는, 다시 말해 자기 삶을 주도적으로 선택하고 그에 따른 책임을 짐으로써 궁극에는 '행복'을 추구할 수 있는 '자유'이며, 그러한 인간 가치의 표현이기도 하다.

> 만일 어떤 직위가 공정한 기반 위에서 모두에게 개방되지 않은 경우에는 제외된 자들이 … 정의롭게 대우받지 못했다고 느끼는 것이 당연할 것이라는 점이다. 그들의 불평이 정당한 이유는 단지 그들이 부나 특전과 같이 어떤 직책이 주는 외적 보상으로부터 제외되었다는 것뿐만 아니라 사회적 의무를 유능하고 헌신적으로 수행하는 데서 오는 자아실현의 경험을 저지당했다는 데에 있다. 그들은 인간적 가치(善)의 주요 형태 중 하나를 박탈당한 것이 된다(Rawls, 1999/2016: 134).

이에, '기회'는 사회의 기술적이고 효율적인 기준에 부합하는 능력만을 위한 조건일 수 없다. 형식적 평등에 따른 기회는 우리가 그 기회를 통해 얻게 되는 피상적 결과와 보상에만 집중하도록 한다. 개별 인간의 특성과 욕망의 차이뿐만 아니라 그들이 처한 삶의 환경과 맥락을 고려하지 않은 획일적인 기회균등의 논리는 인간 삶에서 기회가 지닌 자유, 행복, 인간 가치의 실현이라는 의미를 상실하게 한다. 우리가 할 수 있고 될 수 있는 어떤 것을 위한 일차적인 토대는 기회를 통해서 얻는다. 하지만 그것은 누구에게나 '동일한' — 그렇기에 기회 자체가 허락되지 않을 수도 있는 — 내용과 형식이 아니라 우리의 개별적 삶을 고려한 것이어야 한다. '기회'로 인해 우리는 삶의 어떤 길로 스스로 향할 수 있다. 이런 의미에서 능력 형성을 위한 기회의 공정성 문제는 먼저 표준화된 능력을 형성할 하나의 특정한 기회가 아닌 우리 각자의 자유로운 자기 성장을 위한 기회가 무엇인지를 검토하는 가운데 비로소 다루어질 수 있을 것이다.

2) 노력 투입: 절차 공정성

근대 이전 세습적 신분 사회에서 벗어나 철저하게 개인의 능력만으로 운영되는 사회를 갈망하면서 능력의 여부를 가늠하는 척도가 중요해졌다. 이제 사람들은 세습적이고 귀속적인 요인에 의한 구조적 차별을 상쇄할 만한, 오직 개인의 노력과 능력 여하를 가늠할 수 있는 표준화되고 객관화된 평가 체제— 진학, 입학, 취업, 승진 등을 위한 각종 선발 및 승급 시험 —를 전적으로 신뢰하게 된다. 그렇다면 오늘날 이러한 평가 체제가 개인의 비능력적 요인을 완벽하게 차단할 수 있을 것인가? 각종 검사나 시험을 통한 선발과 승급, 곧 결과에 따른 구별과 격차는 정당하다고 할 만한가? 사람들은 객관화된 평가 체제, 곧 일종의 '시험'이 '동일한' 시간과 장소에서 '순전히' 자신의 노력에 따라 그 성취 정도가 결정되고 정당한 것이기에 그에 따른 차이는 '당연히' 감수해야 하는 것으로 받아들인다. 특히 시험 결과에 따른 사회계층 이동의 가능성과 더 많은 경제적 기회 부여는 이러한 평가 체제에 사람들이 더욱 의존하는 구실이 된다 (김동춘, 2022: 68 참고).

이런 '시험 능력주의'에 대한 믿음을 공고히 할 만한 논리로, 자유주의자인 노직(Nozick, 1974/2016)은 개인들이 투입한 노동과 재화를 통해 나타나는 성과에 대해 그 절차가 정당했다면 그것은 공정하고 정의롭다는 주장을 제시한다.[4] '성공'한 이들은 다른 이들보다 자신의 목표를 이루기

4 　노직은 사회정의가 인간이 획득한 소유물의 분배를 통해서가 아니라 그 취득 과정의 정당성에 맞추어 논의되어야 한다고 주장한다. 그러면서 그는 소유물이 획득되는 절차의 부정한 경우에 대해 다음과 같이 강조한다. "어떤 사람들은 다른 사람들의 물건을 훔치거나, 사

위해 '자유'를 반납하고 '노력'을 투입해서 '공정하고 정당한' 평가 절차를 거쳤기에 그들이 그 과정에 따른 보상을 받는 것은 당연한 일이라는 것이다. 따라서, 노력에 따른 결과를 두고 평등하고 정의로운 사회를 내세워 그것을 배분하자는 논리는 개별 인간에게 '강제 노동'을 강요하는 것과 다를 바 없다(Nozick, 1974/2016: 214). 노직에 따르면, 모든 인간은 그 누구도 침해할 수 없는 천부적인 권리를 지닌 존재다. 그렇기에 사회 전체의 공익을 목적으로, 평등한 사회를 위해 정의를 실현하겠다는 이유로 행해지는 모든 것은 그것이 소득분배를 통해서든, 도덕적 교화나 교육을 통해서든, 결국 그것은 개별 인간의 권리를 침해하는 것이기에 부당하다. 개인에게 희생을 요구할 그 어떤 사회적 존재도 있을 수 없다.

> 왜 일부의 사람들이 전체적인 사회적 선을 위해서 비용을 부담하여 다른 사람들을 도와야 한다고 생각할 수 없는가? 그러나 문제는 그 자신의 선을 위해 어떤 희생을 감수할 자로서 재화를 가진 사회적 존재(social entity)가 존재하지 않는다는 점이다. 존재하는 것은 개인들, 그들 자신의 개인적 삶을 영위하는 서로 다른 개인들뿐이다. 이들 중 하나를 타인들의 이익을 위해 이용함은 그를 이용하는 것이며 타인들을 이롭게 하는 것일 뿐, 더 이상의 아무것도 아니다. … 한 인격을 이런 식으로 이용하는 것은 그가 독립된 인격이라는 사실을 충분히 존중하지도, 고려에 넣지도 않는 것이다. 그는 자신의 희생에 대응하는 대가를 얻지 못하며, 누구도 그에게 희생을 강요할 권리가 없다(Ibid.: 56-57).

이렇듯, 능력이 있는 이들에게 분배를 요구하는 일은 "노력-고삐 채우

취하거나, 또는 그들을 노예화하거나, 그들의 생산물을 수탈하거나, 그들이 살고자 하는 바대로 살지 못하게 하거나 또는 교환에서의 자유 경쟁을 방해한다. 이런 행위들의 그 어느 것도 한 상황으로부터 다른 상황으로의 이행으로서는 허락될 수 없는 양태의 이행이다"(Nozick, 1974/2016: 194).

기(effort-harnessing)"(White, 2007/2017: 155)로 개인의 자유를 제한하는 것이다. 그렇다고 전적으로 개인의 자유 권리와 그들의 소유물 획득 과정에 대한 정당성만을 강조하는 것은 공동체적이고 도덕적인 가치를 배제하는 일이 될 수 있다. 능력 형성과 그 결과에 대한 공정과 정의의 원칙을 어느 방향에서 구해야 할 것인가? 센(Sen, 2009/2019: 329-332)은 공정과 정의를 논하는 이론들이 어떤 식으로든 보편적 정당화를 위해 '평등'을 지향한다고 강조한다. 노직이 개별 인간이 독립적 인격으로 누구나 동등하게 자신의 자유 권리를 누릴 수 있어야 한다고 주장한 점 또한 '평등'에 대한 요구로 이해해 볼 수 있다. 다만, 그의 '평등'은 개인의 절대적이고 불가침적인 자유만을 강조하고, 단지 형식적 기회에 따른 절차만을 중시함으로써 개별 인간이 마주하는 다양한 상황과 맥락을 간과하는 한계가 있다.

현실적으로 인간의 절대적 자유 권리란 진공 상태에서나 가능한 일이다. 노직이 주장한 '노력 투입 — 가치 창출 — 격차 및 불평등'으로 이어지는 삶의 '달림길'에서 그 과정의 정당성이 입증되려면, 적어도 두 가지 조건이 필요하다. 첫째, 개인이 노력에 따른 결과 불평등의 과정을 삶의 규범과 질서로 여기고 자기 삶의 체계로 받아들인다는 전제가 가능해야 한다. '노력 투입 — 가치 창출 — 격차 및 불평등'의 정당성에 대한 인식은 교육적 작용 없이는 불가능하다. 노직의 관점에서 교육은 개인의 자유를 극대화함으로써 그들이 취한 것에 대한 완전한 권리를 보장하는 한편, 그 자유를 위해 개인이 '사회 전체의 선'에 희생당하지 않도록 그들을 규범적으로 변화시켜야만 하는 역설적 책임의 형태를 띤다.[5] 그런데 현실적으로 모든 사람이 자신의 능력을 확인받고 이를 통해 재화를 획득하도

---

5   노직의 관점에서 대학입시 및 취업에 관련해서 성적이 삶을 좌우하는 것이 바람직하다는 논리로 사회의 구성원들에게 이를 준수하도록 요구하고, 개별 인간이 이에 부합하도록 가치와 규범을 습득하게 한다면, 이는 '사회 전체의 선'을 위한 일종의 '강제된' 도덕 교육으로 개인의 권리를 침해하는 부분이기에 정당하다고 보기 어렵다.

록 해주는 과정, 곧 평가 절차가 공정하다는 확신을 지니는 것은 불가능하다. 이는 평가 절차의 정당성에 대한 규범을 강제한다는 점에서 노직이 주장한 개별 인간의 절대적인 자유 권리의 보장에 부합하지 않는다. 특히 지식교육을 강조하던 시대, 절차의 공정성을 위해 '객관적이고 단일한' 답을 선택하도록 요구했던 때조차 개인이 지닌 유전적, 환경적 삶의 조건은 무시할 수 없는 것이었다. 하물며, 오늘날의 다원화된 사회에서라면 더욱더 학생들의 다양한 상황을 고려하지 못한 평가 시스템은 공정성을 확보하기 어렵다(정태석, 2021: 23 참고).

평가의 공정성, 절차와 과정의 공정성을 확신할 수 없는 상황에서 노직이 주장한 개별 인간의 권리로서 노력에 따른 보상의 격차는 보장될 수 없다. 이는 절차 정당성 확보를 위해 고려해야 할 두 번째 조건인 다음의 물음들로 연결된다. 사람들이 자기가 원하는 특정한 일을 하기 위해 시간을 할애해서 필요한 능력을 갖추고, 선발되어 보상받는다면, 그들의 '능력'은 전적으로 '그 일'을 하고 그에 따른 보상을 받는 그 범주 안에서만 허용되어야 하지 않는가? 삶의 어느 한 지점에서 사람들이 투입한 '노력'의 보상 유효 기간은 언제까지가 적당한가? 인간 삶의 긴 여정 가운데 어떤 특정한 단계를 통과하기 위해 '시간'을 할애한 것인데, 그것이 그들의 인생 전체에 영향을 주어도 과연 괜찮은 것인가? 사람들이 노력해서 그들이 원하는 바를 실현해 낼 때 그것이 그들 삶의 다음 단계에도 연쇄적으로 영향을 미치고 그로 인해 점차 다른 이들의 삶과 격차가 벌어지고 불평등이 심해진다면, 이때 우리는 무엇을 고민해야 할 것인가?

노직이 말한 절차의 정당성을 위해서는 삶의 한 지점에서 획득한 보상이 언제까지 영향력을 행사해야 하는지에 대한 명확한 기준이 제시되어야 한다. '노력 투입 — 가치 창출 — 격차 및 불평등'을 정당화하려면, 이전의 평가 결과와는 '무관한' 상태에서 그 과정이 새롭게 진행되어야 마땅하다. 곧 절차가 이루어지는 단계별로 새로운 원칙과 규범이 적용되어야 한다. 인간의 자유와 권리 획득, 업적 성취, 그리고 복지 실현

등을 위한 시작이 공정하지 않으면, 그 과정과 절차 역시 정당한 방식으로 진행될 수 없기 때문이다. 이러한 차원에서 공정함의 척도로 여겨지는 평가 체제의 절차적 정당성을 확보하는 일은 요원해 보인다. 따라서 센(2009/2019)은 사람들이 저마다 가치 있다고 생각하고, 원하는 바를 선택해서 성취할 수 있는 '실질적 자유'가 중요하다고 강조한다.[6] 인간이 사회에서 요구하는 능력을 갖추기 위해 형식적으로 기회를 부여받는 것으로는 불충분하며, 실제로 그들 자신이 원하는 바를 성취할 수 있는 '능력'을 신장해 나갈 수 있는 과정이 필요하다. 그렇기에 절차 공정성 문제는 성공을 위한 '달림길'에 모두가 들어설 수 있는 '단일한' 통로를 계속해서 구축하고 유지하는 가운데서는 극복하기 쉽지 않다. 그것은 아마도 개별 인간이 여러 '갈림길' 중에 각자 그들 삶을 위한 통로에 들어설 수 있는 실질적 자유에 근거한 능력을 갖출 수 있을 때 그 해결의 여지를 가늠해 볼 수 있을 것이다.

3) 능력에 따른 보상: 분배 공정성

인간이 자기실현의 기회를 통해 스스로 능력을 신장시킬 수 있는 실질적 자유를 접하는 일은 사회적 가치 기준에 따른 보상 문제와 관련이 깊다. 특정 사회에 속한 인간은 그 사회의 구성원으로서 심리적 안정감을 느끼고, 권리를 인정받게 되면, 계속해서 자신을 실현하는 방식에 몰

---

6   센은 『정의의 아이디어 *The Idea of Justice*』에서 자유의 가치에 대해 두 가지로 설명한다. "첫째, 자유로울수록 우리의 목표— 우리가 가치 있다고 여기는 —를 추구할 기회가 더 많아진다. 예컨대 우리가 바라는 삶을 결정하고 우리가 추진하고 싶은 목적을 위해 일할 수 있도록 도와준다. 자유의 이러한 측면은 우리가 가치 있다고 여기는 것을 달성하는 능력에 관계되며, 그 달성이 이루어지는 과정과는 관계가 없다. 둘째, 우리는 선택의 과정 자체를 중시할 수 있다. 예컨대 타인이 부과한 제약 때문에 어떤 상태에 처한 것이 아니라고 확실히 해두고 싶을 수 있다. 자유의 '기회의 측면'과 '과정의 측면' 간의 차이는 중요하고 지대한 영향을 미칠 수 있다"(Sen, 2009/2019: 258-259). 센의 이러한 지적은 우리가 삶의 어떤 목표를 이루기 위해 절차나 과정을 누구에게나 부여되는 형식적 통로로 여기는 것— 그렇게 함으로써 '같은' 기회를 부여받는 데만 몰두하는 것 —보다 실질적으로 자신을 위한 삶의 과정과 절차 그 자체에 의미를 두는 것이 중요하다는 점을 우리에게 상기시킨다.

두함으로써 능력을 통해 다른 이들과 '구별'되고자 한다. 하지만 전술했듯이 모든 인간의 가치와 능력이 동등한 기준에서 인정받고 합당한 보상을 받는 일은 현실적으로 요원하다. 이런 이유로, 인간이라면 누구나 자신의 '능력'을 존중받을 수 있는 정의롭고 공정한 사회의 구현, 곧 '능력'에 따른 보상 격차와 불평등 완화를 위한 분배 문제의 해결이 더욱 절실하게 여겨지는 것인지도 모른다. 분배의 차원에서 공정으로서의 정의를 강조한 롤즈는 '차등의 원칙'을 통해 불평등 문제는 최소수혜자, 사회적 약자와 소수자들의 이익을 증진하는 경우에 한해서만 허용될 수 있다고 주장한다(Rawls, 1999/2016: 399 참고).[7] 그렇다면, 롤즈식의 최소수혜자들을 위한 차등적 분배는 과연 지금의 현실에서 공정하고 정의롭게 실현될 수 있을 것인가? 더 나아가 현대 사회의 구성원들은 과연 이런 롤즈의 분배 원칙에 순순히 수긍할 것인가?

사회적 약자와 소수자들의 이익을 우선, 차등적으로 보장한다는 것은 경쟁이 치열한 현대 사회에서 사회경제적 재화를 획득하고자 힘쓰는 이들에게 오히려 '불공정'한 '역차별'이며, '무임승차'와 같은 일로 여겨질지 모른다. 뿐만 아니라 이들은 차등 분배를 찬성하는 이들이 '언더도그마(underdogma)'[8]에 사로잡혀 '약자와 강자'에 대한 '선과 악'의 프레임으

---

[7] 롤즈는 공정으로서의 정의 원칙을 세 가지 차원으로 설명한다. 제1원칙은 인간의 기본적 자유 권리와 평등을 보장하는 '평등한 자유의 원칙'이다. 이 원칙에서는 모든 사람이 다른 사람의 자유와 양립가능한 그리고 동등한 자유를 누릴 권리를 지녀야 한다는 점을 강조한다(Rawls, 1999/2016: 106). 이러한 제1원칙의 실현은 현실적으로 사회경제적 차원의 분배가 평등을 지향하도록 해야 한다는 제2원칙의 목적이 된다. 제2원칙은 공정한 '기회균등의 원칙'과 '차등의 원칙'을 포함한다. 전자는 모든 이에게 모든 직책과 직위가 개방되어야 하며, 누구에게든 그것에 접근할 수 있는 기회가 주어져야 한다는 것이다. 하지만 실제적으로 기회 부여에 따른 결과는 개개인이 지닌 자연적, 사회적 우연성과 조건 등에 따라 차이가 날 수밖에 없다. 이에 롤즈는 '기회균등의 원칙'이 지닌 이러한 난점을 최소화하고자 '차등의 원칙'을 제안한다. 그것은 사회 안에서 실제 발생하는 개별 인간의 능력에 따른 차등적인 불평등은 불가피하더라도 그 불평등으로 인한 이익이 최소수혜자에게 최대한 보장될 수 있도록 해야 한다는 내용을 담고 있다(Ibid.: 399).

[8] 마이클 프렐(Michael Prell)은 약자(underdog)는 선하고 강자(overdog)는 악하다는 생각 자체가 편견이라고 주장하며 언더도그마(underdogma)라는 용어를 만들어 낸다. 프렐의

로 분배 원칙을 세우고 있으며 불공정한 입장에 서 있다고 비판한다. 하지만 이러한 문제 제기는 다른 측면에서 보면 사회에서 획득한 재화와 그에 대한 분배 기준을 '인간적 가치'와 무관한 비인격적 조건으로서의 효율성과 경제성 논리로만 접근하려 한 인식에서 비롯되었다고 할 수 있다. 롤즈식의 차등 분배를 옹호하든 그렇지 않든, '능력'에 따른 보상에 내세우는 경제적이고 효율적인 차원의 단일한 분배 기준을 보완할 다차원적 접근이 필요하다.

왈저(Walzer)는 단일한 분배 기준이 사회적 가치의 다양성과 조화를 이룰 수 없다는 점에서 분배 원칙과 분배 영역의 다양성을 강조한다. 물론 그가 제시한 분배 영역이나 원칙이 인간의 모든 역사적, 사회적 맥락 등을 포괄할 수도 없고 따라서 시대와 장소를 초월하는 어떤 보편타당한 기준에 부합하지 않을 수도 있다. 그리고 사실상 이는 현실적으로도 불가능하다. 그렇기에 왈저는 사회정의를 위한 공정성 기준을 전통 철학에서처럼 단일하게 설정하는 문제에 이의를 제기한다. 그는 현대 사회에서 지배적 영향력을 행사하는 특정한 사회적 재화에 대한 소유와 그것에 대한 '공정한' 분배가 평등이라고 주장하는 '단순 평등'(simple equality)과 그것이 야기하는 '전제(tyranny)'[9]를 비판하며 이에 대한 대안으로 '다원적

이 개념을 차용해서 역차별과 불공정, 무임승차론을 주장하는 이들은 약자성과 소수자성이 곧 선이나 옳음이 아니기에 이들에게 자원을 재분배하는 일을 반대한다. 박권일(2021: 138-139)은 이러한 현상이 능력주의가 작동함으로써 양산해 내는 '강자 선망-약자 혐오' 프레임이라고 주장한다.

9   왈저는 자신의 저서 『정의와 다원적 평등 *Spheres of Justice*』에서 파스칼(Pascal)의 『팡세 *Pensées*』 중 한 단락을 인용하며, '전제'에 대해 다음과 같이 설명한다. "전제의 특성은 그 고유한 영역을 넘어서 세계 전체로 권력을 확대하고자 하는 것이다. 서로 다른 집단들이 존재한다. 강한 자들, 선남선녀들, 똑똑한 사람들, 독실한 신자들. 이들 각자는 다른 곳이 아니라 자신들의 고유한 영역에서 군림한다. 그러나 그들은 종종 서로 만나며, 또 상대를 굴복시키기 위해 서로 싸운다. 그러나 어리석지 않은가? 왜? 그들 각자가 지닌 우월함은 서로 그 종류가 다른 것들이 않은가! 그들은 서로를 잘못 이해하고 있으며, 상대가 보편적인 지배를 노리는 것으로 잘못 판단하고 있다. 어떤 것도, 심지어는 단순한 힘조차도 어떤 보편적 지배를 얻을 수는 없다. … 전제는 하나의 수단을 통해 그 수단이 아닌 다른 수단으로만 얻을 수 있는 것을 얻고자 하는 바람이다. 우리는 서로 다른 자질들에 대해서는 서로 다

평등(complex equality)'을 제시한다.

다원적 평등 체제는 전제와 정반대가 된다. 이 체제는 지배를 불가능하도록 하는 일군의 관계들을 정립한다. 형식적인 어법으로 말한다면, 다원적 평등이란 한 영역 안에서 혹은 다른 사회적 가치와 관련하여 시민이 지닌 어떠한 위치도 어떤 다른 영역 혹은 다른 가치와 관련된 그의 지위 때문에 침해당할 수 없다는 것을 의미한다. 즉 공직에 시민 X가 시민 Y에 우선하여 선택될 수도 있으며, 이때 두 사람은 정치의 영역에서는 불평등하게 된다. 그러나 공직에 있다는 이유 때문에 그 외 모든 영역에서 X에게 우선적인 의료 혜택, 자녀 취학의 우선권, 다른 취업 기회들 등과 같은 혜택이 주어지지 않는 한, 이 두 사람이 일반적으로 불평등한 것은 아니다. 공직이 지배적 가치가 아닌 한, 또한 일반적으로 전환될 수 없는 한, 공직 소유자는 그들이 통치하는 사람들과 평등의 관계에 있을 것이다. 아니 적어도 평등한 관계에 있을 수는 있다(Walzer, 1998/2017: 56).

다원적 평등 체제의 핵심은 "어떠한 사회적 가치 x도, x의 의미와는 상관없이 단지 누군가가 다른 가치 y를 가지고 있다는 이유만으로 y를 소유한 사람들에게 분배되어서는 안 된다"(Ibid.: 57)라는 데 있다. 왈저도 지적했듯이, 한 영역에서 성공한 사람이 연이어 다른 영역에서도 성공해서 결국에 모든 분야의 성공을 거둔다면 그리고 그렇게 함으로써 사회의 지배적 가치를 축적해 나갈 수 있게 된다면, 사회는 불평등을 피할 수 없을 것이다. 이와 관련해서, 재화와 자본을 축적한 사람이 건강, 명예, 행복 등 다른 영역의 가치까지 차지할 가능성이 높기에 많은 이들이 재화와 자본의 재분배를 통해 평등을 구현할 수 있길 기대한다. 하지만, 분배가 이루어졌다고 해서 모든 이들이 사회의 또 다른 긍정적 가치들

른 의무를 지고 있다. 즉 사랑은 매력에 대한 적절한 반응이며, 두려움은 힘에 대해, 믿음은 학습에 대한 적절한 반응이다"(Walzer, 1998/2017: 53-54).

을 누리게 되는 것은 아니다. 사회의 지배적 가치가 사람들에게 동일하게 분배되더라도 그들이 처한 상황이나 맥락, 혹은 그들의 인지적, 심리적 조건 등에 따라 분배된 재화의 성격과 그 지속성이 달라진다는 점에서 그렇다.

따라서, 왈저는 사회의 지배적 가치의 논리로 분배 프레임을 구축하고 이를 통해 삶의 한 지점에서 다음 단계로 넘나들며 영향력을 행사하는 특정 재화의 지배, 곧 '전제'를 철폐해야 한다고 주장한다. 그러면서 그는 사람들이 흔히 분배할 때 제시하는 '자유 교환', '응분의 몫', 그리고 '필요'라는 기준이 지닌 한계에 주목한다. 먼저, '자유 교환'을 기반으로 화폐는 모든 가치를 다른 가치들로 전환할 수 있지만, 성직, 정치권력 등에 대해서도 이 자유 교환이 허용되면 인간 삶은 지배 상태에 놓이게 될 것이다. 따라서 "자유 교환이 작동하는 경계선들을 한정할 수 있어야 한다"(Ibid.: 61). 다음으로, '응분의 몫'과 관련해서, 가령 사랑이나 영향력, 예술품 등은 특수한 상황, 곧 "특정 가치와 특정 인간 간의 특별히 밀접한 관계"(Ibid.: 62)를 상정하기에 이를 분배하기 위한 절대적 기준은 있을 수 없다. 결국, 응분의 몫이 중앙집권적으로 통제되지 않는 한 모든 이가 적절히 보상받기는 쉽지 않다. 마지막으로, 사람들이 저마다 '필요'로 하는 것을 기준으로 할 때도 물질적 재화나 비물질적 가치들 가운데 희소성을 띠는 것들이 있다는 점에서, '필요'를 기준으로 모든 이에게 그들이 '원하는' 것을 동등하게 분배할 수 없다는 한계가 있다. 이에 왈저는 필요의 기준이 작동하는 영역과 그렇지 않은 영역을 구분하고, 특정 영역에 적합한 '필요'가 분배 원칙이 되어야 한다고 설명한다(Ibid.: 65).

이처럼 '자유 교환', '응분의 몫', 그리고 '필요'는 삶의 모든 영역에서 모든 이의 바람대로 물질적·비물질적 가치를 나누는 단일하고 절대적인 원칙으로 작용하기 어렵다. 왈저가 강조한 대로 공정한 분배 기준은 역사적이고 사회문화적인 상황과 맥락에 따라, 그리고 분배 영역마다 상이하기에 분배 문제는 다원적으로, 복합적으로 접근할 필요가 있다. 이렇게 될 때 특정한 하나의 사회적 가치나 재화를 기준으로 한 분배 영역에서의 불평등이 다른 영역으로 확산하는 것을 저지하고, 특정 분배 영역에서 이루어진 보상이 연쇄적으로 다른 영역에까지 영향을 미치지 않도록 할 수 있기 때문이다. 왈저가 이렇게 다원적 평등을 강조하고 전제를 통한 '전환가능성'을 비판하는 것은 능력에 따른 보상과 그 분배 문제를 다룰 때 다양한 의미와 가치에 대해 숙고하는 일이 무엇보다 중요하다는 점을 제안하는 것이다. 그리고 이는 보다 넓은 차원에서 '정의'를 염두에 두어야 한다는 사실을 강조하는 것이기도 하다. 엄밀히 말하면, 분배 공정성 논의는 정의로운 사회를 목적으로 하는 것이지, 정의를 수단으로 분배의 정당성을 강구하는 일은 아니라는 점에서 그렇다. 따라서 우리는 분배 영역과 그 기준의 공정성 원칙이 정의로운 사회를 위한 전체 구도 안에서 제시될 수 있길 희망해야 할 것이다.

3. 능력주의 시스템과 교육 디스토피아

1) 기회 병목과 효율적 불편부당성: 교육의 비맥락화

현대 사회의 기회 구조는 역사적 흐름 속에서 학교 교육과 사회적 계층 이동의 가능성을 긴밀하게 조성하는 방향으로 점철되었으며, 그에 따라 학교 교육의 양과 질은 개인의 성공에 지대한 영향을 미쳤다. 가령, 19세기까지만 해도 정규교육이나 고등교육을 받는 이들은 많지 않았으며, 소위 출세한 이들조차 그들이 받은 학교 교육의 정도보다는 성실함이나 '재능'이 그들 성공의 요인인 경우가 적지 않았다. 당시에는 지금의 현실과 달리 사람들이 학교 교육을 받지 않더라도 무언가를 성취할 수 있는 '기회'가 그들에게 다수 열려 있었기 때문이다. 이런 기회 구조는 20세기 들어서서 산업 및 직업 형태가 달라지고, 그에 따른 기술이나 능력이 전문화되면서 점차 정규교육이나 고등교육을 받은 이들에게만 허용되는 방식으로 변모하게 되었다(McNamee & Miller, 2015/2016: 47-49). 물론, 그 과정에서 학업 능력이 뛰어나고 근면 성실한 아이에게 학교 교육이 그 아이가 속한 사회적 지위나 계층에 상관없이 성공할 수 있는 발판이 되어주었던 것도 분명 사실이다.

누구라도 '능력'을 갖추면 사회적 '성공'을 보장받을 수 있다는 믿음, 곧 능력주의 시스템에 대한 신뢰가 사회적 분위기를 주도했기 때문이다. 전 근대적 세습체제에서 벗어나 근대 사회로 이행하는 과정에서 능력주의 는 모든 아이에게 교육받을 권리를 보장하는 학교 교육의 기회 확대를 통해 평등사회를 실현해 내는 데 핵심적인 역할을 담당한다고 여겨졌다. 하지만 오늘날 학교 교육의 확대와 동등한 기회 부여라는 미명하에 능력 주의는 많은 것을 은폐하고 있으며, 그 자체로 평등을 실현해 낼 수 있다 는 착각을 우리에게 불러일으키고 있다(공현, 2020: 24).

우선, 능력주의 시스템 하에서 획일적인 교육 기회의 확대는 학력인플 레이션, 교육과잉화를 양산한다. 사회의 노동 및 산업 구조가 달라지면 교육제도나 정책 등 사람들의 삶을 형성하는 기회 구조에서의 변화 역시 불가피하다. 농업에서 제조업, 그리고 서비스 및 금융산업으로의 변화는 사람들에게 전문 지식과 기술을 요구하게 되었고, 점차 높은 수준의 학 업 성취와 정규 학교 교육을 통한 공식적인 자격증에 대한 열망을 강화 하는 결과를 낳았다.

이런 상황에서 균등한 교육 기회는 학업적 성취나 직능적 자아의 실 현 등과 같은 성공 여부의 전적인 책임을 개인에게 전가하는 빌미가 된 다. 이것은 능력주의 시스템이 감추고 정당화하려는 불평등이자, 차별이 다. 다음의 「현수 이야기」는 동등하게 교육 기회가 제공되었다는 이유로 학업 성취나 학습 능력의 차이가 개인의 문제에 국한될 수 없다는 사실 을 보여준다.

현수는 학습 부진아다. 아니, 배움이 느린 학생이다. 3학년 때 학습 부진아의 세계로 들어선 이후, 6학년까지 부진아로서의 학교생활이 계속되었다. … 현수를 부르는 호칭이 '배움이 느린 학생'이라는 그럴듯한 이름으로 바뀌었을 뿐, 학습 부진아로 진단받고 보충 수업을 받는 상황이 계속되었다. 물론 학습 부진 강사의 특별한 지도를 받았지만 해마다 진단은 반복되고 부진은 누적되었다. 이전 학년의 학습 부진을 해결하면서 현재 학년의 학습을 부진 없이 수행하는 것은 매우 어렵다. 그렇기에 교육정책의 최대 난제가 학습 부진아 정책이지만 진단, 학부모 동의, 강사 지도라는 프로세스만 있다. 학습 부진을 수행하는 양식화된 행위를 반복하는 것을 통해 현수의 부진은 사회적으로 구성되었고 이제 자연스러워 보이게 되었다(정용주, 2020: 63-64).

균등한 ―또는 부진한 아이에게 제공되는 '특별한'― 교육 기회에 따른 결과의 차이를 정당화하는 능력주의적 관점에서, 현수의 학습 부진, 늦은 배움의 정도는 현수가 학업에 열중하지 못한 탓이다. 하지만 과연 현수의 저조한 학습 능력이 현수 개인의 문제이기만 한 것인가? 현수가 처한 상황과 맥락을 고려하면, 그 아이가 자신의 능력을 쌓아 사회적 성공을 이루는 일은 요원해 보인다. 현수는 영구 임대 아파트에서 6명의 가족과 함께 살고 있다. 장애가 있는 현수의 엄마가 이런저런 물건을 집안에 쌓아 놓아 바퀴벌레가 나오는 집을 구청에서 나와 주기적으로 청소하고 있고, 현수가 밤늦게까지 동네 놀이터와 공원에서 중학교에 다니는 형들과 모여 게임을 해도 가족이나 동네 사람들 누구도 이를 만류하거나 현수를 보호할 수 없다(Ibid.: 64-65). 현수에게 학교 교육이란, 교육받을 수 있는 기회란 어떤 의미일 것인가? 현수가 '공평하게' 부여받은 이 기회는 능력주의 시스템 안에서 현수의 삶을 더욱 무기력하고 황폐해지게 만드는 구실을 한다.

능력주의는 사회에서 요구하는 오직 '하나'의 '능력'만을 기준으로 '노력'에 따른 '보상' 격차, 불평등을 정당화하며, 이는 경쟁을 통해 강화된

다. 경쟁이 심화할수록 개인의 능력적 요인이 아닌 비능력적이며 귀속적
특징이 사람들의 성공 여부에 직접적으로 영향을 미치기 때문이다. 이
는 전 장에서 계속 확인했듯이, 개인의 능력을 형성하는 데 중요한 조건
이 되는 기회 공정성을 능력주의가 보장하지 못한다(Dworkin, 2000/2021;
Lareau, 2003/2015; White, 2007/2017; Fishkin, 2014/2019)는 사실을 말해준
다. 능력 형성의 기회, 달리 표현하면 현수의 '교육 기회'가 아닌 계층 이
동 사다리의 보다 높은 지점에 이를 수 있는 그 '성공 기회'는 누구에게나
허용되지 않는다. 이렇게 기회의 성격과 정도가 다른 이유는 개인들이
처한 상황과 맥락이 상이하기 때문이다. 사람들에게 부여되는 삶의 기회
는 그들이 어떠한 역사적, 사회문화적 상황 속에서 그리고 정치적, 경제
적 여건 속에서 태어나서 성장했는지, 그들의 가족적 배경이나 사회 및
문화자본 등 귀속적, 비능력적 조건에 따라 달라진다. 결국, 기회란 공정
성을 기준으로 모든 이에게 획일적으로 제시될 수 없다.

이렇듯 능력 형성을 위한 조건에서 구조적 차이가 나타나고 이로 인
해 불평등과 차별을 정당화하는 능력주의는 비판의 대상이 될 수밖에 없
어 보인다(정태석, 2021: 21-22). 따라서, 교육은 균등한 기회 부여에만 몰
두한 채 능력주의적 경쟁체제에 순응하는 방식으로 아이들의 능력을 단
'하나'의 가치로 재단하는 일이 아니라 아이들의 개별적 삶의 맥락을 이
해하고 그들의 능력을 형성하는 데 영향을 미치는 불가항력적인 조건에
대해 숙고하는 일이어야 할 것이다. 이를 위해서는 무엇보다 동등한 시
작, 공정한 기회가 언제든지 가능하며, 열심히 노력하기만 하면 반드시
성공할 수 있다는 각자의 믿음— 착각이자 오해 —을 아이들에게 전하
는 스테레오 타입 교육에 대한 반성도 뒷받침되어야 할 것이다. 기회는
단지 사회적 성공을 위한 통로로 들어서는 '좁은 문'이 아니라 행복을 추
구할 수 있는 자유이자, 인간 가치를 표현할 수 있는 가능성이다. 이에
교육이 개별 인간의 자기 성장과 자기 형성을 위한 기본 토대라는 책임
과 역할을 간과한 채, 효율적인 통제와 관리의 기능으로 기회 병목을 일

으키는 일원화된 능력 형성의 도구로 전락하지 않도록 경계해야 할 것이다.

2) 표준화된 절차와 영속적 전환 가능성: 교육의 획일화

능력주의는 개인의 '노력'에 따른 업적과 성공의 절차적 정당성을 내세움으로써 개인의 실력이나 능력을 검증하는 과정으로서의 '시험' 체제를 지향한다. 사람들이 학력 및 학벌주의에 강한 의존성을 보이는 만큼 이러한 평가 시스템, 곧 능력 여부를 가늠하는 절차인 '시험'의 공정성에 첨예한 관심을 보이는 것은 당연해 보인다. 박권일(2021: 82)은 대학 진학률이 80%가 넘는 대한민국 현실에서 학력과 학벌은 인간 능력의 구현체로 여겨지고 있으며, 그런 만큼 대학 서열에 따라 사람들은 평생 소위 좋은 대학을 졸업하지 못한 대가로 열악한 처우를 감내하며 열패감과 좌절감에 시달리고 있다고 지적한다. 사람들이 스스로에 대해 '능력' 없다고 여기며 무시와 차별을 받아들이는 이유는 무엇인가? 과연 인간의 '능력'은 학력과 학벌을 통해 구현되는 것인가? 2017년 서울시교통공사 노사의 무기계약직 직원들과 2020년 인천국제공항공사의 비정규직 직원들의 정규직 전환 문제 등을 두고 한 명문대 출신의 취업준비생이 제기한 주장을 보면, 학력이나 학벌은 우리 사회의 "학력귀족"(김동춘, 2022: 90)을 구별해 내는 신분 계급의 표식으로 작용하고 있음을 확인할 수 있다.

오늘날의 대한민국은 어디에서 인재를 찾는가? … 이번 인국공 사태와 소위 '지방 인재'의 취업 할당 법안 발의 이후로, 대한민국은 노동의 가치, 경쟁의 가치 등을 놓고 의견 대립을 보이는 듯싶다. 그러나 그 대립의 과정에서 어이없는 담론이 확산되고 있다는 생각에 다소 긴 제보를 적어보려 한다. 그 어이없는 담론이란, 기업이 '학벌과 무관한' 실무 능력을 중시해 개인의 고용 여부를 결정한다는, 다소 납득하기 힘든 주장이다. 그러나 개인의 실무 능력 및 자질과 학벌이 정말 무관한가? 바로 그 학벌을 언어내기 위해 우리는 노력해야 했으며, 그 이상으로 특출나게 '뛰어나야' 했다. 누가 인재인가? … 집중력, 끈기, 저변 넓은 배경지식, 다재다능함. 정말 기업이 요구하는 능력과 학벌이 무관한가? 필자의 답은 '아니다'다. 우리는 누구보다 뛰어난 우리의 역량을 발굴하고 증명했기에 소위 학벌을 쟁취할 수 있었던 것이다. 대입을 위해 경쟁하던 전체 인구의 상위 5% 안에 우리가 있었던 것은, 그저 머리 좀 좋아서가 아니라 총체적인 역량의 우수함이 있었기 때문이다. 엘리트가 스스로를 엘리트라 칭하는 것에 거리낄 이유가 뭐 있을까. … 그 누구도 우리를 제쳐 놓고 인재를 논할 수 없다. 이는 오만한 말이지만 동시에 사실이다(박권일, 2020: 140-141).

위 인용문은 일종의 학력과 학벌 중심의 '지대 추구' 행위를 나타내며, 그것은 이후의 삶 속에서 사람들이 아무리 노력하고 직업적 경력을 쌓아도 넘어설 수 없는 격벽을 만들어 낸다는 사실을 보여준다(박권일, 2021: 128). 사람들이 특정한 시기에 달성한 평가 결과가 그들이 삶에서 이룬 많은 것을 재단하는 유일한 기준으로 작용한다면, 이를 두고 능력주의 옹호자들이 믿고 있는 것처럼 절차적 정당성을 확보했다고 할 수 있는가? 인용문에서 서술한 학벌과 직업적 실무 능력의 관련성은 무엇이며, 진정으로 집중력, 끈기, 배경지식 등은 '오직' 학업 능력에만 결부되는 것인가? 영(Young, 1990/2019: 439-441)은 콜린스(Collins)의 연구 결과— 교육적 성취와 직업적 성과 또는 직업적 성공 사이에 연관성이 거의 없다는 점 —를 제시하며, 학생들이 학교에서 배우는 것들 가운데 다수는 복종, 조심성, 권위에 대한 문화적 가치 및 사회적 규범이며, 이를 얼마나 내면화했는지에 따라 획일적으로 평가가 이루어지고 있으며, 이러한 시험 체제는 학생들의 인종, 성, 민족 및 문화적 차이 등을 고려하지 않기에 불공정한 척도라고 비판한다.

이렇듯 학력과 학벌의 위계를 구분하는 과정이나 절차가 공정하지 않다는 것은 인용문에 담긴 진술이 사실이 아니라 단지 '오만함 그 자체'임을 드러낸다. 대학 입학시험의 '성공'은 삶의 모든 영역을 수월하게 통과할 수 있는 '프리패스'여도 괜찮은가? 한 번의 학업적 성취로 나머지 삶을 '공짜'로 얻으려는 태도를 과연 능력주의적이라고 할 수 있는가? 수년간 한 분야의 해당 업무를 익히고 쌓은 경력이 '능력'으로 인정받지 못하는 이유는 무엇인가? 우리 사회에서 필요로 하는 '능력'은 진정 '시험 능력'뿐인가? 학력과 학벌의 '전환 가능성'을 낮추어야 한다. 전환 가능성은 특정한 영역에서 요구되는 능력이 다른 영역에서 동일한 가치의 능력으로 전환되어 영향력을 행사하는 것을 말한다. 학력과 학벌을 위시한 능력주의 체제에서 교육적 성과나 결과는 재화 및 자본과 마찬가지로 입학, 취업, 승진은 물론 명예, 사회적 지위, 재산 증식 등으로 전환되어 불평등과 차별을 강화한다. 특정 능력의 전환 가능성이 높을수록 사회적 계층 이동의 가능성이 낮아지는 이유다.

물론 이는 삶의 모든 영역으로 전환된 '하나'의 능력이 절대적인 힘을 발휘하여 능력 형성의 과정에서 공정성을 확보하지 못하는 까닭이기도 하다. 따라서 교육공정성을 위해서 적어도 사람들에게 그들 삶의 각 단계에 따른 새로운 기준과 규범이 필요하다. 이경숙(2020: 58-60)은 이런 절차 공정성 문제 곧 평가 중심의 교육을 바꾸기 위해 먼저, 학교와 사회는 지나치게 많은 시험/평가를 줄이고, 평가 주체로서 학생들이 평가 목적과 방법 등을 익힘으로써 평가 능력을 기를 수 있도록 교육해야 하며, 마지막으로 평가 참여권을 확대하여 학생들의 평가에 대한 의견을 반영해야 한다고 대안을 제시한다. 평가란 사회가 필요로 하는 능력을 기준으로 삼는다. 곧 이러한 능력 형성의 절차, 평가는 특정 시기의 특정한 사회 집단의 이익이나 이해관계에 따라 달라진다. 역사적인 인물 가운데는 당대에 제대로 자신들의 가치를 인정받지 못한 이들이 많다는 사실만 보더라도 인간 개개인의 '능력'과 '평가' 사이에 불협화음이 일어날 수밖에 없음을 알 수 있다.

우리 각자가 자기 삶의 단계에서 추구한 노력의 결실로 얻어낸 능력이 자신들의 영역에서 저마다 인정받고 능력에 따른 곧, 각기 새로운 원칙과 기준에 따라 보상을 받을 수 있어야 한다. 학력이나 학벌을 위해 규격화된 능력, 그 능력을 형성하는 절차와 그 성과를 가늠하는 기준이 일원화될 때 능력주의의 위험성은 증대된다. 대학 입학이라는 한 번의 성취가 삶의 전반에 영향을 미친다는 사실을 계속해서 배워가는 아이들은 삶의 회복탄력성을 잃을 수밖에 없다. 위태롭고 위험한 사회에서 그리고 지속적으로 변화하는 세상에서 삶의 회복탄력성은 경험의 무게에 힘입어 강화될 수 있다. 교육이 경험이고, 경험이 곧 교육이어야 하는 이유다. 전환 가능성, 하나의 성취가 계속해서 다음 성공으로 연결되지 않도록 하려면, 적어도 '하나의 능력'만을 강조하는 교육을 반성적으로 성찰해야 할 것이다. 그것은 배움에 대한 인식과 태도를 바꾸는 일과 관련된다(이경숙, 2019: 390-392). 배움은 특정한 시기에 국한된 목표를 달성하기 위해 경쟁적으로 능력을 획득하는 일이 아니라 삶의 전 과정에서 사람들의 '자기 형성'을 목적으로 하는 활동이다. 따라서, 능력주의 체제에서 획일적인 공정 논리로 삶을 규격화하는 데서 벗어나 학교와 사회는 능력주의의 절차적 정당성을 위해서라도 다양한 영역의 능력, 아이들 각자가 원하는 바를 성취할 수 있도록 하는 실질적 능력을 길러주는 일에 관심을 기울여야 할 것이다.

3) 분배 패러다임과 소비자적 경향성: 교육의 비인격화

일반적으로 공리주의는 최대한 다수의 사람이 만족을 누릴 수 있을 만큼 최대한으로 생산을 늘리는 데 중점을 두며, 개별 인간이 각자 처한 삶의 상황과 맥락 그리고 그 안에서 느끼는 만족과 행복의 상대성에 대해서는 고려하지 않는다. 롤즈는 이러한 공리주의적 관점이 비맥락적 상황에서 공적 이익과 만족의 총량을 극대화하는 데만 집중할 뿐 개별 인간의 상황과 상대적 행복 그리고 그 이익을 분배하는 문제에는 무관심하다고 지적한다(김범수, 2022: 59). 이에 롤즈는 만일 우리가 사회정의를 실현하기 위해 분배 문제를 합리적이고 도덕적으로 다루고자 한다면, 공리주의적 관점에서 접근해서는 안 된다고 주장한다. 그가 강조하고 있는 분배 원칙은 사회적 약자와 소수자, 곧 최소수혜자의 이익을 보장하는 한에서만 정당하다. 하지만, 능력주의 시스템은 롤즈가 주장한 차등적 보상의 대상이나 그 기준을 다른 맥락에서 바라보고 있다. 능력주의는 경쟁 사회에서 개인이 투입한 노력에 따라 능력을 발휘하고 그에 합당한 대가를 부여하는 사회시스템이다. 분명, 오직 개인의 능력만으로 자신의 삶을 축조해 나갈 수 있다는 점에서 능력주의는 매력적이다.

하지만 앞서 논의했듯이, 이러한 능력주의 '이데올로기'는 자본주의와 신자유주의의 발전과 함께 단지 능력에 따른 차등적 보상과 불평등을 정당화하는 기제로 작동할 뿐이다. 누군가의 '능력 있음'은 실제로 그들 자신의 능력적 요인보다 부모의 사회경제적 지위나 특권, 가족적 계층과 배경, 사회문화적 자본, 더 나아가 그들이 속한 시대적·역사적 상황과 맥락 등 비능력적 요인과 더 직접적인 연관이 있기 때문이다. 이런 의미에서 능력주의는 사회적 계층 이동이나 성공 및 보상 분배를 위한 공정성 논의의 근거로 불충분하다. 물론 사회 전체의 이익이나 정의를 위해 개인이 성취한 결과를 분배하자는 논리가 역차별적이고 불공정하다는 노직과 같은 자유주의자들의 주장을 불식시킬 만한 대안을 제시하는 일도 쉽지는 않다. 그렇더라도 능력주의가 정당한 분배 규범이 되는 것, 다시 말해 삶의 영역들을 분배 패러다임 안에서 일종의 '소비자' 논리로 접근하는 것을 경계해야 한다는 점이다(정용주, 2020: 66-67 참고). 교육 영역에서 발생한 다음의 갈등 상황은 분배 패러다임 안에서 경제성과 효율성에 입각해 공정성을 논했을 때 제기될 수 있는 문제들을 보여준다.

개강 첫날 … 휠체어를 탄 장애학생 A(여·20)씨가 강의실의 '높은 문턱'에 고개를 떨궜다. 입구에 계단이 있어 A씨 혼자서는 강의실로 들어갈 수 없었기 때문이다. … 간신히 강의실로 들어갔지만 상황은 더 난감했다. 강의

실 좌석이 계단식으로 배치돼 있었기 때문이다. … A씨는 '장애인 접근이 어려운 강의실 리스트'를 보고 수강 신청을 했다. 그런데 이 강의실이 리스트에 빠져 있었던 것이다. A씨가 학교 장애학생지원센터에 강의실 변경을 요청하자 학교 측은 실수를 인정하고 이곳에서 350m 떨어진 다른 강의실을 배정하려 했다. 하지만 이 계획은 일부 수강생이 "동선을 고려해 수업 시간표를 짰는데 강의실 거리가 멀어지면 곤란하다"라고 반대해 무산됐다. 대신 담당 교수가 "장애학생이 이동 시간 때문에 수업 앞뒤로 빼먹는 부분에 대해 따로 보충 수업해 주겠다"라는 절충안을 내놓았다. 그러나 며칠 뒤 A씨는 학교 온라인 커뮤니티에서 '비양심 민폐 장애인'이라는 오명을 뒤집어썼다. '장애 학생 하나가 미리 알아보지도 않고 수강 신청해 놓고 강의실 변경 요구했다가 무산됐다. 걔만 따로 일대일 수업 받는다는데 이거 어디다 항의하냐'는 글과 함께 (1:1 보충 수업의 불공평한) '특혜' 논란이 벌어진 것이다(박권일, 2020: 142-143).

인용문에서는 학교의 행정적 실수로 수업권을 보장받기 힘든 상황에 처한 장애 학생 A씨와 이런 A씨의 처지를 고려한 교수자의 보충 수업 제안에 대해 민폐, 불공평, 특혜라고 맞서는 비장애인 학생들의 모습을 다룬다. 사람들이 자기가 획득한 재화나 능력에 따른 보상과 처우 문제를 오직 자기 이익에만 몰두한 채 ―그것이 불평등 문제를 악화할지라도― 획일적 분배 기준이자 비인격적 경제 및 소비자 논리로만 해결하려는 이유는 무엇인가? 박권일(2021)은 이렇게 "불평등은 참아도 불공정은 못 참는" 우리 사회 청년들의 모습을 꼬집는다. 분명, "공정은 삶의 동력"(김지혜, 2021: 168)이다. 하지만 삶의 다양한 맥락을 고려하지 않은 채 '자기 보존'을 위해 분배적 공정의 잣대로 모든 것을 이해하려는 것은 오히려 자신은 물론 다른 누군가의 삶을 무력하게 만들 수 있다.

사람들은 분배와 보상의 수혜자가 되지 못할 거라는 혹은 분배가 공정하게 이루어지지 않을지도 모른다는 인지적, 정서적 불안 상태에 놓여 있다. 가령 특정한 시기에 획득한 기회와 그 결과가 인생 전체에 강력하게 영향을 미칠 경우, 사람들은 자신만 손해나 피해를 볼지 모른다는 심정으로 공정성에 집착한다. 개별화되고 파편화된 개인주의적이고 각자도생해야 하는 상황에서 도태될지 모른다는 불안감이 작용한다.[10] 이로써 사람들은 자신과 이해관계를 공유하지 않는 이들을 타자화하고 적대시하는 것은 물론 사회의 분열과 경쟁 문화에 놓이게 된다(김정희원, 2022: 30-35 참고). 과도한 경쟁은 능력의 과잉화로 학력인플레이션을 부추기고, 이때 사회적 인정의 표식인 높은 수준의 공식적인 자격증을 획득하지 못한 책임은 전적으로 개인이 지게 된다. 분배나 보상의 불공정함이나 불평등에 대해 사회구조적 문제를 제기하기 어려운 이유다. 이렇다 보니 사람들은 각자의 몫(성공)을 챙기기 위해 '소비자'적 경향성을 강화하는 일에 열중하게 된다. 그 궤를 따라 교육 역시 아이들이 자율성과 진정성을 갖추고 인간적 관심사에 쏟아야 할 삶의 에너지를 스스로 사회적 성공의 유혹과 이윤 추구를 겨냥한 활동에 낭비하도록 이끌고 있다(Bauman, Maceo, 2013/2020: 198-199).

교육적 소비와 낭비 문제는 사람들이 분배와 보상 기준에 대한 의사결정에 참여나 합의한 적 없고, 그렇게 만들어진 정책이나 제도가 능력의 정도나 유무를 하나의 절대적이고 획일적인 잣대로 시스템화하면서 심화된다. 이 시스템 속에서 자신의 능력에 따라 마땅히 누려야 할 권리나 이익이 침해당했다고 여겨질 때, 사람들은 가령 장애학생 A씨가 힘써 얻어내야 하는 교육적 기회나 권리, 그리고 학교 및 사회의 구조나 제도 개선에 앞서 비장애인 학생들이 받아야 한다고 여기는 '혜택'에 집중하게 된다. 영(1990/2019: 71)은 이와 같은 문제가 가능한 이유는 정의를 분

---

10 인간의 호혜적이고 협력적인 이타성은 신자유주의적 경쟁체제, 특히 능력중심적이고 성공지향적인 문화 속에서 인간의 자기중심적 성향과 자기 파괴적인 정서적 결함― 일종의 실패에 대한 죄책감과 수치심 등 ―으로 인해 점차 약화된다(Sennett, 1998/2002: 205; Verhaeghe, 2012/2020: 103-105).

배 패러다임 안에서 생각하기 때문이라고 진단한다. 그러면서 영은 사람들이 분배를 곧 정의라고 여기고 양적으로 측정할 수 없는 사회적 재화나 인간적 가치들에까지 분배 논리를 적용하는 것은 삶을 물화(reify)하는 잘못된 정의관이기에 이를 대체해야 한다고 역설한다.

분배 패러다임의 위험성은 사람들을 그들이 '보유'[11]한 것에만 주목하게 만든다는 데 있다. 영은 소유의 관점에서 사람들이 '권리'를 타인과의 관계 속에서 그들의 행위를 명시하는 것 이상의 의미가 아니라 단지 사물로 여기게 된다고 비판한다(Ibid.: 73). 교육적 권리의 문제 역시 분배 패러다임 안에서 그것을 얼마나 가지고 있으며, 교육의 양을 서로 어떻게 비교할 것인지 그 보유 정도에만 집착할 때 우리는 교육을 '물화'하게 된다. 교육은 소비자가 보유해야 할 대상도 효율적인 경제 논리로 수요-공급 법칙, '인-아웃풋(in-out put)' 설정 원리에 따라 규명할 수 있는 영역도 아니다. 교육은 '인간' 존재를 다룬다. '인간'에 관한 한 절대적이고 획일적인 교육 원칙을 견지할 수 없다. 아이들이 경험한 학교 교육의 영향력이 언제, 어느 지점에 발휘될지 알 수 없으며, 우수한 학업 능력과 인격의 상관성에 대해서도 확신할 수 없다. 따라서, 분배 패러다임 안에서 공정 논리로 노력과 능력에 따라 성공하고 그에 합당한 차등적 보상을 받게 한다는 '교육적 정의'를 세우기보다는 아이들 각자의 상황과 맥락을 인간적으로 헤아리는 '교육적 분위기' 조성이 절실하다.

---

11 "분배 패러다임은 정의에 관한 사회적 판단들은 개인들이 가지고 있는 것에 관한 판단이라고, 또 개인들이 얼마나 가지고 있는가에 관한 판단이라고, 그리고 그렇게 보유한 양과 다른 사람들이 가지고 있는 양을 어떻게 비교할 것인지에 관한 판단이라고 암묵적으로 상정한다. 보유하는 것에만 주목하는 이러한 견해는 어떤 제도적 규범들에 따라 사람들이 행동하는지, 사람들이 행동하고 보유하는 것이 자신들의 지위를 형성하는 제도화된 관계에 의하여 어떻게 구조화되는지, 사람들의 행위가 결합한 결과가 다시 그 자신들의 삶에 어떤 영향력을 행사하게 되는지를 사유하지 못하게 막는 경향이 있다"(Young, 1990/2019: 71-72).

4. 교육에서 숙고해야 할 '능력'

　　20세기 중반, 하이에크(Hayek)와 프리드먼(Friedman) 사상에 힘입은 신자유주의는 자유 경쟁과 결과적 불평등을 정당화하는 방식으로 우리가 삶을 바라보고, 사람들을 평가하는 데 적잖은 영향을 미쳤다. 그 과정에서 능력주의는 균등한 기회 하에 경쟁을 통한 효율성의 발휘 정도에 따라 우열을 가리는 기제로 작동하며, 효율성과 평등성을 양쪽에 쥐고 우리를 혼란스럽게 한다. 사람들은 평등한 권리와 동등한 기회를 지지하면서도, 효율성에 근거한 자본과 재화 획득의 불평등을 당연하게 여기기도 한다. 분명, 사회적 계층과 지위 상승을 위한 '사다리'는 부러져 위태롭지만, 사람들은 그 사다리가 여전하며, 자신이 끝까지 '노력'하면 오르고자 하는 데까지 닿을 수 있다고 믿는다. 누군가는 자신이 속한 계층을 벗어나 상류계급에 '합류'하고 '동화'되기 위해 그들이 속했던 사회문화적 조건과 그간 지켜온 신념까지 유보하지만, 현실의 그 '사다리'에는 누구든 디뎌볼 수는 있으나 닿을 수는 없을 — 누구에게나 '문'은 열려 있으나, 그 문 뒤의 세계는 저마다 다를 — 지점들이 있다. 이제 사람들은 '사다리'나 '문'이 자기 앞에 놓이지 않았다고 해서 '변혁'을 함께 외치자고 요청할 수 없다. 그것은 전적으로 '개인'의 문제가 되었기 때문이다.

　　그러니 '능력'을 형성하고 무언가를 성취해 내기 위해 거쳐야 하는 과정, 그리고 그에 따른 결과가 가져오는 불평등과 불공정은 오롯이 개인 책임이다. 사람들은 '능력'의 유무에 대해 자신을 탓할 수밖에 없다. 이때의 개인은 특정한 상황과 맥락 안에 살지 않는 객관화된 대상일 뿐, 자기실현의 경험체를 지니고 서로에게 인간적 가치를 드러낼 상대적인 존재들이 아니다. 공정이라는 이름으로 획일적으로 주어지는 '기회' 앞에 '능력'을 갖출 수 있는 혹은 그렇지 않은 파편화된 개인들만 모여 있다. 이들은 자신의 사회적 지위와 권리를 확장하기 위해 개별적으로 투입한 재화 — 노력, 재능, 능력 등 — 만큼 그에 합당한 산출물을 얻을 수 있느냐를 놓고 경쟁한다. 이러한 경쟁이 심화될 수록 희소한 지위와 재화를 놓고 성공 여부를 결정하는 데 만일 노력하지 않은 권력이 작용하게 될 경우 공정 문제가 대두된다.

다만, 공정을 요구하는 이들이 사용하는 '능력'에 대한 그 원칙과 기준들은 획일적이며, '능력'이라는 개념을 그대로 확정할 수 없을 만큼 인격적인 요소들이 배제되어 있다. "억울하면, 노력해서 '능력'을 쌓아라", "부유한 부모에게서 태어난 것도 '능력'이다", "왜 '능력'을 갖췄는데 나만 손해를 봐야 하나", "노력해서 명문대 졸업했으니 그 '능력'으로 대기업에 입사하는 건 당연하다", "'능력'도 없는데 사회적 약자, 장애가 있다고 혜택을 주는 건 용납할 수 없다", "'능력'이 없으니 가난하게 사는 건 당연하다"라는 식의 '능력'에 대한 관점은 앞서 공정 이론을 통해 확인했듯이, '비맥락적'이고, '전환 가능성'이 농후한, '분배' 중심적인 세계관을 드러낸다. 이는 능력주의가 표방하는 '능력'이란 형식적인 기회의 평등 하에 획일적으로 수치화되고 평균화된 기준에 따른 특정 능력이 하나의 영역에서 연쇄적으로 다음 영역으로 전환되는 과정에서 획득한 보상을 정당한 것으로 여기게 하는 기준으로, 그 결과에 따른 불평등은 마땅히 감수해야 하는 것이기에 차등 분배는 불공정의 의미가 담겨 있음을 말한다. 그렇다면, 이대로 능력주의가 내세우는 '능력'을 확정적으로 이해해도 무방한가? '능력'이 담아내야 할, 교육에서 숙고해야 할 '능력'의 차원은 무엇인가?

울드리지(Wooldridge, 2021)는 '능력'이라는 개념이 역사적으로 그 의미가 변모해 왔다고 설명한다. 일례로, 플라톤은 이상적 국가를 위해 철학자가 통치자가 되어야 한다며 '능력'을 보고 선발하되 사회 전체를 그 대상으로 삼아야 한다고 주장했다. 아리스토텔레스는 『형이상학 Metaphysica』에서 '능력'을 뒤나미스(dynamis)와 에네르게이아(energeia)로 구분한다. 전자는 힘, 세력, 역량, 혹은 가능성을 의미하지만, 이는 어떤 수행이나 행위를 통해 얻어지는 상태는 아니다. 반면, 후자는 어떤 행위나 활동 속에서 능력이 실현된 상태를 말한다. 우리가 능력의 결과를 논하려면 그것이 실제로 수행된 상태일 때 가능하다. "수행된 결과로의 행위는 선도 악도 될 수 있으나 그렇지 않은 능력은 선도 악도 아니다. 그러므로 지불되어야 할 사회적 보상은 능력이 아니라 행위일 수밖에 없다"(김상봉, 2021: 8). 근대 이전의 능력 개념에는 공동체와 관련된, 사회적 기여와 무관하지 않은 '행위'적 관점이 내재되어 있다. 뿐만 아니라, 18세기 사람들은 '능력(merit)'을 '할 수 있음(ability)'에 '덕(virtue)'의 의미를 더해 이해했다. 메리트(merit)는 메리토크라시(meritocracy)를 구성하는 라틴어 메리투스(meritus)의 영어식 표현으로 공적, 공헌, 보상받을 만한 행위의 의미를 수반한다. 이 당시까지만 하더라도 '능력'에는 인성, 인격, 성품 등의 뜻이 담겨 있었다.

이러한 '능력'이 20세기에 들어서면서 지적인 역량을 파악하는 개념으로 다루어졌다. 그렇다면, 능력주의에 대한 여전한 기대와 비판이 공존하는 21세기, 지금의 '능력'은 어떻게 읽히고 있는가? 시대를 거듭하면서 '능력'에 공동체적, 인격적, 그리고 행위적 가치가 배제되어 온 이유와 그 배경은 무엇인가? 오늘날 교육은 이러한 '능력'의 차원들을 간과함으로써 곤혹을 치르고 있는 것은 아닌가? 능력 그 자체는 행위일 수 없다. 그것은 맥락과 관계 안에서 서로의 '영향 미침'을 통해서만 행위성을 얻는다. 이러한 상호성 없이 획일적 기회 구조 안에 갇힌 '능력'은 단지 그것을 취한 사람만을 위한 '장식(ornament)'에 그치게 될 것이다. 자신을 단장하기 위한 상품으로서의 '능력', 그것은 효율성이 지배하는 영역에 놓일 수밖에 없다. 따라서 그것은 생산해서 '소유'하는 것 이상으로 나아가지도 못한다. 능력주의 시대, '능력'이 '우리'가 아닌 '능력 그 자체'만을 위해 쓰이지 않도록 교육은 그 화려한 장식과 인간적 가치 사이에서 희미해진 혹은 사라진 '능력'의 차원에 대해 주목해야 할 것이다.

참고문헌

공현(2020). 교육에 필요한 것은 탈능력주의. 박권일 외 편저(2020). **능력주의와 불평등**. 서울: 교육공동체 벗.

김동춘(2022). **시험 능력주의**. 파주: 창비.

김범수(2022). **한국 사회에서 공정이란 무엇인가**. 파주: 아카넷.

김상봉(2021). 교육의 공공성과 수월성 사이에서. **한국아렌트학회발표자료**, 2021.2.27., 1-13.

김정희원(2022). **공정 이후의 세계**. 파주: 창비.

김지혜(2021). **선량한 차별주의자**. 파주: 창비.

박권일(2020). 능력주의 해부를 위한 네 가지 질문. 박권일 외 편저(2020). **능력주의와 불평등**. 서울: 교육공동체 벗.

박권일(2021). **한국의 능력주의**. 서울: 이데아.

이경숙(2019). **시험국민의 탄생**. 서울: 푸른역사.

이경숙(2020). 시험/평가 체제 속 인간과 교육받을 권리. 박권일 외 편저(2020). **능력주의와 불평등**. 서울: 교육공동체 벗.

정용주(2020). 현수는 개인의 능력으로 행복한 삶을 살 수 있을까. 박권일 외 편저(2020). **능력주의와 불평등**. 서울: 교육공동체 벗.

정태석(2021). 능력주의와 공정의 딜레마: 경합하는 가치판단 기준들. **경제와 사회**, 132, 12-46.

Bauman, Z. & Maceo, R. (2013). *On Education*. 나현영 역 (2020). **소비사회와 교육을 말하다**. 서울: 현암사.

Dworkin, R.(2000). *Sovereign Virtue*. 염수균 역(2021). **자유주의적 평등**. 파주: 한길사.

Fishkin, J.(2014). *Bottlenecks: A New Theory of Equal Opporunity*. 유강은 역(2019). **병목사회: 기회의 불평등을 넘어서기 위한 새로운 대안**. 서울: 문예출판사.

Frank, R. H.(2016). *Success*. 정태영 역(2021). **실력과 노력을 성공했다는 당신에게**. 서울: 글항아리.

Lareau, A.(2003). *Unequal Childhoods: Class, Race, and Family Life*. 박상

은 역(2015). **불평등한 어린 시절**. 서울: 에코리브르.

Markovits, D.(2020). *Meritocracy Trap*. 서정아 역(2020). **엘리트 세습**. 서울: 세종서적.

McNamee, S. J. & Miller Jr., R. K.(2015). *The Meritocracy Myth*. 김현정 역 (2016). **능력주의는 허구다**. 서울: 사이.

Mill, J. S.(1984). *The subjection of Women*. 서병훈 역(2020). **여성의 종속**. 서울: 책세상.

Min Jin, L.(2007). *Free Food for Millionaire 1, 2*. 유소영 역(2022). **백만장자를 위한 공짜 음식 1, 2**. 서울: 인플루엔셜.

Nozick, R.(1974). *Anarch, State, and Utopia*. 남경희 역(2016). **아나키에서 유토피아로**. 서울: 문학과 지성사.

Rawls, J.(1999). *A Theory of Justice: Revised Edition*. 황경식 역(2016). **정의론**. 서울: 이학사.

Sachweh, P., Lenz, S. & Sthamer, E.(2018). Das gebrochene Versprechen der Meritokratie? Aufstiegsdeutungen im Zeichen steigender Ungleichheit. *WestEnd–Neue Zeitschrift für Sozialforschung*, 15(1), 71-85. 홍찬숙 역(2021). 능력주의 약속의 붕괴? 불평등 증가 추세 속의 주관적 계층 상승 인식. **베스텐트 8호 - 능력주의와 페미니즘**, 19-39. 고양: 사월의책.

Sen, A.(2009). *The Idea of Justice*. 이규원 역(2019). **정의의 아이디어**. 서울: 한국방송통신대학교출판문화원.

Sennett, R.(1998). *The Corrosion of Character*. 조용 역(2002). **신자유주의와 인간성의 파괴**. 서울: 문예출판사.

Verhaeghe, P.(2012). *Identiteit*. 장혜경 역(2020). **우리는 어떻게 괴물이 되어가는가 - 신자유주의적 인격의 탄생**. 서울: 반비.

Walzer, M.(1998). *Spheres of Justice: A defense of Pluralism and Equality*. 정원섭 외 역(2017). **정의와 다원적 평등**. 서울: 철학과 현실사.

White, S.(2007). *Equality*. 강정인, 권도혁 역(2017). **평등이란 무엇인가**. 서울: 까치.

Wooldridge, A.(2021). *The Aristocracy of Talent: How Meritocracy Made the Modern World*. UK: Penguin Random House.

Young, I. M.(1990). *Justice and the Politics Difference*. 김도균, 조국 역

(2019). **차이의 정치와 정의**. 서울: 모티브북.

Young, M.(1994). *The Rise of the Meritocracy*. 유강은 역(2020). **능력주의**. 서울: 이매진.

3부

능력주의 시대,
'정의'를 위한 교육적 대안은 무엇인가?

Q:
능력주의 사회의 교육개혁에 68혁명이
주는 시사점은 무엇인가?

'자유롭고 비판적인' 실험, 그것은 전 지구가 자본이라는 총체적 산
업의 예속물로 전락하고 무한경쟁과 능력주의에 침몰한 지금 대학
의 '새로운 교육과 학문'을 위해 참조할 만한, 역사에서 길어 올린
경험의 저장고였다.

68혁명과 새로운 대학:
능력주의 시대의 교육개혁을 꿈꾸는 역사[1]

정대성

1. 머리말

68혁명의 진원지이자 폭발의 거점은 대학이다. 나라와 지역마다 고유한 특성을 띤 그 혁명의 지도를 가로지르는 교집합은 대학과 학생 저항이었다. 유럽이든 아메리카 대륙이든 혹은 태평양 건너 아시아와 아프리카에서도 그 궐기는 대학공동체 내부의 위계와 권위를 겨냥하며 폭발한다. "학위 가운 속, 천년의 곰팡내!" 68혁명이라는 거대한 격동의 와중에 솟구친 대학 비판의 유명한 슬로건이다. 학문의 전당인 대학이 학위복으로 상징되는 대학교수의 위계와 권위 속에 오래도록 질식하고 부식해왔음을 폭로하는 선언이었다. 그렇게 68의 저항은 대학에서, 대학에 맞선 궐기와 비판으로 닻을 올렸다. 물론 68의 광범한 지형은 학생 저항이나 대학 비판의 영역을 훨씬 넘어서지만, 그 거대한 산맥의 본령이 대학에서 분출하는 학생 반란이자 청년들의 저항임은 부정하기 어렵다.

저항 주체인 학생들의 반대편이자 체제 수호의 선봉이라 할 미국중앙정보국(CIA)의 눈에도 그 현장의 본질과 열기는 분명했다. 1968년 보고서가 당대 청년들의 항의와 저항은 명실상부한 "세계적 현상"이었고 "서

---

1 [출처] 정대성(2023). 68혁명의 학생저항과 대학개혁 —독일 학생운동을 중심으로—. **교육사상연구**, 37(2). 207-225.

베를린과 파리, 뉴욕의 반란에 힘입어 최근 몇 달간 스무 곳이 넘는 나라에서 대학생들의 행동주의가 세계의 이목을 집중"시켰다고 갈파한 이유다(Klimke, 2007: 119). 지구촌 젊은이들이 치켜든 '행동주의'는 유사 이래 그렇게 닮을 수가 없었고, 연좌농성(Sit-in)과 농성토론회(Teach-in), 진입시위(Go-in) 같은 이름으로 세계 곳곳의 저항 현장을 달구었다. 폭발적으로 분출하는 '직접행동'의 거대한 물결은 '행동을 통한 선전'이자 '저항을 위한 행동'이었다(Ibid.: 119-133). 지구촌 곳곳에서 청년 학생들은 저항과 반란의 이름으로 하나가 된 것이다.

68이 무엇보다 대학에서 깃발을 올리고 대학 비판을 동력으로 삼아 세상 밖으로 번져나간 것은 주지의 사실이다. '학생운동'이나 '대학 반란', '청년 저항', '세대 충돌' 같은 말이 꾸준히 호명되는 이유다. 하지만 68의 공과를 둘러싼 논쟁은 치열하고 대립적인 해석 투쟁의 전장이나 다름없다. '반권위주의 운동'이나 '사회운동', '문화혁명' 같은 상대적으로 귀에 익은 평가도 있지만, '폭력적 운동'이나 '극좌 테러의 선구', '나치보다 파괴적인 운동'이라거나 '타도해야 할 유산' 같은 낯선 주장도 나란히 나온다. 또한 '진정한 민주적 운동'에서 '세상을 뒤흔든 저항운동'이자 '세계혁명'이라는 주장에 맞서, 어처구니없는 "사이코드라마"(Aron, 1968: 35)나 '실패한 혁명'이라는 평가도 함께 놓인다. 이런 대립의 지형은 68을 둘러싼 논쟁이 여전히 잦아들지 않는 대결의 전선임을 여실히 보여준다. 그 "반란의 축복과 저주에 대한 논쟁"(Wesel, 2002: 325)은 여전히 현재진행형인 것이다.[2]

하지만 독일의 대학 및 대학 민주화와 관련해서 68이 고등교육 개혁에 강한 영향력을 행사했다는 데는 별 이견이 없다. 68의 주축인 학생들의 저항에 힘입어 대학이 크게 변화했기 때문이다. 거대한 시위와 저항의 물결 속에서 정치권도 특히 교수가 독점적으로 지배하는 대학의 민주화를

---

2 68에 대한 포괄적인 연구사 정리는 Jung, D. S.(2016). *Der Kampf gegen das Presse-Imperium: Die Anti-Springer-Kampagne der 68er-Bewegung*. Bielefeld: transcript. 9-16, 24-27; 정대성(2019a). **68혁명, 상상력이 빚은 저항의 역사**. 서울: 당대. 11-16.

위한 격한 외침과 요구를 쉽사리 거부하기 어려웠다. 따라서 1960, 70년대에 서독 연방이나 주정부가 추진한 포괄적인 고등교육 개혁은 저항 학생들의 공로와 연결되지 않을 수 없었다(Rohstock, 2021: 250). 하지만 그 변화의 방향과 의미를 놓고는 의견이 갈린다.

우선 대학개혁의 긍정성을 강조하는 입장(Kenkmann, 2000: 402-423)에서는 학생 저항이 서독 고등교육 제도의 민주화로 가는 문을 열어젖힌 것이라 평가한다. '공동결정 규정'에 입각한 대학 경영의 새롭고 참여적인 형태, 사회적 연관성을 지향하는 교육과정의 개혁뿐만 아니라, 더 넓은 사회계층으로의 대학 개방을 그 성과로 꼽기 때문이다. 하지만 부정적인 관점(Kraus, 2018: 86-115)도 있다. 여기서는 대학개혁과 민주화를 위한 학생 저항의 영향이 오히려 '파괴적'이라고 본다. 결과적으로 학업 능력의 하향평준화나 대학의 정치화에 문을 열어주었다는 것이다(Rohstock, 2011: 45). 또한 대학 변화 및 개혁의 주체와 관련해서 학생 저항을 '부차적 요소'로 보는 견해도 있다(Rohstock, 2011: 45-46). 하지만 본고는 학생들의 저항이 대학 변화의 핵심 동력이었고, 그 결과 유의미한 대학개혁이 이루어졌다고 파악한다.

사실 1968년을 정점으로 하는 60년대의 저항과 투쟁은 협소한 정치적 목적이 아니라 "가장 넓은 의미에서의 사회, 문화적 관계"를 둘러싼 것이었다(Mercer, 2020: 2). 이 충돌과 갈등은 정치적 의제를 계속해서 제기하는 한편, 다른 한편으로는 "교수와 학생, 부모와 자녀 사이의 관계, 교육의 형태와 의견 표명의 한계"(Ibid.: 2) 등과 같은 문제를 들춰내며 저항의 절정기에 가장 정치화되고 대립적인 형태로 표현되었다. 그 중요한 현장이자 출발점이 바로 대학이고 대학 민주화였던 것이다. 독일이든 프랑스든, 영국이든 대서양 너머 미국이든 마찬가지였다. 곳곳에서 저항은 학생들의 대학 비판과 반란에서 시작해 전 사회적인 의제와 이슈로 가파르게 확산해나간다. 그런 대목에서 독일 학생운동의 대학 비판과 저항, 교육적 대안 기획의 양상을 파악하고 그 의미와 여파를 짚어보는 일은 유의미하다. 우선 68의 성격과 특성의 이해에 도움을 주고, 나아가 '대학 문제'와 '더 나은 교육'을 고민하는 우리에게도 일정한 시사점으로 작용할 것이다.

이를 위해 2장에서 학생 저항과 대학 비판, 그리고 학생들이 내놓은 대학개혁안을 살펴본다. 68의 핵심 조직인 독일사회주의학생연맹(SDS)의 이른바 '대학제안서'는 교수, 강사, 학생의 '3자동등권'(Drittelparität) 주장으로 큰 이슈가 되었는데, 대학을 둘러싼 성찰과 비판적 대안을 담고 있어 당대 대학 문제의 모순과 본질을 이해하는 데 도움이 될 것이다. 3장은 베를린에서 실험된 '비판대학'의 모습을 통해 학생들이 치켜든 대안교육을 진단한다. 대학 비판에서 출발하는 그 '대안대학'은 앞선 SDS의 비판과 개혁 아이디어가 교육 내용과 형식을 통해 실천된 것으로, 저항 학생들이 생각하는 '새로운 교육'의 주요한 면모를 이해하는 기회가 된다. 끝으로 4장에서는 학생들의 비판과 저항이 대학개혁(법안)에 어떻게 영향을 미치고 수용되는지 들여다본다. 이런 과정을 통해 대학의 결정구조를 포함하는 전반적인 대학 민주화에서 68의 학생 저항이 어떤 역할을 했는지, 그리고 우리에게 주는 성찰의 지점은 무엇인지 생각해 볼 것이다.

2. 학생 저항과 SDS 대학개혁안

대학은 68 저항의 명실상부한 "혁명 본부"였다(Rohstock, 2010: 405). 그곳에서 급진적 학생들이 서독 사회에 투쟁을 선포했다. 학생운동 지도자 루디 두치케(Rudi Dutschke)가 설파한 '제도를 관통하는 대장정'의 첫째 목표가 바로 대학이었다. 고착된 '교수대학'은 인습에 얽매인 퇴행적 사회를 고스란히 대표하는 듯이 보였다. 학생 저항의 화살이 대학을 겨냥한 것은 자명한 일이었고, 유럽 전역이나 대서양 건너 미국에서도 대학 점거는 68의 정경 가운데 가장 흔한 장면이었다. 이러한 저항 거점으로서의 대학과 대학 비판 및 점거는 이후 독일과 프랑스 같은 곳에서 대학개혁을 이끄는 중요한 추동 요인이 되었다.

1967년 11월 9일, 독일 68의 핵심 슬로건 중 하나가 아이러니하고도 드라마틱하게 등장한다. 68의 대학 비판과 반란의 상징으로 남을 그 현장은 함부르크 대학이었다. 학생회장 출신의 법대생 두 명이 총장 취임식이 열리는 학교 대강당에 현수막을 펼치고 앞장서 들어선다. 단정한 검은 양복에 넥타이까지 매고 행사의 일부인 양 자연스러웠다. 앞세워진 현수막 내용도 모르는 채 학위복을 입은 교수들이 뒤따라 계단을 걸어 내려오는 순간, 학생운동을 상징하는 사진 한 컷이 탄생한다(Kraushaar, 2018: 360-362).

"학위 가운 속, 1000년의 곰팡내"(Unter den Talaren, Muff von 1000 Jahren). 검은 현수막 위의 선명한 흰색 글귀는 몇 시간 동안 이어지는 총장 취임식 행사에 대한 조롱이자 모욕이었다. 함부르크 대학은 어느 독일 대학과 마찬가지로 교수가 모든 중요한 결정을 내리는 곳이었다. 그런 상황을 폭로하는 그 퍼포먼스는 독일 68의 전설적 순간이, 그 슬로건은 대학 비판 및 저항의 정신을 압축하는 표제어가 된다(Meßner, 2017). 물론 해당 장면은 상징이나 에피소드에만 머물지 않았다. 이후 모든 도시의 대학을 가로지르는, 이른바 '교수 지배 대학'의 종말을 화려하게 예고한 결정적 서막이었기 때문이다. 또한 현수막에 그려진 '천년'은 단순히 오랜 시간의 의미를 넘어선다. 교수들이 전일적으로 지배해온 대학과 그 케케묵은 구조를 독일 역사의 트라우마인 나치가 추구한 '천년의 제국'에 빗댄 표현이었기 때문이다(Kraushaar, 2018: 362).

[사진6-1] 학위 가운 속, 1000년의 곰팡내

    그런 비판과 반란적 행동의 바탕에는 대학 구조에 대한 불신이 깔려 있었다. 미국에서는 대학도 일반 사업처럼 생각하는 대학 관료가 관리권을 쥐고 있었다면, 서독은 교수가 대학을 독점적으로 지배하는 상황이었다. 훨씬 더 많은 젊은 강사와 조교는 각종 위원회에서 투표권이 거의 없이 대학의 유의미한 의사결정 구조에서 완전히 제외되었다. 학생들도 행정이나 여타 결정 과정에서 철저히 배제되었다(Horn, 2007: 193). 결국 학내 조직과 결정구조는 현상 유지를 지향하는 원칙으로 작동했고(Bocks, 2012: 38), 대학은 사회의 "기존 지배구조를 안정시키고 정당화하는 역할"(Meschkat, 1967: 26)을 수행하는 기관으로 비쳤다. 이제 학생과 비판자들의 눈에 대학은 근본적 변화와 혁명적 개혁이 시급한, 기존 체제나 지배 권력과 이해관계를 같이하는 낡은 제도에 속했다.

    개혁이 필요하다는 인식은 정부도 마찬가지였다. 하지만 그 이유와 방향은 학생들과 전혀 달랐다. 대학은 연구와 교육의 혁신을 통해 독일 경제에 도움이 되어야 했다. 즉 효율성을 높여 궁극적으로 더 많은 수의 졸업생을 경제 부문의 국가 경쟁력 향상에 필요한 자양분으로 제공하려는 의도였다. 그 '국가적 개혁 정책'에서 학생은 글로벌 경제경쟁에서 승리하기 위한 계획의 재료로만 등장했다(Bocks, 2012: 40). 대학은 국가 경제 정책의 도구로만 보였던 것이다.

학생들은 경제적 효율성에 복무하는 이러한 개혁 방향에 반발했다. 대학을 경제발전의 수단으로 보는 개혁을 막고 교수의 독점권을 해체하자는 요구가 대학 민주화의 중심 의제로 등장하는 것은 시간문제였다. 그 바탕에는 민주주의에 대한 이론적인 요구와 대학 현실의 불일치가 깔려 있었다. 대학 상황은 서독의 기본법 20조에 명시된 '평등한 민주적 원칙'에 크게 위배되었다(Wesel, 2002: 171). 각종 학내 결정구조에서 "모든 대학 그룹과 대학 자치 단체 대표자의 참여권 실현"(Bocks, 2012: 267)이 이루어져야 했다. 대학에서 일어나는 일에 대한 소통과 투명성 확보, 학내 기관에서 대학 구성원의 자율적 결정 및 협의, 자문 기관의 확대가 필요했다(Ibid.: 40-41). 이런 주장을 체계화한 것은 독일 학생운동을 상징하는 조직 독일사회주의학생연맹(SDS)으로, 대학의 "제도적 전제주의"에 맞서고 그 "권위주의 체계"를 과감히 재편하기 위한 캠페인에 돌입했다(Horn, 2007: 193).

SDS의 『민주주의 속의 대학 Hochschule in der Demokratie』이 지침 역할을 했다. SDS가 일찍이 1961년에 내놓은 그 제안서는 "당시 대학 구조에 대한 최초의 진지한 대안 제시"(Wesel, 2002: 169)로, 포괄적인 대학의 민주화를 위한 상세한 내용을 담고 있었다. 대략 2백 쪽에 육박하는 내용에서 먼저 대학이 처한 실상이 진단된다. 정부가 의도하는 대학 정책은 "국제적 비교 속에서 독일의 과학, 기술적 후진성을 탈피하기 위해" 결국 대학을 "민간경제 부문의 교육 및 연구 기관으로" 강등시킬 것이 분명했다(Bocks, 2012: 44). 대학의 목표와 구조가 이미 민간 기업화의 길을 걸으며 민주적 요구와 계속 멀어지고 있었기 때문이다.

대학 사업이 점점 더 실제 목표와 작업 결과를 사회와 국가 기구의 요구에 맹목적으로 적응시키고 있을 뿐만 아니라 그 내부의 노동관계도 원칙적으로 다른 회사와 별반 다르지 않다. 이제 대학에서도 여느 곳과 마찬가지로 노동수단을 마음대로 사용할 수 있는 '경영자'와 그 수단에서 분리된 노동자가 마주 서 있다. 하지만 성숙한 인간들의 사회를 실현하려는 민주주의의 요구와 권위주의적 노동관계 및 부적절한 지배구조라는 사회 현실 사이의 큰 격차는, 다른 어떤 곳도 아닌 바로 대학에서 뚜렷해지고 있다.[3]

독일 대학을 좌지우지하는 '경영자'는 바로 교수였고, '노동자'는 나머지 그룹이었다. 대학의 "유사계급적 양극화" 현상으로, 대학 구조는 "학문적 생산수단의 소유자"인 경영자 교수진이 "무소유자" 노동자인 학생과 강사를 지배하는 "교수의 특권적 과두제"로 비쳤다(SDS, 1972: 82). 이러한 위험 속에서 학생들은 교수 및 "대학 당국의 종속적 존재에서 동등한 권리를 가진 대학의 시민으로, 개인적으로나 물질적으로 의존적 학생에서 독립적인 지식인 노동자로" 해방되기를 요청한다(Bocks, 2012: 45). 더불어 "학문적 생산수단의 무소유자"를 대표하는 그룹이 대학의 결정 과정에 더 많이 참여할 수 있도록 보장하는 새로운 민주적 대학법도 요구한다(SDS, 1972: 143). 대학공동체의 실질적인 변화를 위해 학생들은 더 구체적인 제안으로 나아간다.

대학의 결정구조에서 교수의 일방적 지배를 해체하는 학생, 강사/조교, 교수의 '3자동등권'이었다. 세 그룹이 1/3씩 동등한 권리를 가지고 협력해야 한다는 의미였다. "학생, 강사와 조교, 교수라는 [...] 3자의 개별 단위 자체가 각 단위의 협력을 통해서 또는 단위 대표자들이 함께하는 대학 자치의 공동위원회 속에서 각각 주체로 기능해야" 하기 때문이다(Bocks, 2012: 45; SDS, 1972: 143-144). 대학을 구성하는 핵심 영역에서 '3자동등권'에 입각한 회의체도 요구되었다(Ibid.: 148-155). 이를 통해 경제적

---

3 SDS(1961/1972). *SDS Hochschuldenkschrift*, (Frankfurt: Neue Kritik, 1972), 92. 이 책은 1961년에 나온 SDS 제안서를 재인쇄한 것이다.

필요에 따른 교육과 연구의 도구화에 맞서고, 대학은 '비판적 사고 및 연구의 거처'가 되어야 했다.

더불어 SDS의 제안서는 대학 공부의 본질을 묻는 대담한 주장도 펼친다. 이른바 "학업보수"(Studienhonorar)로, 학생이 수업료를 내는 것이 아니라 정반대로 '보수'를 받아야 한다는 제안이다. 근거는 "학업이 대학의 전체 작업 과정의 한 부분"이며 "그 결과물인 학문적 인식과 전문화된 지적 노동력은 전 사회적 생산과정의 유지와 역동적 확산을 위한 기본전제"이기 때문이다. 지급 금액은 "생활비와 학습 자료비 및 문화적 필요를 충당할 수 있는" 정도로 책정되었다. 이를 기반으로 학생은 "학문적 자유 시간"에 집중할 수 있으며 "전반적인 생활의 독립성 또한" 얻게 된다(SDS, 1972: 138-139).[4]

혁신적인 발상이었다. 대학과 대학 공부는 사회 전체에 기여하는 공적 차원의 문제이기에 국가가 비용을 부담해야 하며 학생은 학업에 참여하는 작업자로서 공부한 대가를 받아야 한다는 말이다. 어떤 측면에서 유토피아적이지만, 생활비까지 책임지는 완전한 무상교육을 지향하는 가장 진보적 대학 정책의 지침이라고 할 만한 제안이었다. 그런 파격적인 '학업 보수'와 '3자동등권'을 포함하는 SDS의 제안서는 극히 위계적인 '교수 지배 대학'의 구조를 재편성하기 위한 논쟁의 지형에서 파장을 낳을 만했다. 차후 이 제안서는 다양한 영역에서 전개된 대학개혁 논의의 중요한 출발점이자 이론적 기초로 기능했다. 하지만 SDS의 대학개혁 외침은 이론적 주장에만 머물지 않는다. '비판대학'이라는 이름으로 대안적 교육의 실험과 실천으로 연결될 것이었다.

---

4 '학업보수' 혹은 '연구보수'에 대해서는 김누리(2013). 독일 68혁명과 대학개혁, **독어 교육**, 58, 266-268 참조. '연구보수'라는 용어도 가능한 선택지로 보이지만 대학 학부 공부는 '연구'보다 '학업'에 더 가깝기에 '학업보수'라는 말을 택한다.

3. 베를린 자유대학의 '비판대학'

학생 저항의 모습은 세계적 차원에서 연좌시위와 가두투쟁, 건물점거를 비롯한 물리적 직접행동과 광범위하게 맞물려 있다. 언론에서 68의 학생운동을 전달하는 방식뿐 아니라 알려진 기억과 지식 속에서도 그런 전투적인 행동이 깊숙이 각인된 이유이기도 하다. 하지만 학생들의 도전은 물리적 범위를 넘어섰다.

대학 캠퍼스에서의 그런 저항에 만족하지 않은 학생들은 저항의 깃발이 오른 기존 대학을 대신할 획기적인 대안대학의 기획을 실험했다. 배제와 소외가 없는 학업, 더 나은 사회를 위한 대안 교육과정을 개발하고 구체적인 실천으로 나아간 것이다. 이는 대학 건물의 물리적 점거와는 다른 차원의, 대학 시스템에 대한 가장 전복적인 지적 도전이었다. 급진적 학생들은 대서양을 가로질러 버클리에서 베를린까지 대학 교육의 대안을 찾는 청사진 구축에 힘쓰고 그 실현을 모색했다. 1965년 버클리 '자유대학'(FUB: Free Universtiy of Buckley)에서 불붙은 '새로운 교육'의 가능성에 대한 진지한 탐구이자 실험은 유럽으로 번져갔다. 독일과 프랑스, 영국과 이탈리아, 네덜란드 학생들이 치켜든 그 '교육적 반기'는 다양한 형태로 꽃피었다(Horn, 2007: 197-201). 이른바 '다른 교육'을 고민하고 실험하는 '대안대학'은 68의 국제적 학생 반란이 마주치고 교차하는 주요한 실천의 십자로였다.

냉전의 한복판인 베를린에서 솟아난 기획이 바로 '비판대학'(KU: Kritische Universität)이었다. 학생들이 그려낸 꿈은 대학 울타리 밖과 연결되는 사회적 관심과 이슈를 통해 자유롭고 비판적인 지성의 결기로 가득 찬 '새로운 대학'의 모습이었다. '비판대학'은 베를린 자유대학의 남다른 위상과 특징 속에서 자라난 측면이 있다. 1949년 동베를린 홈볼트대학에 맞서 설립된 자유대학은 학내 결정 과정에 학생 대표가 참여하는 이른바 '베를린 모델'을 통해 서독에서 가장 선진적인 고등교육 기관으로 여겨졌다. 대학 규정에 따라 학생들의 정치단체 구성이나 사회활동 참가역시 존중되는 분위기였다. 이러한 '학생 참여와 발언권'은 서독에서 유일했고 큰 매력으로 다가왔다(Horlemann, 1989: 220-221). 게다가 서베를린은 서독의 다른 지역과 달리 연합국 직할이라 거주 학생들은 병역 의무가 면제되고 훔볼트대학 학생과의 접촉이나 동독산 정치서적 구입은 물론 동베를린 연극 공연도 볼 수 있었다. 그에 반해 동독에 갇힌 섬과 같은 전선 도시 서베를린 자체는 '불안과 위협, 침체, 초조함'이 뒤섞인 위태롭고 무거운 분위기가 압도했다(Fichter & Lönnendonker, 2021: 231-232).

학생들이 누리는 자유나 권리로 대변되는 진보적 상징성과 정반대를 가리키고 있는 그런 도시 분위기는 추후 학생과 주민의 대립이 격화일로로 치닫는 배경으로 작용한다. 또한 학생들은 오히려 그 상대적 특권 덕분에, 자유대학 역시 "연구나 교육과 관련해서는 전통적인 교수대학"(Horlemann, 1989: 220)일 뿐이라는 본질을 간파했다. 즉 학생들의 참여와 정치성을 인정하는 베를린 모델의 '진보적 면모'가 근본적으로 '교수지배 대학'일 뿐인 속성과 충돌하며 자유대학은 "급진 민주적 학생 정치의 횃불"(Mercer, 2020: 4)로 솟아오를 것이었다. 그런 배경에서 자유대학학생들은 일찍이 1960년대 중반부터 콩고 독재자 국빈 방문 반대나 학내자유 발언권 확보 같은 문제를 둘러싸고 시위를 벌여 서독 학생운동의선구적 거점으로 이름을 날렸다(정대성, 2019b: 119-155).

1967년 자유대학 학생이 시위 도중 경찰의 총에 사망하는 '6월 2일 사건'으로 학생 저항의 목소리가 서독 전역으로 번져가자 SDS 활동가들은 베를린에서 '비판대학'(KU) 설립 계획을 구체화하기 시작했다. KU는"대학개혁을 위한 가장 급진적이고 지속적인 캠페인"(Thomas, 2003: 134)의 성과물이었고, "대학 교육을 그 화석화된 형태와 내용에서 해방하려는 시도"(Mercer, 2020: 265; AStA, 1967: 2)이기도 했다. 또한 기존 "교육활동의 비합리적이고 억압적인 측면에 대한 비판과 폭로"를 강화하고 학생들의 "비판의식"을 고취하며, "교육의 질적 전환을 촉진하거나 부족한 부분을 보완할" 것이었다(Lönnendonker, et al. 1983: 258). 더불어 내용만의 혁신이 아니라 "새롭고 반권위적인 학습 형태와 방법"도 실천하는 기획이었다(Ibid., 258). KU는 학생운동과 연방공화국, 제3세계 문제에 대한 대중의 계몽을 위해, 비상시 시민의 기본권을 제한하는 정부의 '비상사태법'(Notstandsgesetze) 도입과 '경찰 테러'에 맞설 저항을 위해, "학문적, 이론적 준비와 분석"을 제공할 것이었다(Ibid., 258). 즉 KU에서 다루어질 주제는 대학 영역에 고립되지 않아야 했다.

KU 설립자들은 이런 방식을 "정치적 목표와 지적 목표 모두에 기여하는 프레임워크"이자, 두 개의 대립점을 위한 설정으로 보았다. 하나는 "대학 행정을 포함하는 교육개혁"을 둘러싼 전선이고, 다른 하나는 "사회 정치를 둘러싸고 벌어지는 경찰 및 더 많은 사람들"과 대립하는 현장으로, 이는 "반란을 위한 두 개의 인큐베이터"로 기능해야 했다(Mercer, 2020: 258). 이런 취지에서 1967년 여름에 내놓은 KU 예비 프로그램은 최우선적인 목표로 "끊임없는 대학 비판과 실제적인 학업 과정 개혁"을 설정하며 대학 내부를 바꾸겠다고 밝힌다(Schmidtke, 2003: 235; Nitsch, 1967a: 327). 하지만 대학을 넘어서 영향을 미치고 "특히 청년 노동자, 교사, 중고생" 같은 비대학생도 동원해야 할 것이었다(Nitsch, 1967b: 334). 나아가 "과학적 분석과 비판에 힘입어 학내 정치조직과 학생 대표들 속에서 정치적 실천을 확산, 강화"하겠다고 천명했다.

이런 목표와 기획은 처음부터 자유대학 교수들의 강한 반발에 부딪힌다. 대부분 SDS 회원인 KU의 설립 주체는 "자기 분야만 아는 멍청이"(Fachidioten) 교수가 똑같은 멍청이 학생을 훈련하는 기존 대학의 대안을 추구했지만(Thomas, 2003: 134-135), 학교 당국의 눈에는 "비판적인 학문적 방법"을 가르치는 게 아니라 급진적인 "정치 행위를 위한 훈련이 핵심"으로 보였기 때문이다(Bauß, 1977: 261). 9월 18일 자유대학의 대학평의회(Senat)는 커리큘럼 개혁이 아니라, 68의 상징적 상위조직인 '의회외부 저항운동'(APO)의 정치적 활동에 기여하려는 KU를 지원할 수 없다고 결정했다. 하지만 평의회를 무시한 대학 총학생회(AStA)는 9월 24일 회의에서 KU의 규약을 제정하고 창립총회 날짜까지 정했다.

결국 11월 1일, KU 창립총회가 열렸다. 2천 명 넘는 학생들이 자유대학 대강당을 가득 메웠다(Horn, 2007: 200). SDS의 볼프강 니취(Wolfgang Nitsch)는 KU의 핵심 목표를 "민주적 정치 실천을 위한 비판적 성찰과 과학적 분석"으로 내세웠다. 이어진 토론에서 보수 기민기사당(CDU/CSU) 소속인 기독민주학생연합(RCDS: Ring Christlich-Demokratischer Studenten) 측에서는 총학생회와 KU를 묶어서 비난했다. 자유대학을 "제2의 훔볼트대학"(동베를린)으로 바꾸려 함으로써 "자유대학을 만든 사람들이 맞서 싸웠던 모든 것이 되살아나고 있다"고 주장했다. 창립 행사는 결국 익명의 폭탄 위협으로 조기에 종료되어야 했다. KU의 목표와 조직 형태에 대한 결의안은 대다수의 찬성으로 사전에 통과된 참이었다(Lönnendonker, 1983: 51-52).

KU는 33개의 강좌와 6백여 명 수강생으로 출범한다. 첫 겨울학기(1학기) 커리큘럼에서 우선 눈에 띄는 것은 주제의 다양성이다. 정치적 문제가 압도적이지 않고 자연과학, 의학과 건축, 교육학까지 아우르는 폭넓은 모양새를 취하고 있다. 33개 가운데 대학 비판 및 학생 저항과 직접 연결되는 '대학법'이나 '강의 및 시험 비판' 같은 강좌가 4개지만, 의학 관련 주제도 4개나 되고 건축과 경제, 문학, 심리학, 신학 등 전방위적이다. 더불어 '초중등학교의 민주화' 관련 주제에 4과목을 배치해 교육 문제가 비단 대학에만 국한되지 않음을 분명히 한다. 시대정신을 담은 정치적 주제도 적지 않다. 우선 신좌파 사상의 거두이자 학생 반란의 지적 스승인 철학자 마르쿠제(H. Marcuse) 관련 강좌를 비롯해, '행동주의'를 우선하는 학생들의 흥미를 반영한 '직접행동' 관련 2과목, 당시 성해방의 물결과 관련해 '섹슈얼리티와 성적 관계'에 3과목을 편성한 것이 인상적이다. 또한 지구촌 학생운동의 공통적 연대의 띠라고 불릴 "베트남전쟁과 제국주의 개발 정책"이란 주제를 "지식인과 학문의 기능" 속에서 살핀다거나 "쿠바 모

델과 라틴아메리카의 미래" 같은 과목도 제3세계 해방 문제가 당시 학생
운동의 첨예한 관심사임을 잘 반영하고 있다(AStA, 1967: 48-75).

나아가 독일 68운동의 특수성을 담은 강좌도 눈에 띈다. '문화산업
의 복합성 및 허위의식'과 보수언론 '슈프링어사 트리뷰널 연구회' 등으로
(AStA, 1967: 52-57), 당시 냉전적 시각에서 미국의 베트남전을 지지하고 반
전운동을 비방하던 '슈프링어 언론출판 그룹'은 저항 학생들의 대척점에
자리한 존재였다. 해당 그룹 신문들이 '허위의식'을 조장하는 '문화산업'의
전형이라는 비판 속에 슈프링어 트리뷰널(Tribunal: 민간법정) 조직화 등을
계획하던 '반(反)슈프링어 캠페인'(Anti-Springer-Kampagne)이 닻을 올린 상
황과 결부되는 주제들이다. 종합하면 33개의 강좌는 다양한 분야를 아
우르지만, 독일 안팎의 현실 문제에 대한 고민이 골고루 담겨 있는 특성
을 보여준다.

무엇보다 KU에서는 기존의 전통적인 강의 방식이 전복되었다. 한 명
의 리더가 진행하는 관행이 사라지고, 전문가라도 더 이상 권위 있는 자
리를 차지할 수 없었다. 강의라기보다 일종의 '집단적 연구회'나 '세미나'에
가까웠다. 강좌의 다채롭고 민주적인 운영을 위해 '변론'이나 '청문회', '트
리뷰널' 형태도 계획되었다. 이를 통해 기존 대학 강좌에서 학생의 수동
성을 조장하는 것으로 보인 관행을 탈피하고자 했다. 그럼에도 불구하고
1967년 겨울학기 프로그램에서 드러나듯 '정치적 실천'은 KU의 중심이었
다. 정치와 연구의 교차점을 강조하는 방식에 입각해, 외형상 가장 비정
치적인 주제조차도 사회적 실천과의 직접적인 관계를 찾기 위한 적용으
로 이어졌다(Mercer, 2020: 265-266).

하지만 대학 밖의 이슈를 과감하게 끌어안는 가운데 교수 중심의 일
방성을 탈피하고 소통과 토론을 중시하는 실험 정신은 시사하는 바가
크다. 그것은 대학 울타리 안팎의 다양한 사람들이 참여하는 상호교류
를 통해 쌍방향의 배움을 추구하는 실천으로, 대학이 상아탑 같은 학문
의 철옹성에 유폐되지 않고 사회적 삶으로 확장해 나가야 한다는 주장

이자 요청을 담고 있었다. 그 비판적 요구는 오늘날의 관점에서 유토피아
적일 수 있지만, 사회 변화의 꿈이 지구촌을 뒤흔들던 당대의 시대정신
(Zeitgeist)이 고스란히 담긴 요구에 다름 아니었다.

그 결과 자유대학에서 시작된 비판대학은 1968년까지 함부르크, 프랑
크푸르트, 하이델베르크, 킬, 마인츠, 뮌스터, 프라이부르크, 튀빙엔, 에
어랑엔, 보훔으로 번지며 비슷한 형태로 솟아났다(Bauß, 1977: 265-270).
비판대학은 자본의 이해관계와 긴밀히 맞물리는 대학 교육을 과감히 재
조직하고, 자본주의의 즉물적 이윤 추구 너머를 고민하는 대안적 커리큘
럼으로 구성된 '자유롭고 비판적인' 실험이었다. 그것은 전 지구가 자본
이라는 총체적 산업의 예속물로 전락하고 무한경쟁과 능력주의에 침몰
한 지금 대학의 '새로운 교육과 학문'을 위해 참조할 만한, 역사에서 길어
올린 경험의 저장고였다.

4. 학생 저항과 대학개혁

학생들의 저항이 대학개혁과 변화에 얼마나 기여했을까. 기실, 독일사
회주의학생연맹(SDS)이 대학개혁의 청사진을 담은 제안서『민주주의 속
의 대학』을 냈을 때 '유토피아적'이라는 생각이 주종이었다(Wesel, 2002:
169). 물론 그런 측면이 없다고는 할 수 없다. 미국과 유럽 대학의 급속한
규모 확장이 전후 급성장하던 경제적 필요와 무관하지 않은 상황에서,
'자본과 경제적 이해'에 정면으로 맞서는 대학 재구성은 나이브한 측면이
없지 않고 '3자동등권' 요구는 교수가 이끄는 '전문 지식과 학문 세계'의
특수성을 반영하지 못한 측면이 있기 때문이다.

하지만 SDS의 제안서는 대학개혁에 대한 필수 아이디어와 요구 사항
을 포함하였으며, 결국 1968/69년 연방 주들의 고등교육법에 반영된 것
도 사실이다. SDS가 1961년에 제안서를 내며, '대학 민주화를 위한 일련

의 원칙이 유토피아적이라는 인상이 든다면 상황을 제대로 이해하지 못한 것이라는 주장이 일면 옳았다는 말이다. 물론 당시 이러한 '유토피아적 원칙'이 10년도 안 되어 법적으로 구현될 것이라고 진지하게 생각한 사람은 아무도 없었다(Ibid.: 169). 하지만, 그 '유토피아'는 대학 비판과 학생 저항의 강력한 압력 속에서 일부 '현실'로 전환되었다. '상상력에 권력을!'이라는 68의 구호에 걸맞은 결과였다.

한편 비판대학(KU) 역시 이상과 현실의 거리가 있었다. 막상 뚜껑을 열어보니 예상치 못한 문제가 생겼다. 1968년 여름학기(2학기) 프로그램의 경우, 참가자 숫자가 줄거나 관심이 떨어지는 등 적잖은 한계가 드러났다. 참가자의 수준 차이도 문제였다. 이론적 기초 지식이 풍부하거나 관련 내용을 잘 알고 있는 소수가 토론을 주도하는 동안 나머지 다수 참가자는 침묵했다. 기존 대학 강좌와 마찬가지로 학생의 수동성이라는 익숙한 문제도 재현되고 기대한 노동자 참여는 미미했다. 1968년 4월 보고서에 따르면 참가자의 20%가 고등학생이고 노동자는 2%에 불과했다(Mercer, 2020: 267-268). KU는 어떤 면에서 결국 "정치화된 비판적 엘리트 조직"에 가장 적합한 교육체제인 셈이었다(Ibid.: 268). 정치적 운동으로서 학생 반란은 "교수와 행정가의 권위, 발언권 제한, 고등교육의 사회적 차별과 배제, 학문의 객관성과 가치중립성 주장에 도전"했지만, 교육개혁 운동으로서 기대치를 충족하지는 못했던 것이다(Ibid.: 284). 그래서 KU는 1967년 중반부터 68년 중반까지 작동하고 두 학기 만에 단명한다. 물론 68년 4월부터 학생 지도자 두치케의 암살 기도로 바리케이드와 거리의 정치 투쟁이 상황을 압도하며 대안대학 문제가 자연히 관심에서 벗어난 측면도 컸다.

하지만 결과가 모두 부정적이지는 않았다. 많은 사람이 비판적 소규모 세미나의 경험을 통해 해방감을 느꼈다. 교수의 권위도 약화했다. 문제가 단순히 대학구조만이 아니라 그들 자신 안에도 있음을 파악한 것도 성취였다(Ibid.: 268). KU의 강점은 연구와 이론화라기보다 "비판과 논쟁"이었다(Ibid.: 284). 이는 공부와 학문의 출발점이자 본령이었다. 결국 KU를 관통하는 "교육과 사회 재창조를 위한 열망의 폭과 깊이"는 심대했으며, 대학개혁을 둘러싼 치열한 사회적 의제 속에 그 '유토피아적 기획'은 계속해서 영향을 미친다(Ibid.: 22). KU의 실험은 비록 짧았으나, 그 "구체화한 아이디어"는 이후 대학들에서 다양한 수준으로 채택되었다(Ibid.: 287).

한편으로 학생 저항이 추동한 '대학개혁과 민주화'는 대체로, 이를 제도적으로 보장할 법안들이 원래의 목표에서 후퇴하고 결국은 일종의 '실패'로 귀착되었다는 주장도 만만치 않다. '교수 지배 대학'의 위계적 구조를 무너뜨리고 대학을 각 집단이 대학 운영의 결정 과정에 공평하게 참석하는 대학 민주화의 상징처럼 떠오르게 한 '3자동등권'은 결국 어느 곳에서도 성취되지 못하고 좌초했기 때문이다. 물론 3자동등권의 적법성을 수용한 획기적인 '베를린 대학법'(1969)을 비롯해 1970년대 초까지 몇몇 진보적인 주에서는 그러한 급진적 요구에 근접한 법안을 제정했지만, 이후 여러 차례 개정을 거치며 모든 결정 과정에서 교수의 다수 대표권을 보장하는 방향으로 물러났다. 학생운동의 고조 속에서 사민당 역시 1968/69년에 '3자동등권'을 프로그램화했지만, 결국 이후 사민당·자민당의 사회자유주의 연정에서 제정된 대학기본법(HRG: Hochschulrahmengesetz)은 구성원의 학문적 능력 차에 입각한 결정구조를 수용해 각종 위원회에서 교수들의 과반수 권리를 인정하는 방식으로 후퇴했다(Bocks, 2012: 267-279; Wesel, 2002: 169-176, 232-238).

이런 방향 전환에 중요한 역할을 한 것은 1973년 5월 연방헌법재판소 판결로, 학생들의 급진적 요구를 담은 입법의 상당 부분이 위헌이라고 선언했다. 즉 연구 문제나 교원 임용과 직접 관련된 결정에서 대학교수 집단이 과반수 대표권을 얻어야 하고, 학생 교육과 관련해서도 절반의 대표권이 교수에게 주어졌던 것이다(Bocks, 2012: 271; Horn, 2007: 193). 물론 다소 유토피아적인 '3자동등권'의 좌절과 교수의 과반 대표권이 개혁의 실패라고 단정할 수 있는지는 의문이다. 확고한 '교수 지배 대학'은 종언을 고하고, 각종 위원회의 결정 심급에 다른 구성원들의 참여가 보장되었기 때문이다.

그렇다면 1968년에 정점을 찍는 학생 저항과 대학개혁의 관계는 어떻게 보아야 할까. 가령, 사회자유주의 연정 시기(1969-76) 대학기본법(HRG)의 형성 과정을 다면적으로 분석한 연구에 따르면 대학 민주화 요구의 방아쇠를 당긴 쪽은 68의 학생 저항이 아니라 1960년대 초부터 시작된 대학팽창이라고 본다(Bocks, 2012: 274). 게오르크 피히트(Georg Picht)가 주장한 대졸자 부족에서 기인하는 "독일의 교육 재앙"(Picht, 1964)이 대중의 우려를 불러일으켰고, 모든 구성원이 대학 자치에 동등하게 참여하자는 SDS의 제안서가 1961년에 나온 것을 이유로 든다. 그래서 1967/68년의 학생 시위는 대학 민주화의 유발자라기보다, 60년대 초반에 나온 기존 아이디어의 "촉매 역할"을 하여 대중과 정당이 이를 이해하도록 "강제했다"고 인정하는 정도다(Ibid.: 274). 나아가 대학 반란을 '실패한 혁명'으로 간주(Wesel, 2002: 319-325)하거나, 대학 분야의 민주화가 좌초된 것으로 평가하는 시각도 있다(Fenner, 1978: 16; Schmidt, 1979: 61-62). 이에 반해 사회자유주의 연정의 교육개혁에 대한 비판은 기대된 진보적 교육정책을 관철하지 못한 것에 대한 실망일 뿐이라며 '실패'와는 선을 긋기도 한다(Jäger, 1984: 136). 각각의 주장에는 나름의 논거가 없지 않다.

본고는 학생 저항의 영향력을 더 강조하는 쪽이다. 무엇보다 "대학 자치의 위계적 구조를 해체하자는 첫 번째 아이디어"(Bocks, 2012: 274)인 그 제안서 자체가 다름 아닌 학생 저항의 중추였던 SDS의 것이라는 지점이 중요하다. 그리고 이 SDS의 프로그램이 1967/68년 폭발 국면에서 지속적인 대학 민주화 요구의 전거로 소환되고 영향력을 행사하는 점도 지적해야 한다. 그렇다면 대학팽창이 대학과 그 결정구조의 교수 지배를 더 돋보이게 쟁점화한 것은 사실이나, 이 이슈를 더 공론화해 대학개혁의 핵심 주장으로 끌고 나간 것은 다름 아닌 SDS와 학생 반란이었음을 감안해야 한다. 그럴 경우, 대학팽창은 오히려 대학 민주화 요구의 배경이고, 그 주축 동력은 바로 학생 저항이라고 보는 쪽이 더 타당할 것이다.

물론 대학기본법(HRG)의 제정 자체는 사민당의 성공으로 볼 만하다. 이 법을 통해 대학 민주화가 원래의 정신으로 온전히 구현되지는 못했지만, '교수 (지배) 대학'(Ordinarienuniversität)이 '구성원 (중심) 대학'(Gruppenuniversität)으로 탈바꿈한 것은 맞기 때문이다(Bocks, 2012: 278-279).[5] 하지만 사민당을 대학 교육개혁으로 이끈 것은 68의 학생 저항과 무관하지 않다. 일찍이 1961년에 SDS가 선구적으로 치켜든 '3자동등권'의 깃발은 오래도록 사민당을 추동한 아이디어이자 현실적 힘이었기 때문이다. 게다가 사민당이 1969년의 혁명적 '3자동등권' 프로그램을 내던지고 타협을 통한 '약화된 개혁'의 품으로 후퇴한 것은 분명하나, 그것 자체가 대학개혁의 실패는 아니었다. 대학은 여전히 교수가 다수파의 목소리를 내었지만, 이제 전일적인 교수 지배가 관철되는 '위계의 상아탑'이 아니었다. 대학은 '교수 중심 대학'에서 '구성원 중심 대학'으로 변모했다. 일종의 '혁신적 개혁'에 다름 아니었고, 그 개혁을 추동한 기관차는 68의 학생 저항과 반란이었다. 1975년, 저항의 기억이 아직 선명한 가운데 마르틴 그라이펜하겐(Martin Greiffenhagen)은 그 개혁의 결과와 의미를 명료하게 밝힌다.

공동결정은 대학자치의 근본적 요소로 간주된다. 구성원 중심 대학이 관철된 것이다. 학생, 강사와 조교, 교수가 모든 위원회에서 구성원 집단으로 대표된다. 또한 구성원들이 각 집단의 이익을 대변하는지, 아니면 대학 정치의 차별화된 입장을 대변하는지를 둘러싼 논쟁에도 불구하고, 대학

---

5 우리말 번역에서 Ordinarienuniversität은 '정교수대학'으로 Gruppenuniversität은 '집단 관리대학'으로 번역하는 경우도 있다. 김유경(2019). 독일 대학의 대학평의회: 대학법을 통해서 본 그 구성과 권한 https://blog.naver.com/PostView.naver?blogId=upikr2018& logNo=222308487805&categoryNo=0&parentCategoryNo=0.(검색일: 2023.2.4.). 본고에서는 대학의 상황과 호칭의 의미를 감안할 때 전자는 '교수 (지배) 대학'으로, 내용상의 변화를 반영한다는 점에서 후자는 '구성원 (중심) 대학'으로 쓴다.

구조가 구성원 중심의 공동결정 쪽으로 바뀌었다는 사실에는 어떠한 변함도 없다(Greiffenhagen, 1975: 79-80).

물론 결과적으로 '3자동등권'은 실패했다. 교수는 학교의 중요한 위원회에서 다수파를 점한다. 1988년 베를린 대학법 3차 개정의 결과 총장 선출권이 있는 콘칠(Konzil)에서도 교수의 다수권이 확보되며 20년 가까운 투쟁의 승자는 학생이 아니었다(Wesel, 2002: 237). 하지만 저항의 압력이 손에 잡힐 듯 느껴진 1969년 베를린 대학법에서 3자동등권은 용인되어, 학문의 자유라는 기본권에 위배되지 않으며 교수만이 아니라 학생과 조교 및 강사도 대학의 동등한 주체라고 인정된 역사가 선명히 남아 있다. 지금 생각하면 너무도 아득한 이상향처럼 느껴지는 발상과 제안이 68 저항의 한복판에서 결국 솟구치고 반향을 얻었다는 사실이다. 이는 대학 민주화라는 68의 정신이 결국 '대학혁명'의 깃발이었음을 잘 보여준다. 그것은 단순한 패배가 아니라, 실패했지만 세상과 대학, 학문의 정의와 본질을 둘러싼 근본적이고 빛나는 투쟁의 값진 성과였다.

5. 맺음말: 새로운 대학을 꿈꾸며

68의 문제의식과 비판적 준거는 현실적 삶의 지평이 '민주화라는 보편적 성취'에 걸맞은 것인지의 문제이기도 했다. 제도로서의 민주주의가 이미 형해화되어 정치는 삶의 제 영역과 멀어져 주기적인 투표권 행사로 퇴행한 상황이었다. 그렇다면 근본적인 문제의 하나는 삶을 둘러싼 전방위적인 영역과 이를 아우르는 제도기관의 '진정한 민주화'였다. 그런 의미에서 "민주화는 권위주의적인 정치 및 사회 구조로부터 개인의 자율성을 해방하거나, 직접 민주주의를 통해 그러한 제도를 변화시키는 것"(Mercer, 2020: 2)을 뜻해야 했다.

이런 맥락에서 '대학 민주화' 요구는 간명했다. 그것은 1968년 정점에 오르는 저항 학생들의 삶의 거처인 대학을 '위계적 구조로부터 해방함으로써 그 구성원의 '자율성을 해방'하고, 대학 제도 자체를 진정한 민주적 구조로 탈바꿈시키자는 깃발이었다. 대학 구성원 각자가 공히 목소리를 내며 대학 자치와 결정구조에서 동등하고 정당한 권한을 인정받음으로써 '진정한 대의제'를 창출하는 일이야말로 학생 저항의 중요한 기치였다. 물론 그 저항의 핵심은 오롯이 성취되지 못했다. 학생의 동등권은 동등한 수준에서 보장되지 못하고, 교수 편으로 무게추가 기울어지는 '약한 개혁'으로 귀착했다.

하지만 학생 저항의 '대학혁명 열망'이 뿜어낸 거대한 아우라는 교수 지배라는 대학의 권위적인 구조를 뒤흔들어, 학생들이 대학의 중요한 구성원임을 인정하는 '개혁'으로 정착되었다. 그것은 한편으로 '혁명의 실패'로 보일 수 있지만, 다른 한편으로 대학의 모습을 새롭게 규정하는 '혁신적 개혁'으로의 방향 전환이기도 했다. 그런 대목에서 학생 저항은 혁명의 주창이 개혁의 성취로 이어진 유의미한 결과를 낳았다고 볼 만하다.

요컨대 68은 사회, 정치적인 것뿐 아니라 전반적인 '교육의 지형'도 근본적으로 바꾸어놓았다. (대)학교를 지배하던 위계적 구조와 엄격한 도덕 개념에 의문이 제기되었고, 인적 관계와 교육적 가치도 변화했다. 더 많은 민주주의와 참여, 자유의지에 입각한 자기 결정적인 삶, 반권위주의와 새로운 인적 관계의 추구라는 68의 근본 의제와 지향이 교육계도 빠르게 관통해 나갔다. 기존 교육제도와 가치지향을 겨냥한 68의 근본적인 비판과 저항은 혁신적이고 장기적인 비전과 프로그램 속에서 통제와 권위 중심이 아닌, 순종과 복종의 패러다임을 돌파하는 '인간다운 교육'의 가능성을 열어내었다. 그런 대목에서 "68의 가장 중요한 업적은 복종의 문화를 타파"(Schneider, 2008: 278)하며 '자유롭고 새로운 교육'의 비전을 제시한 것이었다. 그리고 그 출발점과 거점이 대학과 학생 저항이었다.

학생들이 꿈꾸던 대학은 비록 온전히 성취되지 못하지만, 저항과 그

여파는 '새로운 대학'의 탄생으로 이어진다. 그 새로운 대학에서는 구성원들이 대학의 운영 및 결정구조에 참여하는 혁신적 구조의 작동을 토대로, 68 반권위주의 저항운동의 정신이 배어 있는 '새로운 교육'의 싹을 틔울 것이었다. 68의 학생 저항은 '새로운 대학과 교육'의 출발점이었다.

그렇다면 독일 학생들의 저항과 대학 비판, 그리고 혁신적 개혁의 결과는 우리에게 어떤 시사점을 주는가. 우리 대학과 교육의 현실을 재고할 성찰의 기회가 될 만한가. 그렇다. 그 비판과 저항의 역사는 난마처럼 뒤얽힌 우리의 대학 문제를 일거에 전복할 획일적 모범이라기보다, '새로운 대학과 교육'을 상상할 역사적 시공을 호흡하는 경험을 제공한다.

먼저, 대학의 결정구조가 전적으로 교수들 수중에 있는 작금의 현실 속에서, 왜 우리는 학생과 강사라는 구성원을 위한 자리를 잊고 있는지 물으며 대학공동체의 다른 가능성을 상상할 수 있다. 늘어가는 학비 부담으로 아르바이트에 시달리는 학생들이 상존하는 현실 속에서, 왜 우리는 독일 학생운동의 담대한 주장인 '학업보수'는 고사하고 '무상교육' 주장도 제대로 펼치거나 정책화하지 못하고 있는지 자문하고 성찰해 볼 수 있다. 대학이 '큰 공부'가 아니라 획일적인 취업 준비 기관으로 산업과 자본의 영향력에 포획된 지금 현실은 또 어떤가. 그 현실 속에서, 대학 너머와 연결되는 비판적 커리큘럼과 상호 소통하는 자유로운 수업 방식을 실험한 '비판대학'의 야심 찬 기획을 살펴보며, 왜 우리는 대학을 더 나은 사회를 위한 비판과 논쟁의 산실로 꿈꾸지 못하는지 자문해 볼 수 있다.

그렇게 68혁명의 도저한 학생 저항과 유의미한 개혁의 역사는 지금 우리에게 새로운 대학의 가능성을 상상하고 성찰할 기회를 제공한다. 68혁명의 유명한 슬로건이자 체 게바라의 외침인 '현실주의자가 되자, 하지만 불가능을 꿈꾸자'처럼, 이렇게 사자후를 토하면 어떨까. 대학 현실을 직시하자, 하지만 새로운 대학과 교육을 위한 가능성을 꿈꾸자!

참고문헌

• 사료와 사료 모음집

AStA der Freien Universität Berlin, ed.(1967). *Kritische Universität der Studenten, Arbeiter und Schüler. Programm und Verzeichnis der Studienveranstaltungen im Wintersemester 1967/68*, Berlin: Oberbaumpresse Berlin.

AStA der Freien Universität Berlin, ed.(1968). *Kritische Universität. Sommer 68 - Berichte und Programm*. Berlin: FU Berlin.

Lönnendonker, S. et al.(1983). *Hochschule im Umbruch, Teil V: Gewalt und Gegengewalt (1967-1969)*. Berlin: FU Berlin.

Meschkat, K.(1967). Auf Stand gebaut? Gedanken zur neuen Universität, Stephan Leibfried, ed., *Wider den Untertanfabrik*. Köln: Pahl-Rugenstein, 25-42.

Nitsch, W.(1967a). Was ist 'Kritische Universität', Stephan Leibfried, ed., *Wider den Untertanfabrik*, Köln: Pahl Rugenstein, 321-330.

Nitsch, W.(1967b). Argumente für eine 'Kritische Universität', Stephan Leibfried, ed., *Wider den Untertanfabrik, Köln: Pahl Rugenstein*, 331-334.

SDS(1961/1972). SDS Hochschuldenkschrift, (Frankfurt: Neue Kritik, 1972), [이 책은 1961년에 나온 SDS 제안서 SDS: *Hochschule in der Demokratie. Denkschrift des Sozialistischen Deutschen Studentenbundes zur Hochschulreform*. Frankfurt를 재인쇄한 것이다].

• 2차문헌

김누리(2013). 독일 68혁명과 대학개혁, **독어교육**, 58, 247-276.

김유경(2019). 독일 대학의 대학평의회: 대학법을 통해서 본 그 구성과 권한 https://blog.naver.com/PostView.naver? blogId=upikr2018&logNo=222308487805&categoryNo=0&parentCategoryNo=0.(검색일: 2023.2.4.).

정대성(2019a). **68혁명, 상상력이 빚은 저항의 역사**. 서울: 당대.

정대성(2019b). 독일 68운동의 전사(前史), 베를린 학생운동. **독일연구**, 40, 119-155.

Aron, R.(1968). *La révolution introuvable. Réflexions surlesévénements de mai.* Paris: Fayard.

Bauß, G.(1977). *Die Studentenbewegung der sechziger Jahre in der Bundesrepublik und Westberlin.* Köln: Pahl-Rugenstein.

Bocks, P. B.(2012). *Mehr Demokratie gewagt? Das Hochschulrahmengesetz und die sozial-liberale Reformpolitik 1969-1976.* Bonn: Dietz.

Fenner, C.(1978). *Unfähig zur Reform?*, Christian Fenner et al., eds., *Unfähig zur Reform? Eine Bilanz der inneren Reformen seit 1969.* Köln: Europäische Verlagsanstalt, 7-29.

Fichter, T. & Lönnendonker, S.(2021). *Genossen! Wir Haben Fehler Gemacht: Der Sozialistische Deutsche Studentenbund 1946-1970. Der Motor Der 68er Revolte.* Marburg: Schüren Verlag.

Funke, H.(2017). *Antiautoritär. 50 Jahre Studentbewegung: die politisch-koulutrellen Umbrueche.* Hamburg: VAS.

Gilcher-Holtey, I.(2003). *Die 68er Bewegung: Deutschland, Westeuropa, USA.* 정대성 역(2006). **68운동(독일 서유럽 미국)**. 서울: 들녘.

Greiffenhagen, M.(1975). *Freiheit gegen Gleichheit? Zur 'Tendenzwende' in der Bundesrepublik.* Hamburg: Hoffmann und Campe Verlag.

Horlemann, J.(1989). Zwischen Soziologie und Politik: Rekonstruktion eines Werdegangs, Heinz Bude and Martin Kohli, eds., *Radikalisierte Aufklärung: Studentenbewegung und Soziologie in Berlin 1965 bis 1970.* Weinheim: Juventa Verlag, 220-221.

Horn, G.-R.(2007). *The Spirit of '68. Rebellion in Western Europe and North America, 1956–1976.* New York: Oxford University Press.

Jäger, W.(1984). Die Innenpolitik der sozial-liberalen Koalition 1969-1974, Karl Dietrich Bracher et al., *Republik im Wandel 1969-1974. Die Ära Brandt.* Stuttgart: Deutsche Verlags-Anstalt, 13-160.

Jung, D. S.(2016). *Der Kampf gegen das Presse-Imperium: Die Anti-*

Springer-Kampagne der 68er-Bewegung. Bielefeld: transcript.

Kenkmann, A.(2000). Von der bundesdeutschen 'Bildungsmisere' zur Bildungsreform in den 60er Jahren, Axel Schild, et al., *Dynamische Zeiten. Die 60er Jahre in den beiden deutschen Gesellschaft.*, Hamburg: Hans Christian Verlag, 402-423.

Klimke, M.(2007). Sit-in, Teach-in, Go-in. Die transnationale Zikulation kultureller Pratiken in den 1960er Jahren am Beispiel der direkten Aktion, Martin Klimke & Joachim Scharloth, eds., *1968. Handbuch zur Kultur- und Mediengeschichte der Studentenbewegung.* Stuttgart: J.B. Metzler, 2007, 119-133.

Kraus, J.(2018). *50 Jahre Umerziehung. Die 68er und ihre Hinterlassenschaften.* Berlin: Thomas Hoof KG.

Kraushaar, W.(2018). *Die 68er-Bewegung International: Eine illustrierte Chronik 1960-1969, II: 1967.* Stuttgart: Klett-Cotta.

Mercer, B.(2020). *Student Revolt in 1968. France, Italy and West Germany.* Cambridge: Cambridge Universtiy Press.

Meschkat, K.(1967). Auf Stand gebaut? Gedanken zur neuen Universität, Stephan Leibfried, ed., *Wider den Untertanfabrik.* Köln: Pahl-Rugenstein, 25-42.

Meßner, D.(2017). 'Unter den Talaren - Muff von 1000 Jahren' - Die bekannteste Protestaktion der Hamburger Studentenbewegung fand vor 50 Jahren statt, 8. November 2017, https://www.uni-hamburg.de/newsroom/campus/2017-11-08-unter-den-talaren.html.(검색일: 2022.11.11.).

Neumann, D.(2008). *Die 68er-Bewegung und ihre pädagogischen Mythen. Auswirkungen auf Erziehung und Bildung.* St. Augustin: Konrad-Adenauer-Stiftung.

Picht, G.(1964). *Die deutsche Bildungskatastrophe. Analyse und Dokumentation.* Olten: Walter Verlag.

Rohstock, A.(2010). *Von der "Ordinarienuniversität" zur "Revolutionszentrale"? Hochschulreform und Hochschulrevolte in Bayern und Hessen 1957-1976.* München: Oldenburg Verlag.

Rohstock, A.(2021). '1968' und die Hochschulreform - Univeristaeten zwischen gesellschaftlicher Kritik und der Rationalitaet des Kalten Kriegs, Meike Sophia Baader et al., *1968: Kontinuitäten und Diskontinuitäten einer kulturellen Revolte*. Frankfurt: Campus, 245-268.

Rohstock, A.(2011). Nur ein Nebenschauplatz - Zur Bedeutung der '68er'-Protestbewegung für die westdeutsche Hochschulpolitik, Udo Wengst, ed., *Reform und Revolte: Politischer und gesellschaftlicher Wandel in der Bundesrepublik Deutschland vor und nach 1968*. München: De Gruyter Oldenbourg, 45-59.

Schmidt, M.G.(1979). 'Die Politik der inneren Reformen' in der Bundesrepublik Deutschland seit 1969, Christian Fenner et al., eds., *Unfähig zur Reform? Eine Bilanz der inneren Reformen seit 1969*. Köln: Europäische Verlagsanstalt, 30-81.

Schmidtke, M.(2003). *Der Aufbruch der jungen Intelligenz. Die 68er Jahre in der Bundesrepublik und den USA*. Frankurt: Campus.

Schneider, P.(2008). *Rebellion und Wahn: Mein '68*. Köln: Kiepenheuer & Witsch.

Thomas, N.(2003). *Protest Movements in 1960s West Germany. A Social History of Dissent and Democracy*. Oxford & New York: Berg.

Wesel, U.(2002). *Die verspielte Revolution. 1968 und die Folgen*. München: Karl Blessing Verlag.

07

Q:

정의로운 교육체제의 수립을 위해 무엇을 해야 하는가?

교육의 정의를 위해 개인의 정체성을 형성하고 인정하는 사회적 관계를 구성하면서(인정 정의), 사회적 기본재로서의 교육 기회를 공정하게 분배하여(분배 정의), 자율적이고 합리적으로 인생 계획을 수립할 수 있어야 한다.

07

능력주의의 대안으로서 사회정의 교육의 요청

심성보

1. 능력주의의 역설

불공정엔 분개하지만 불평등엔 찬성하는 사회, 시험 한 번으로 인생이 결정되는 한국은 정의로운가? 한국 사회와 한국인은 불평등은 참아도 불공정은 못 참는다. 오랫동안 한국 사회의 가장 큰 이슈 중 하나는 단연코 '공정'이었다. 그동안 한국 사회에서 공정성이 얼마나 허망했는지 말이다. 한국의 능력주의는 때때로 혐오까지 나아가기도 한다. 격차와 불평등을 동력 삼아 모두가 전쟁처럼 살아야 하는 사회는 정의롭지도, 행복하지도, 효율적이지도 않다. 기회가 있을 때마다 한국 교육을 찬양했던 미국의 오바마 전 대통령 역시 아주 강한 능력주의(meritocracy)[1]의 신

---

[1] 지능(IQ)+노력(Effort)=능력(Merit)을 모토로 삼는 『능력주의 *The Rise of Meritocracy*』(1994/2020)라는 소설은 능력주의가 지배하는 미래를 그린 소설이다. 지능+노력=능력이라는 대표적 도식은 마이클 영(1915~2002)이 독창적으로 고안해 이 소설에서 소개했다. 이 책이 출간되고 50년이 지난 2001년 토니 블레어 전 영국 수상은 '영국을 완전히 능력주의 사회로 바꾸자'는 연설을 하면서 노동당의 정치적 지향을 '능력주의'로 제시하였으며, 미국을 능력주의의 모델로 치켜세웠다. 그러자 그 개념의 창안자이자 영국 노동당의 원로 정치인이기도 했던, 어느덧 86세가 된 영은 능력주의를 맹신하는 블레어 정부에 발끈해 〈가디언〉에 '능력주의를 집어치워!'라는 칼럼을 기고했다. 영이 『능력주의』에서 보여준 평등의 황금기를 이끈 '능력주의 유토피아'가 처음엔 매우 공평하고 공정한 시스템처럼 보였지만, 점차 불평등을 정당화하는 잔혹한 '디스토피아'로 변해갔기 때문이다. 능력 피라미드 상층부의 인간은 저-능력자들을 노골적으로 경멸하고, 피라미드 아래의 사람들은 경멸당하고 착취당하면서도 저항할 능력조차 상실한 채 고통을 받는 현실을 개탄하는 내용이었다. 물론 영도 능력주의를 통째로 부정하지는 않았다. '능력 있는 개인에게 일자리를 주는 것은 아무 문제

봉자였다.

　능력주의는 능력이 권력이나 부를 비롯한 사회적 지위나 자원을 배분하는 기준으로 작동해야 한다는 이념이나 사회 구성 원리라고 할 수 있다. 능력주의는 개인의 능력에 따라 사회적 지위나 권력이 부여되는 사회를 추구하는 정치철학, 즉 자유주의, 개인주의, 공리주의에 근거한 것으로서 자본주의 논리에 의해 구성되며, 그 논리에 따라 경제적 보상과 사회적 인정의 격차가 생겨난다. 능력주의는 능력을 개인의 성취라고 평가하고, 개인의 능력에 비례하여 사회적 지위와 소득 등의 특혜를 분배하는 원리다. 능력주의가 지닌 매력의 가장 중요한 원천은 그것이 '세습'에 반대하고 평등주의를 표방하면서 개인들의 노력과 능력에 따른 기여를 정당하게 평가하는 데 있다. 능력주의는 집단과 공동체를 해체하고 개인별 위계가 생기는 것을 가능케 한다. 그래서 그것은 모든 사회 구성원에게 혈통이나 출신과는 무관하게 사회적 경쟁 체제에서 성공할 가능성을 보장한다는 점에서 봉건적 귀족 체제에 맞선 혁명을 통해 성립한 서구적 근대 민주주의의 이상에 부합한다고 박수를 받았다. 근대에 들어서면서 여러 나라는 지위 세습과 특권을 해소하기 위해 능력주의를 도입했고, 봉건신분제 사회에 비해 조금 더 평등해졌다. 능력주의가 민주주의 발전을 위한 초석으로 작동하면서 서구의 근대 이후 민주주의 발전의 원동력 또는 민주주의 사회의 토대(Piketty, 2013/2015: 8)라고 평가를 받았다.

─────────

가 없다. 그렇지만 특정한 종류의 능력이 있다고 판단되는 사람들이 새로운 사회계급으로 굳어지고 나머지 사람들은 거기에 끼지 못한다면 문제가 된다.' 하지만 소설에서 경고한 능력주의의 부작용이 이제 낱낱이 드러난 상황이었다. 영은 능력주의가 긍정적 의미를 상실하면서 부작용이 나타나기 시작한 시점에 쓴 책에서 독자들이 교육과 능력, 평등의 관계를 심사숙고해 보기를 바랐다. 그리고 앙상한 능력주의만으로 공정한 사회를 만들기 어렵다면, 어떤 이념을 밑바탕에 두고 사회 전체를 세워야 하느냐는 문제에 대해 다시 한번 독자의 관심을 환기한다. 어쩌면 소설에 등장하는 능력주의 사회와 가장 흡사한 곳이 오늘날의 한국일지 모른다. 한국은 아마 전 세계에서 거의 유일하게 '단 한 번'의 시험으로 인생 전체를 평가하는 나라가 된 듯하다.

능력주의 이데올로기가 주창하고 있는 논리들은 다음과 같은 힘을 발휘한다(공현, 2020: 19-20).

- 개인에게 속하는 고유한 능력(지능/재능과 노력 또는 성취)이 존재한다.
- 능력은 시험과 같은 적절한 절차로 정확하게 측정하고 평가할 수 있다.
- 현대 사회는 학교 교육 등을 통해 동등한 출발선, 즉 성장과 능력 발휘의 기회를 보장한다.
- 각자의 능력은 오직 개인의 책임이다.
- 사회의 불평등과 차등은 대부분 능력의 차이에 따른 것이다.
- 더 능력이 뛰어난 사람이 더 많은 보상을 받고 더 높은 사회적 지위를 가지는 것, 즉 능력에 따른 차등 대우는 정당하고 바람직하다.

이런 명제들은 능력주의에서는 명백한 진실이거나 상식인 것처럼 여겨진다. 하지만 하나하나 따져보면 결코 생각만큼 자명하지 않으며, 현실과 매우 어긋난 허구적 명제인 경우가 많다. 능력에 대한 가장 기본적인 전제들부터가 그러하다.

〈표7-1〉 능력에 대한 서로 다른 관점(Bradbury, 2021: 38)[2]

내재성	위치성[3]	귀속성
지능, 역량, 재능	조절 점수	준비성
잠재력	성취 점수	지식
	표준 점수	배경

---

2 앨리스 브래드버리(Alice Bradbury)는 지능+노력으로 구성된 '능력(ability/merit)'을 내재적(innate) 능력, 위치적(positional) 능력, 귀속적(attribute) 능력으로 구분한다. '내재적 능력'은 지능과 역량 또는 재능적 능력, 잠재적 능력을 포함한다. '위치적 능력'은 조절점으로서의 능력, 성취적 능력, 표준적 능력을 포함한다. 그리고 '귀속적 능력'은 준비성으로서 능력, 지식으로서의 능력, 배경으로서의 능력을 포함한다(Bradbury, 2021: 31-37).

오늘날 '지능(I)+노력(E)=능력(M)'이라는 도식에 바탕을 두고 있는, 능력에 따른 차별적 보상을 하는 인정 체제인 '능력주의' 이데올로기가 신랄하게 비판받고 있다. '지능+노력=능력'이 사회의 높은 지위를 위한 선발원리가 되면서 능력이라는 게 절대적 기준이 되다 보니 수준별 교육, 우열반 편승 등이 일반화되는 건 시간문제가 되었다. 지능검사와 능력 평가의 체계는 점점 더 합리화될 수밖에 없고, 그러다 보니 아주 어린 나이에 누군가의 미래 잠재력을 체계적으로 가려내는 일이 가능해졌다. 결국불평등이 개인화되어 있는 것이든, 사회적 특징과 체계적으로 연관된 것이든, 요체는 서로 다른 사람들이 교육 불평등에 대한 태도나 이 태도의근본적인 근거에 대해 동의하지 않을 수 있다는 점이다. 사실 자신이 공정하다고 믿는 사람일수록 더 불공정하고 편향되게 행동하는 경향이 있다. 이른바 '능력주의의 역설'이 일어난다. 타고난 신분(귀속주의)이 아니라후속적 노력(능력주의)에 의해 성적, 입학, 직업을 결정하는 공교육을 탄생시킨 국민국가의 근대교육에 대한 믿음이 붕괴되고 있는 것이다.

법적 신분의 평등은 최소한의 필요조건일 뿐, 결코 실질적으로 평등하거나 정의로운 상태라 할 수 없다. 우리 모두 이걸 모르는 건 아니지만, 다른 대안이 존재하지 않는 상황에서 '능력 겨루기 경쟁'에 순응할 수밖에 없는 게 현실이다. 능력주의는 한때 세습 귀족주의에 대항하는 진보적 이데올로기였지만, 이후 자본주의 체제하에서 계급 역시 세습되며, 계급이 개인의 능력에 미치는 영향이 절대적이라는 게 확인되면서 보수 이데올로기로 전락하고 말았다.

---

3 '위치성(positionality)'이란 본질적인 특질이라기보다는 상대적인 지위의 표식으로서 젠더, 인종, 성적 취향, 장애, 국적, 모국어 등에 대하여 사회적으로 구성된 위계 내에서 차지하는 개인의 지위를 말한다. 이런 표식들에 따라 개인이 어디에 위치하느냐는 그가 세상을 바라보고 이해하는 방식에 정보를 주고 영향을 미친다. 사람은 자신의 위치성에 따라서 세상을 다르게 볼 수 있다. 위치성은 우리가 옳다고 믿는 것뿐만 아니라 우리가 믿는 이유를 이해하기 위한 토대가 된다. 사회계층에서의 '위치성'은 사회정의를 향한 교육자들의 성향에 큰 영향을 미치는 요인이다.

능력주의는 한국인의 일상 전체를 지배하고 있다고 해도 과언이 아니다. 능력이 우월할수록 더 많은 몫을 가지고 능력이 열등할수록 더 적은 몫을 가지는 것은 당연시되곤 한다. 우리의 입시체제는 대입 응시생 개인은 물론이고 응시생의 가족 모두가 동시에 참전하는 '계급전쟁'을 벌이게 한다. 한국인은 현실에서 불평등을 겪고 있어도 평등에 대한 열망을 포기하지 않는 모습을 보인다. 격동의 세월을 보내는 동안 학교 교육은 경쟁이 매우 치열하여 불공정한 사례가 속출했지만, 교육을 통해 출세하려는 의지에 눌려 묵인되곤 하였다. 학교 교육 기회는 평등하지 않았어도 지속적으로 확대되었기에 희석되고 말았다.

　박권일은 『한국의 능력주의』(2021)에서 능력주의 문제가 한국 사회에서 심각하게 제기되지 않는 이유를 크게 두 가지로 범주화한다. 첫째, 여전히 전근대적 형태의 세습과 상속이 사회에 뿌리 깊게 남아 있어서다. 이런 형태에 맞서기 위한 이데올로기적 무기로 가장 쉽게 동원될 수 있는 것이 능력주의다. 둘째, 능력주의를 대체할 만한 대안이 합의되지 않아서다. 성과를 어떻게 보상하고 생산된 자원을 어떻게 분배할 것인가 하는 첨예한 문제에 있어서 여전히 우리는 능력주의가 아닌 다른 대안을 충분히 발전시키지 못했다. 또한 '필요에 따른 분배'라는 사회주의적 대안이 현실 사회주의의 몰락으로 힘을 잃었기 때문에 능력주의가 여전히 맹위를 떨치고 있다고 볼 수 있다. 박권일이 제안하는 '능력주의 대안'은 곧 '불평등의 대안'이 나와야 한다는 것이다. 그것은 불공정이 아닌 불평등 자체를 새삼 환기하여 시민적 관심사로 돌려놓는 일이다. 능력주의가 '평등'/'공평'(equality/equity)의 요구 자체를 제거하거나 협소화시키기 때문이다. 이는 정치와 민주주의의 문제로 수렴된다. 능력주의에 대한 근본적이고 내재적인 비판은 능력주의라는 사회적 상상이 기반한 상식들을 해체하는 것에만 머무르지 않는다. 만일 그 비판이 정합적이고 일관적이라면 그것은 결국 차별주의에 대한 반대와 평등주의에 대한 정당화로 수렴하게 될 것이다(박권일, 2020: 157, 163-164).

스티븐 맥나미와 로버트 밀러 주니어는 『능력주의는 허구다 *The Meritocracy Myth*』(2004/ 2015)에서 오늘날의 능력주의는 위험하다며 '능력주의 신화'의 문제점과 그 부작용 등을 낱낱이 파헤친다. 능력주의의 개념을 보여주는, 자주 사용되는 비유는 '경주'이다. 이런 비유의 가정은 삶이 승자와 패자가 갈리는 경주와 같은 것이지만, 그 경주는 공정하게 달려야 한다는 보장이 있어야 한다. 이때 우리는 기회로서 출발선이 같았지만, 과정으로서 규칙은 공정한지, 이로부터 도출된 결과로 서열/승패가 정당한지를 묻지 않을 수 없다. 우리 사회나 삶은 개개인이 참가하는 경주나 시합이 아니다. 경주나 시합이 있더라도 그것은 일부일 뿐이다. 삶 전체를 경주로 본다면, 결국 우리는 끊임없이 서로의 속도와 기록을 재기 위한 시험과 평가로 생애를 채워 가야 한다. 공정성 원리의 가장 기본적인 내용은 공정한 경기에 대해 우리가 갖는 일상적 판단에서 나온다. 따라서 공정성에 대한 일상적이고 깊이 있는 판단에서 공정성의 원칙을 끌어낸다면 '출발선의 평등' + '반칙 없는 경쟁 과정'으로 집약할 수 있다(McNamee & Miller, 2015/2016: 17-20). 사회가 진정한 능력 시스템을 토대로 돌아가려면 모두가 '똑같은 지점'에서 출발해야 한다.

그런데 현재 우리가 펼치고 있는 삶의 경주는 세대가 바뀔 때마다 판을 다시 짜서 모두가 똑같은 출발점에서 새롭게 시작하는 '개인 사이의 경주'가 아니라, 부모로부터 인생 출발점이라는 배턴을 물려받는 '릴레이 경주'가 되어버렸다(McNamee & Miller, 2015/2016: 17-20). 세대가 바뀔 때 '배턴'을 어떻게 넘겨주느냐가 자녀의 삶에 지대한 영향을 미친다. 결국 우리 사회가 펼친 삶의 경주는 '공정성(fairness)'을 잃었다. 지금처럼 경제적 불평등이 심할수록 '비-능력적' 요인이 불평등한 삶에 더 큰 책임이 있기 때문이다. 말하자면 개인의 삶에 영향을 미치는 두 개의 큰 기둥, 즉 '능력적 요인(merit factor)'과 '비-능력적 요인(non-merit factor)'을 비교해 보자. 역사적으로 능력주의는 개인의 능력적 요인이 삶에 미치는 영향을 '과대평가'해 온 반면, 비-능력적 요인이 미치는 영향은 '과소평가'해 왔던 것이다(McNamee & Miller, 2015/2016: 14-16). 비-능력적 요인이 개인의 미래에 결정적인 영향을 끼치기 때문에 능력주의는 그저 허울만 있을 뿐 제대로 작동하지 않은 것이다. 한마디로 '오작동'이다. 학교 교육은 적극적으로 능력주의를 가르치고 현실로 만들기도 한다. 교육 불평등은 취학 기회, 학습 기회, 취업 기회 등 다양한 방면에서 일어나고 있다. 이러한 능력주의 체제하의 교육에서는 학력과 성적이 가장 중요할 수밖에 없기에 교육의 불평등을 불가피하게 초래한다. 결국 학교와 교육은 사회에 존재하는 기존의 불평등을 반영하고 정당화할 뿐 아니라, 오히려 더 심화시켜 부모 세대에서 자녀 세대로 불평등한 삶을 대물림하는 데 일조하는 '잔인한 매개체'— 피에르 부르디외가 강조한 —의 역할을 하였다. 사회의 불평등이 교육을 통해 완화될 수 없게 된 것이다.

더욱이 '무엇을 아느냐'보다 더 중요한 것은 '누구를 아느냐(사회적 자본)'이며, 그리고 누구를 아느냐보다 더 중요한 것은 '어떤 위치에 있는 사람을 아느냐'와 '누구와 어울리느냐(문화적 자본)'가 되어버렸다(McNamee & Miller, 2015/2016: 27-28, 124). 풍부한 사회적 자본을 누릴 수 있고 활용할 수 있는 것은 계층에 따른 또 하나의 '차별적 특혜'가 되었다. 하지만 이것은 자신의 능력으로 개척한 것이 아니다. 부모로부터 공짜로 물려받은 것이다. 결국 문화적 자본의 습득은 차별적인 성취 과정이 아니라, '차별적인 상속 과정'이라고 보는 것이 정확하다. 경제적 자본을 '올드 머니'라고 한다면, 문화적 자본은 '뉴 머니'가 된다(McNamee & Miller, 2015/2016: 109-111). 사회적 자본이나 문화적 자본은 개인의 능력으로 획득한 것이 아니라, 부모로부터 물려받은 무형의 상속 자산이라고 할 수 있다. 이런 의미에서 이 두 자본은 '세습 자본'이라고 할 수 있다. 부는 사회적 자본과 문화적 자본으로 전환되어 부유층과 권력층의 자녀들에게 학업과 취업, 이직 등에서 확실한 '비-능력적 특혜'를 안겨준 것이다 (McNamee & Miller, 2015/2016: 29). 여기서 출세주의자가 기승을 부린다.

예일대의 마코비츠 교수는 『엘리트 세습 *Meritocracy Trap*』(2019/2020)

에서 '능력주의'가 유발하고 심화시킨 불평등을 과감하게 비판한다. 능력주의가 유지되려면 경쟁이 필수적이다. 동료는 모두 경쟁자다. 모든 단계에서 승리가 아니면 탈락이다. 능력주의는 옴짝달싹 못 하게 옭아매며 절대 끝나지 않는 경쟁에 엘리트들을 가둬 둔다. 오늘날의 왕조는 '능력 상속'을 토대로 구축된다. 마코비츠는 능력주의와 불평등의 상관관계를 논하는 것을 넘어 아예 '능력주의의 불평등'이라고 진단하면서 당당하게 부의 재분배를 요청한다. 엘리트 계급(기득권 계층)은 이른바 좋은 대학과 직업을 선점하고, 그들의 부와 자원을 동원해 자녀들 역시 좋은 대학과 직업을 선점하도록 돕는다. 이런 주기가 장기간 이어지면서 부의 불평등은 세대를 넘어 재생산되며, 따라서 사회 이동성은 급격하게 감소하게 된다. 그는 이러한 '능력주의의 덫'이 그려낸 그림을 보면서 능력주의가 최상위 계급에는 절대적으로 유리한 시스템이라며 이것이 불평등뿐만 아니라 재분배까지 변화시켰다는 사실을 폭로한다. 이렇게 하여 아래 모형에서 보듯, 부유한 어린이들은 저소득층뿐만 아니라 중산층 어린이들을 교육 단계마다 체계적으로 앞서 나가는 것이다.

〈표7-2〉 우리나라 교육 불평등의 인과관계 설명을 위한 가설적 모형(오욱환, 2021: 398)

가정 배경	학교 교육 기회	학교 교육 성과	학교 교육 보상
경제자본 (소득, 수입, 재산, 자녀 수) 문화자본 (언어, 문화, 종교) 사회자본 (인종, 종족, 지역, 가족, 가족 유형)	취학 기회 학습 기회	학력 (학교 다닌 연한, 최종 학교의 단계) 학벌 (학교의 지명도, 전공의 선호도) 학업성적	경제적 효과 (취업, 일자리 종류, 소득, 수입, 재산) 심리적 효과 사회적 효과 (위세, 배우자)

한국 사회에서 요구하는 '공정'은, 즉 '노력에 비례하는 보상'의 원칙이다. 이 같은 계산적 논리는 현대 자본주의 사회의 지배적 패러다임으로 기능해 왔지만, 비례적 원칙의 과도한 규범화는 사람들이 경쟁과 비교를 내면화하게 만들었다. 능력주의가 평등을 대체하면서 불평등에 대해 분노하는 운동도 능력주의를 벗어나지 못하게 된 것이다. 여기서 정치철학자 장은주는 능력주의의 이중적 기능을 드러낸다. 그는 『공정의 배신: 능력주의에 갇힌 한국의 공정』(2021)에서 한국 사회만이 아니라, 오늘날 전 세계를 지배하고 있는 '능력주의'가 한국인의 공정 관념을 어떻게 왜곡시키는지 분석하고 정치적 대안을 제시한다. 저자는 우리 사회의 교육열이나 교육 병리 문제야말로 한국인들의 능력주의적 정의관을 가장 잘 드러내고 있다고 말한다. 능력주의는 단순히 이데올로기이기를 넘어 사람들을 능력에 따라 줄을 세우고 그것을 기준으로 그들이 차등적인 대우를 받는 사회의 다른 역할을 담당하도록 할당하는 사회체계가 된 것이다.

　그가 주장하고 또 우리가 주의 깊게 봐야 할 대목으로는 우리의 능력주의가 단지 서구의 수입품이 아니라, 이미 몇백 년 전부터 우리의 정신적 기둥이 된 유교에서 발원하였다는 점이다. 세습되던 신분 지위에 따라 기회뿐만 아니라 평생 누릴 것들이 정해졌던 과거 신분제 사회를 해체하는 데에도 이 관념은 큰 영향을 미쳤고, 자본주의가 활짝 꽃피면서 모든 나라에서 사회를 조직하고 사람들의 염원과 갈망을 빚어내는 원리로 작용하였다. 과거제도에서 아주 극명하게 드러나는 유교의 능력주의적 원리는 한국의 근대적 발전 과정에서 근대화와 민주화를 추동한 힘이었다. 그런데 이제는 승자독식의 이기적이고 탐욕적인 이데올로기로 전락하여 사회의 민주적 전진을 가로막는 장애물이 되었다. 사회생활과 경제 분야에서만이 아니라 정치에서도 현대적 귀족들의 능력주의적 지위 점유와 현대적인 세습이 일어났다. 여기에서 문제는 어떤 식으로든 기여(업적/공적)의 차이에 대한 능력주의적 보상의 격차가 불평등을 격화시키고 고착화하여 사람들 사이의 관계를 지배의 관계로 변화시키고 있는 점이다.

따라서 능력주의는 그 자체만으로는 새로운 세습 체제의 출현을 막지 못한다. 능력주의는 단지 그러한 사실상의 세습체제를 공정한 경쟁의 결과로 포장함으로써 '은폐'할 뿐이다. 즉 '은폐된 세습'이나 다름없다. 교육은 이 능력주의 체제의 핵심 동력으로서 아주 결정적인 역할을 담당한다. 이렇게 능력주의는 자유와 기회를 알리는 복음이기도 하지만, 다른편에서 '능력 없는' 사람들의 박탈감, 희생, 좌절감 위에 존재할 뿐만 아니라, 승자독식의 사회시스템과 연결될 경우 피해를 더 키운다. 경쟁이 너무나 격렬한 우리 시대에 최종 승자 그룹 안에 끼기는 무척 힘들다. 이것은 부모의 넉넉지 못한 현실을 대물림했기 때문일 가능성도 크다. 당락을 결정짓는 실력 차는 1이지만, 그것이 안겨주는 경제적 보상은 100까지 벌어져 초기의 사소한 차이가 최종 결과에서는 엄청난 증폭을 보인다. 실력(능력, 재능 등)과 노력만으로 승리가 보장되는 경우는 드물다. 열심히 노력하고 실력을 갖췄는데도 누군가는 왜 성공하지 못할까? 젊은시절 결정되는 학력과 학벌에 따라 인생 전체가 좌우되는 한국 사회에서는 '영원한 군비 경쟁' 같은 입시 전쟁이 벌어지고 있기 때문이다.

마이클 샌델은 『공정하다는 착각 The Tyranny of Merit』(2020)에서 능력주의 '신화'에 균열을 내는 파괴적 시도를 한다. 우리 사회에도 능력주의 신화[4]가 뿌리 깊게 스며들어 있는데, 사회가 능력에 따라 경제적 보상과 지위를 배분해야 한다는 생각은 매력적이다. 우리는 상황의 희생자가 아니라 우리 운명의 주인으로서 재능과 노력에 따라 얼마든지 높이 오르고 꿈을 이룰 수 있는 존재다. 이는 능력에 대한 기분 좋은 낙관론이며, '우리는 우리가 가질 자격이 있는 것을 갖는다'는 도덕적으로 뿌듯한 결론을 수반하기도 한다. 나의 성공이 오롯이 나의 덕이며 재능과 노력으로 성취하는 것이라면 그 성공을 자랑할 만하다. 하지만 그럼에도 불

---

4   능력주의 신화는 첫째, 능력 우선 채용에서 '바람직하다'라고 본 효율성과 공정성을 원칙화한 것이다. 둘째, 능력 위주로 보상하는 사회는 야망이라는 차원에서도 매력적이다. 사회가 능력에 따라 경제적 보상과 지위를 배분해야 한다는 생각은 매력을 지니는 것이다.

구하고 능력주의 원칙은 폭압적으로 변할 수 있다. 사회가 그 원칙에 따르지 못할 뿐만 아니라, 따를 때 더더욱 그렇다. 능력주의 이상의 어두운 면은 가장 매혹적인 약속, 즉 '누구나 자기 운영의 주인 될 수 있고, 자수성가할 수 있다'는 말 안에 숨어 있다. 이 약속은 견디기 어려운 힘든 부담을 준다. 능력주의의 이상은 개인의 책임에 큰 무게를 싣는다. 그것은 도덕적 행위자이며 시민으로서 스스로 생각하고 행동할 수 있는 능력을 반영한다. 그러나 그렇다고 해서 우리 각자가 삶에서 주어진 결과에 전적으로 책임을 져야 한다고는 말할 수 없다(Sandel, 2020/2020: 67).

그래서 샌델은 능력주의의 모순을 지적하고 능력주의를 신봉하는 진보적 정치인들 때문에 트럼프와 같은 우파 포퓰리즘이 득세하게 되었다며 그 배경을 비판한다. "우리가 노력하면 성공할 수 있다'라고 너무나도 당연히 생각해 왔던, 개인의 능력을 우선시하고 보상해 주는 능력주의 이상이 근본적으로 크게 잘못되어 있다"라고 주장한다. 그래서 능력주의란 승자에게 '오만'을, 패자에게 '굴욕'을 퍼뜨릴 수밖에 없다(Sandel, 2020/2020: 153, 286-287). 승자는 자신의 승리를 "나의 능력에 따른 것이다. 나의 노력으로 얻어낸, 부정할 수 없는 성과에 대한 당연한 보상이다."라고 보게 된다. 그리고 자신보다 성공하지 못한 사람들을 업신여기게 된다. 능력주의의 정당성이 취약하다는 사실이 사회적으로 공유됨으로써 승자가 겸손한 태도를 가져야 한다는 사회적 압력이 확산되어야 한다. 시민들의 자유와 평등, 그리고 사회참여를 증대하여 민주적 연대를 증진할 수 있는 일이므로 마땅히 실현해야 하는 정의의 원칙인 것이다.

그렇다고 하여 능력주의 사회에서 성공한 엘리트들은 과연 행복할까? 샌델은 단호하게 그렇지 않다고 단언한다. 능력주의는 과거의 귀족과 달리 일생 동안 지속되는 경쟁의 길로 내달려 장시간 노동에 시달리게 하기 때문이다. 그래서 대학 교육을 받은 엘리트들은 특권을 획득하기 위해 일생 동안 치열하게 경쟁 속에서 살아간다. 좋은 일자리를 얻은 뒤에도 자신의 재능을 끊임없이 입증하느라 탈진 상태와 집단 불안에 빠져든다. 결국 대학, 특히 SKY를 통한 학력의 무기화는 능력주의가 얼마나 '폭정'을 자행할 수 있는지를 보여준 것이라고 할 수 있다. 능력주의는 이제 '능력 있는 사람'과 그렇지 못한 사람 사이의 매우 심각한 사회경제적인 불평등뿐만 아니라, 심지어 이렇게 민주주의 원칙과 조화하기 힘든 정치적 불평등마저 낳고 또 정당화하면서 민주주의 토대를 위협하는 심각한 사태가 전개되고 있다. 능력주의가 지배하는 교육이 민주주의를 위협하고 있는 것은 심각한 문제가 아닐 수 없다. 그래서 성적 기반 능력주의적 인식과 구조를 극복하는 것이 한국 사회가 해결해야 할 과제라고 할 수 있다.

이 글은 이러한 문제 의식을 가지고 능력주의에 대한 대안적 담론으로서 정의론을 제창하면서 사회정의교육과 정의로운 교육체제를 모색하고자 한다.

2. 능력주의에 대한 대안으로서 정의론

최근 능력주의 담론을 넘어서기 위한 대안으로서 '정의론'에 대한 관심이 높아졌다. 능력주의가 불평등을 정당화하는 이데올로기로 작동하고 있기 때문이다. 능력주의 이데올로기는 공정하지도 않으며, 불평등을 해소해 주지도 않다는 것이다. 아이리스 영은 능력의 원칙이 개인들의 직무 성과를 측정하는 규범적·문화적으로 중립적인 척도들을 요구하지만, 이는 충분조건이 되지 못한다고 주장한다. 능력주의 이데올로기는 지위를 할당하고 이익을 부여하는 판단 기준들의 확립을 '비-정치화'하였다고 질타한다(Young, 1990/2017: 437-446). 그래서 능력주의는 분명 차별이지만 차별로 인식되지 않고 평등, 더 정확하게 말하면 '공정'쯤으로 인식되고 있다. 능력주의는 공정의 가치를 많이 강조하지만, 사실 정의의 원리에서 볼 때 근본적인 결함을 지니고 있다. 능력주의는 서구 자본주의 사회가 그 불평등 체제를 '능력과 노력에 따른 분배'의 결과라며 정당화하는 가운데 발전한 이데올로기라고 할 수 있다. 기회가 공평하게 주어진다면 능력과 노력의 차이에 따라 성과를 차등적으로 보상해야 마땅하다는 능력주의의 원리는 현대 사회를 관통하는 정의로운 분배의 관념으로 받아들여졌다. 이에 대한 비판적 문제 제기가 많은 평등주의자들로부터 일어났다.

'정의(正義)'[5]의 근본은 '의로움(義)'에 있다. '정의'는 소유관계의 총체다 (Young, 1990/2017: 54). 정의는 흔히 국가(공동체들의 공동체)의 운영에서 '법으로서의 정의(행실에 대한 심판의 척도)'와 '복지로서의 정의(경제사회적 정의; 소득, 부, 교육, 건강 등)'로 나타난다(백종현, 2017: 750-754). 정의의 원리는 대체로 조화(응분)로서의 정의, 평등으로서의 정의, 공평으로서의 정의로 나눌 수 있다. 사회정의의 기준은 '불의의 부재'로서의 정의, '타당한 요구'로서의 정의, '응분의 몫에 관한 정당화의 근거로서의 정의 등 여러 가지 규범적 특징을 지니고 있다. 따라서 어떤 사회의 제도와 계약을 총체적으로 평가할 이상적인 기준을 마련하는 것이 사회정의의 핵심이라고 할 수 있다.

⟨표7-3⟩ 정의의 원리와 유형(Smith, 2012: 12)

정의의 원리	대우의 유형	결과의 유형
응분으로서의 정의	다름	다름
평등으로서의 정의	비슷	다름
공평으로서의 정의	다름	비슷

경쟁의 과정, 기회, 조건, 출발선의 평등을 의미하는 '공정(公正/fairness)'의 가치가 경쟁의 '입구'를 관리하는 기준이라면, '공평(公平/equity)'

---

5 '정의'는 '바를 정(正)'과 '옳을 의(義)'의 합성어로서 정의란 '올바른 도리'라고 할 수 있다. 플라톤은 정의를 '올바른 행위'로, 아리스토텔레스는 '도덕적 상태', 피타고라스는 '상호성'으로 정의하였다(Atkins & Duckworth, 2019: 20).

의 가치는 경쟁의 '출구'를 관리하는 기준으로서 사회적 상벌 체계의 핵심이 된다. '공정'이 법 앞의 평등, 경쟁 출발선의 평등, 경쟁 과정의 평등, 성공할 기회의 평등을 뜻한다면, 이와 대조적인 '공평'은 합리적 불평등, 즉 차등적 대우를 뜻하기에 공정(fairness)과 공평(equity)의 동시적 조치가 필요한 '정의(justice)'의 개념과 통한다. '공정'하면 더 많은 사람들이 경쟁에 참여하여 창의와 열정을 발휘하며, '공평'해서 격차나 차별이 합리적인 모습이 되면 승자는 나태하지 않고 패자는 재도전의 의지를 잃지 않게 된다는 것이다.

최소수혜자에 대해 배려하고자 하는 공평의 기준은 사회적 기여/부담과 이익/혜택 사이의 적절한 균형을 도모하게 한다. 공평은 정당한 불평등, 합리적 불평등을 다루는 가치로서 인간이 필요로 하는 자원이나 가치를 마땅히 더 주어야 할 것에 더 주고, 더 부담해야 할 곳에는 마땅히 더 부담시키는 원칙을 핵심으로 한다. 즉, 기여·부담·의무와 이익·혜택·권리 사이의 적절한 균형이 '공평'이라고 할 수 있다. 공평은 무조건 격차가 적은 사회를 지향하는 원칙이라기보다는 사회적 최소한의 지속적인 상향과 더불어 사회가 요구하는 가치들(부, 자유, 연대의식, 윤리의식 등) 총량의 지속적인 상향을 추구하는 원칙이다. 즉, 공평의 원리는 사회가 요구하는 긍정적 가치들의 창출에 더 많이 기여하는 개인들에게 더 많이 보상하라는 원칙인 것이다. 격차, 특권, 특혜 자체를 부정하기보다는 '합리적 불평등'인지를 묻고, 지나치게 낮은 사회적 최소한과 제대로 작동되지 않는 패자 부활 시스템, 그리고 불합리한 불평등을 낳는 불공정하고 불공평한 제도와 법을 문제 삼는 것이 공평 원리의 역할이다.

공정과 공평의 원리를 포괄하는 정의의 일반적 질문은 사람들이 왜 다스려져야 하는지, 왜 억눌려 있어야 하는지, 왜 모순을 심각하게 느끼지 못하는지, 그리고 왜 굶주리는지 따져 묻고 굶주림을 야기하는 문제에 대해 질문하고 해결책을 모색하는 것은 교육의 문제인 동시에 정치의 문제이다. 정의의 문제는 분명히 국가의 사명과 분리되지 않는다. 국가는 여러 가지 면에서 시민들 사이의 관계를 형성하는 법적 질서를 시행하기 때문이다. 정의의 이념은 권리와 특권, 부담과 고통을 더할 나위 없이 정의롭게 분배하는 기준이 되어줄 원칙들을 세우는 것이다(Jonston, 2011/2011: 269). 정의는 불의를 없애는 것이고, 보이지 않는 것을 보이게 하는 것이며, 포용적이고 배려하는 공간을 창출하는 것이며, 사람들의 다양한 배경과 능력을 중시하는 것이고, 수용을 촉진하는 것이고, 다원주의 사회를 소중히 여기는 것이고 의사결정을 공유하는 것이고, 상호 이익이 되는 성과를 내는 것이다(Peters, 2020: 86).

사회정의의 개념 설정

사회정의(social justice)란 포괄적으로 모든 사람을 위한 공정성과 평등성, 그리고 공평성의 원리를 구현하는 이념으로 이해될 수 있다. 그래서 정의(justice)를 평등(equality)의 상위 개념으로 설정하고, 다차원적으로 구성된 정의의 영역 중 분배와 관련된 논의에만 적용될 수 있는 원칙이 평등이라고 규정되어야 한다(백병부 외, 2021: 24-28). 즉 '정의'는 다차원적으로 구성되는 삶의 모든 영역을 다루고 있지만, 평등은 그중에서 분배와 관련된 것만 다루는 개념이라고 할 수 있다.

평등은 그 자체가 목적이 아니라 정의를 실현하기 위한 수단으로서 가치를 지닌다. '평등'이 경제적 자원이나 사회적 지위 및 여기에 영향을 미치는 교육 성취와 관련되었음을 중심으로 진행된 반면, '정의'는 분배의 원칙을 정리하는 데서 그 영역을 확장하는 개념이라고 할 수 있다. 정의는 특정한 유형의 분배 정의 그 자체가 아니라 모든 종류의 착취와 억압, 지배와 배제, 무시와 모욕 등에서 해방된 사람들 사이의 바람직한 관계와 관련된 개념이라는 것이다.

영의 정의론

'정의'란 사회 구성원들 모두에게 '지배(dominium/domination)[6] 없는 상태'와 '억압(oppression)[7] 없는 상태'가 모두 실현하는 데 필요한 사회적 조건 및 제도적 조건으로 이루어지는 것이다(Young, 1990/2017: 16). 이는 모든 인간의 소질/역량의 만개(human flourishing)를 의미한다. 사회정의의 관심사는 좋은 삶의 가치들이 실현되는 데 필요한 제도적 조건들을 사회가 어느 정도 담아내며 지원하는가다. 모든 개인에게 공통된 좋은 삶의 가치들은 다음과 같은 두 가지 일반적 가치로 요약할 수 있다. 첫째, 자신의 역량을 계발하고 행사하며, 자신의 체험을 표현하는 것이다. 둘째, 자신이 어떤 행동을 할지 결정하는 데 참여하며, 또 자신이 행동하게 될 조건들을 결정하는 데 참여하는 것이다(Young, 1990/2017: 98). 이 두 가지 가치는 인류 보편적인 가치다. 모든 인간이 동등한 도덕적 가치를 가진다는 점을 상정하기 때문이다.

따라서 정의는 모두를 위한 다음 두 가지 조건을 해결해야 한다. 부-정의의 상태를 규정하는 두 가지 사회적 조건은 첫째, 개인들의 자기 발전을 막는 제도적인 제약으로서의 '억압'이다. 둘째, 개인들의 자기결정을 막는 제도적인 제약으로서의 '지배'다. 억압과 지배의 개념이 겹치기는 하기만, 억압은 지배(타인이 수립한 규칙을 준수하는 피억압자들에게 가해지는 제약)를 포함하거나 당연히 함축하는 것이다(Young, 1990/2017: 98-99). 따라서 자신에게 복잡하게 중첩된 지배와 억압을 최소화하는 것, 즉 이를 정반대의 방향으로 '자기결정'과 '자기 발전'을 최대한 보장하는 것이 '정의'여야 한다. 왜냐하면 억압과 지배를 최소화하는 정의의 요소로서 민

---

6 '지배'는 사람들이 어떤 행위를 할지를 결정하는데, 또는 행동의 조건들을 결정하는 데 참여하지 못하도록 막는 '구조적 현상' 또는 '시스템적 현상'을 의미한다. 지배의 구조화된 작동은 하나의 '과정'으로 이해되어야 한다.

7 '억압'이란 사회 구성원의 일부가 사회적으로 인정된 환경에서 좋은 기술들을 익히고 사용하는 것을 막는 '사회적 과정 체계'(체험, 감정, 관점 등)이다. 억압은 어떤 집단을 무력화하거나 폄훼하는 구조적 현상을 지칭한다.

주주의란 수단적 가치와 본래적 가치, 모두 갖고 있기 때문이다(Young, 1990/2017: 207). 그리고 자기결정과 자기 발전을 최대한 보장하는 정의 이론은 공교육의 목적과 방향 설정에 함의하는 바가 매우 크다.

프레이저의 정의론

인정의 정치학에 밀려 재분배의 정치학이 약해지는 것을 우려하며 정체성의 해체를 주장한 낸시 프레이저(Nancy Fraser)는 정의에 대한 기본적 전제를 사회의 모든 성원들이 동료로서 상호작용할 수 있도록 하는 사회적 배치를 요청한다(Fraser, 2008b/2019). 프레이저는 지구적 차원에서 정의의 내용에 삼차원적 정의론, 즉 경제적 차원과 문화적 차원, 그리고 정치적 차원으로 집약하여 그 핵심에 분배, 인정, 참여의 가치를 배치한다.

첫째, '분배정의(retribution justice)'는 자원과 재화가 사회 내에서 배분되는 원리로 고충을 완화하기 위한 것이다(Fraser, 2008b/2019: 37-40). 이는 부족한 것이 많은 사람의 필요에 대해서 더 많은 신경을 써야 할 좋은 이유가 된다. 우리 인간은 소유자이며 소비자이기에 어떤 정의관이든 물질적 필요가 충족된다는 것과 안락한 환경에서 산다는 것과 즐거움을 누린다는 것의 가치를 당연히 인정해야만 한다. 정의를 분배의 측면에서 파악하는 분배 패러다임은 물질적 자원(물건), 소득, 일자리, 보수 및 특권을 누리는 각종 지위를 분배하는 것에 초점을 맞춘다. 분배 패러다임의 중요한 이론가인 존 롤스(John Rawls)에 따르면 정의 지향적 사회에서는 모든 개인에게 동등한 권리와 자유가 있다. 그리고 사회적·경제적 자원은 동등하게 배분(평등한 자유의 원칙)된다. 그런데 롤스는 최소-수혜자에게 최대의 이득이 돌아가도록 보장하자는 '공평한 분배'(차등의 원칙)를 말할 때, 이들 자원이 어떻게 공평하게 분배될 수 있는지를 묻는다.[8] 그래서 분

---

8 한국 사회의 능력주의는 능력을 평가하는 방식이 불공정하고, 능력을 보상하는 체제도 불공정하며, 최소-수혜자를 위한 조치가 불공정한 것을 정당화함으로써 분배정의를 훼손시킬 수 있다.

배정의는 소유관계의 총체 또는 노동 분업의 구조와 관련하여 정의의 범위를 분배에서 찾는다. 사람들은 그들이 동등한 동료로서 다른 사람들과 상호작용하는 데 필요한 자원을 제공할 것을 거부하는 경제적 구조 때문에 완벽한 참여를 방해받을 수 있다. 이 경우 그들은 분배의 부-정의 혹은 불평등한 분배로 인해 고통을 받는다. '평등한 자유'는 물론이고 자원과 보호의 물질적 평등에서 어느 정도의 평등은 필요하다. 여기에서 사회정의의 참된 의미는 부당한 억압과 착취는 없는지, 자의적인 지배와 모욕은 없는지, 정당화될 수 없는 무시와 배제는 없는지, 그리고 공정하게 배분이 되었는지, 마땅히 받아야 할 응분의 몫은 받았는지 등을 따진다. 또한 분배정의는 조직의 자원 또는 성과에 대한 보상을 배분하는 데 있어서 공정한 원칙을 지키고자 한다. 그런데 현재 우리의 교육체제는 능력에 따라 차별적으로 교육 기회를 부여하고 그 결과를 반영해 차등적으로 사회경제적 지위를 배분하기 위한 것으로 작동한다.

둘째, '인정 정의(recognition justice)'는 규범·가치·행동을 포함하는 어떤 정체성[9]과 문화[10]가 다른 정체성 및 문화보다 더 가치 있다는 가정에 바탕을 두고 있다(Fraser, 2008b/2019: 37-40) 다른 사람들은 그들에게 필수적인 지위를 부여할 것을 거부하는 문화적 가치에 관한 제도화된 위계질서 때문에 동등한 상호작용을 방해받을 수 있다. 이 경우 그들은 신분의 불평등 혹은 무시로 인해 고통을 받는다. 예를 들어 여성의 역할이라고 간주된 돌봄과 집안일은 전형적인 남성의 역할과 연관되는 유급 고용보다 가치가 덜한 것으로 여겨지는 경우가 많다. 이런 점에서 인정적 정의론자들은 일부 집단의 정체성과 문화적 가치에 대한 잘못된 인정과 맞서 싸우려 한다. '인정의 정치'를 제창하는 사회철학자 악셀 호네트(Axel

---

9 '정체성'이란 사회화 측면에서 인식된 개별성, 즉 사회적 범주들과 자신이 '나'에 대해 가지는 것으로 여겨지는 '나'에 대한 규범, 가치, 행동들이다.

10 '문화'란 사람들이 자신의 경험을 표현하고 의사소통하는 상징, 이미지, 의미, 습관적 행동 거지, 이야기 등을 포함한다.

Honneth, 1992/2014)는 우리의 정체성이 다른 사람과 연관해 형성된다고 이해한다. 따라서 사회정의가 무엇인지 이해하려면, 다른 사람들의 견해가 우리의 인식에 어떤 영향을 끼치는지 생각해 볼 필요가 있다. 그의 관점에서 사회정의는 지배적 해석에 의존하지 않는 대안적 가치가 있는 개념으로 구성되어야 한다. 우리가 가치 있다고 여겨지는 것에 관한 지배적 개념을 사용해 무상돌봄 활동에 일생을 바친 어떤 사람의 삶을 잘못 인식하게 되면, 즉 '무시(disrespect)'하면 이것은 그 사람을 인식하는 방식에 부정적 영향을 줄 수 있다. 즉 불리한 처지의 학생들이 노력에 전념할 수 없는 불리함을 고려하지 않을 뿐 아니라, 모욕까지 느끼게 함으로써 인정투쟁을 격화시킬 수 있다. '인정'은 기저에 놓인 틀들을 변화시키지 않고 결과적인 인정 상태만을 변화시키고자 하는 '긍정적' 접근과 기저의 틀 자체를 변화시키고자 하는 '변혁적' 접근을 포함한다(Fraser, 2003/2014: 33 주8, 34 주9).

셋째, '참여 정의(participation justice)'는 개인과 집단이 사회에 정기적으로 참여하고 정치적 행위를 통해 영향을 미치기 위한 실제 가능성을 말한다(Fraser, 2008b/2019: 37-40). 이런 차원에서 정치적 정의는 분배와 인정에 관한 투쟁들이 펼쳐지는 장소(무대)다. 제도적인 조직, 공적인 행위, 사회적인 관행, 문화적인 의미가 공동의 평가와 의사결정의 대상이 될 수 있는 한, 이들의 모든 측면을 포함하는 게 '정치'다. 개인과 집단은 참여를 통해 우리 사회가 어떤 모습일지를 결정하는 어느 정도의 기회를 마련할 수 있다. 이런 면에서 대표성(representation)[11]의 결여는 정치적 불의의 사례로 간주된다. '참여적 정의'란 모든 사람이 사회생활에 동등한 동료로서 참여할 수 있게 해주는 사회적 상태를 요구하는 것이다. 불의를 극복하는 것은 다른 사람들과 동등하게 사회적 상호작용에 참여하는 것을 방해하는 제도적 장애물을 제거하는 것을 의미한다(Fraser,

---

11 '대표성'은 해당 절차에 영향을 받는 모든 구성의 이해관계가 반영되어 있는가를 묻는다.

2008b/2019: 36-37). 특정 대표는 부분적으로 일상적 불의(in-justice)[12]를 자행하는 데 기여하기 때문이다. 일상생활의 불의는 특정한 정치공동체 내부에서 왜곡된 의사결정 규칙들이 이미 구성원으로 간주되고 있는 특정한 사람들의 정치적 발언권을 손상시켜 그들이 동등한 자격을 가지고 사회적 상호작용에 참여하지 못하게 할 때 발생한다.

분배 및 인정 문제 자체도 논쟁적 대상이 되고 권력과 연관되어 있다는 의미에서 '정치적'이다. 그리고 그것들은 현실적으로 국가에 의해 판결나는 것처럼 정치적이다. 이렇게 프레이저가 정치적이라는 표현을 사용하는 것은 좀 더 특화된 구성적 의미로 국가의 사법권 및 경합을 구조화하는 결정 원칙과 관련되어 있다. 정의의 정치적 차원은 사회적 귀속의 기준을 확립하고, 이를 통해서 누구를 구성원으로 볼 것인지를 결정함으로써 다른 차원들의 범위를 설정한다. 정치적 정의는 정당한 분배와 상호인정을 받을 자격이 있는 사람들의 범위 안에 누가 포함되고 누가 배제되는지를 우리에게 말한다. 또 정치적 정의는 의사결정 규칙을 확립함으로써 경제적 차원과 문화적 차원 모두에서 문제를 제기하고 그것을 해소하기 위한 절차를 설정한다. 정치적 정의는 재분배와 인정에 대한 요구를 제기할 수 있는 당사자가 누구인지뿐만 아니라 그러한 주장들이 제기되고 판결되는 방식에 대해서도 말해준다. 구성원과 절차 문제에 집중하는 정의의 정치적 차원은 주로 대표 문제와 관련된다. 정치적인 것이 가지는 경계 설정의 측면이라는 수준에서 보면, 대표는 사회적 귀속과 관련된 문제다. 여기서 다루어지는 것은 서로에게 정의 요구에 제기할 자격을 가진 사람들의 공동체에 누구를 참여시키고 배제할 것인가 하는 문제다. 의사결정 규칙 측면에 속하는 또 다른 수준에서 보면, 대표는 공적인 정치공동체에 속한 사람들이 그들의 요구를 제기하고 그들 사이의 논쟁을 판결하는 수단이 무엇인가 하는 것이 쟁점이다. 두 차원 모두에서 대표

---

12 '불의'는 지배와 억압의 양상이라고 할 수 있고, 이와 반대되는 '정의'는 지배와 억압이 없는 상태라고 할 수 있다. 이런 상태는 모든 인간의 소질과 역량이 만개된 상태이다.

의 관계가 정의로운가 하는 문제가 발생할 수 있다.

첫째 문제가 되는 부-정의는 정의의 경제적 차원에 상응하는 사회의 '계급구조'로 인해 발생하며, 둘째 문제가 되는 부-정의는 정의의 문화적 차원에 상응하는 '신분 질서'— 영이 말하는 '사회적 지위' —로 인해 발생한다. 그리고 세 번째 문제가 되는 부-정의는 정의의 정치적 차원에 상승하는 '정치체제'에서 발생한다(Fraser, 2008b/2019: 109 주 22). 구조적 불평등과 문화적 차별은 언제나 선명하게 분리되는 개념은 아니며, 계급과 정체성이 항상 별도로 작동하는 것도 아니다. 프레이저는 부의 재분배와 인정의 재분배 모두를 연결하는 개념으로서 사회적 지위를 제시하였다. 이런 설명은 정치경제적 관점에서의 불평등과 문화적 가치 관점에서의 불평등이라는 이중의 종속 관계를 모두 아우르는 개념이기에 우리 사회를 분석하는 데 매우 유용하다.

이렇게 지구화 시대에 조응하는 '정의의 3차원 체제'를 구성해야 한다. 따라서 경제 차원의 분배와 문화 차원의 인정, 그리고 정치 차원의 대표성을 병렬적으로 나란히 두면서 공존 또는 통합을 시도한다. 우리가 정의의 '내용'(what; 무엇의 평등인가)뿐만 아니라, 정의의 '당사자'(who; 어떤 사람들 사이의 평등인가), 그리고 정의의 '방법'(how; 정의의 요건을 성찰할 수 있는 유효한 틀은 무엇인가) 문제에 주목하게 되면서 점점 지구화되는 세계에서 정의의 틀 설정 문제는 핵심적 과제로 대두된다. 정의의 내용과 당사자 그리고 방법에 관한 경합적 견해들이 출현하는 상황은 불의에 대해서 고민하는 모든 사람에게 중요한 관심 사항이다.

올슨의 민주적 정의론

경제 정의와 문화 정의의 관계를 둘러싼 논쟁은 둘 중 어느 영역에서도 무엇이 정의여야 하는지에 대한 분명한 설명을 제시하지 못하기에 이 난제를 해결하기 위한 적합한 전략으로서 민주주의 원리에서 심원한 규범의 원천을 찾아야 한다. 이 지점에서 '민주적 정의론'을 제창하는 케빈

올슨(Kevin Olson)은 사람들이 자신의 삶을 통제할 수 있는 규범과 가치가 무엇인지를 파악하고 스스로 해내도록 보장할 수 있느냐에 초점을 맞춘다. 결국 민주적으로 만들어진 규범과 가치는 이를 창안한 정치적 과정 여하에 달려 있다고 할 수 있다(Olson, 2008/2016: 379).

〈표7-4〉 정의의 영역 및 조건 구분(Olson, 2008/2016: 393)

정의의 영역	동등한 참여의 조건	사회적 문화의 형식	불의의 형식	개선책
경제	객관적 조건	계급	잘못된 분배	재분배
문화	상호 주관적 조건	지위	무시	인정
정치	공적-정치적 조건	시민권	주변화	포용

프레이저의 정의 규범은 '동등한 참여(participatory parity)'로 특화되는 민주주의 개념을 통해 발전하였다. 동등한 참여를 정의의 규범으로 설정하고, 분배 정의와 인정 정의를 포괄하는 정의의 틀은 교육의 정의 실현에 적합하고 유용하다. 동등한 참여는 활동이나 상호작용이 일어나는 상황에서 '동등성'이란 '동료'로 존재하는 조건이고, 다른 사람과 '동등'해지는 조건이며, 그리고 평등한 기반에 서는 조건이다(Fraser, 2003/2014: 71). 이런 맥락에서 불의는 다른 사람에게는 아니지만, 일부 사람에 대해서는 참여를 방해하는 사회적-물적 조건에 뿌리를 둔 것이다. 프레이저는 동등한 참여를 가로막는 두 종류의 장애물을 규명한다. 불의의 첫 번째 형태는 '객관적 조건'에 대한 침해다. 객관적 조건은 참여자의 독립과 목소리를 잠식하는 물적 자원의 분배를 의미한다. 이런 상황은 잘못된 분배다. 이런 불의는 사회의 '계급' 구조에서 발생한다. 불의의 두 번째 형태는 '상호 주관적 조건'에 대한 침해다(Fraser, 2003/2014: 72). 상호 주관적 조건은 동등한 존중, 특히 우리 일상을 지배하는 제도와 법 영역에서의 존중을 요구한다. 이렇게 되면 제도화된 구조에 코드화되어 있는 문화적 이해가 초점으로 등장한다. 프레이저는 이 같은 동등한 존중에 대

한 거부/무시는 제도화된 가치 체계에 대해 변화가 필요한 불의의 한 형태로 상호작용하는 사람에게 온전한 지위를 부여하지 않는 것이다. 이런 유형의 불의는 사회의 '지위(position)' 구조에서 발생한다. 이렇게 경제·문화·정치는 중요한 대중 일부를 위한 동등한 참여를 약화시킬 수 있는 방식으로 뒤섞여 있다. 그리고 '민주적 정의'는 무엇보다도 모든 시민이 평등하게 모든 중요한 삶의 국면과 수준에서 '민주적 시민성'을 활성화할 수 있는 역량과 토대를 가질 수 있어야 한다. 억압과 변혁이 교차하는 권력과 교육과정 및 교수학습 사이의 역동적 관계에서 틈새를 벌려 나가는 자원과 기회를 재배분하는 평등 및 정의의 가치와 결합한 '시민적 역량(civic capabilities)'이 강조된다(Unterhalter & Walker, 2007).

비판적 교육학의 정의론

비판적 교육학[13]은 학교를 통해 권력이 재생산되는 과정에 정치경제적 측면과 문화적 측면이 동시에 작용하고 있다고 본다. 두 측면은 '경제적 재생산론(분배의 불의)'과 '문화적 재생산론(인정의 불의)'의 이원화를 극복하는 대안적 담론 구성에 함의하는 바가 크다. 불평등을 영속화하는 재생산(reproduction) → 다중적 기대를 화해시키는 인정(recognition) → 불평등을 근원적으로 와해시키는 재건(reconstruction)의 순환과정을 요구한다고 할 수 있다(Marshall, Young & Moll, 2010: 325). 결국 동등한 참여를 위해서는 세 가지 조건을 기반으로 한다. 어느 정도의 '경제 평등'(객관적 조건)이 필요하고 — 분배 없이는 그 어떤 인정도 없다 —, 어느 정도의 '문화 평등'(상호주관적 조건) —인정 없이는 그 어떤 분배도 없다 —이 필요

---

13 토레스는 프레이리의 비판적 교육학(critical pedagogy)을 '비판적 사회정의 학습'이라고도 정의한다(Torres, 2007). 비판적 교육학은 교육을 억압으로부터의 해방에 관심을 갖는 정치적 행위로 본다. 특히 비판적 교육자는 정의롭지 않은 현실을 정당화하는 지식, 문화적 형태에 초점을 둔다. 그래서 학습자의 비판적 능력을 길러 사회적 불의와 억압에 저항하도록 한다(Atkins & Duckworth, 2019: 282). 비판적 교육학은 개념/언어의 조립을 통해 세상을 다시 보게 한다.

하며, 그리고 공적인 정치적 조건으로 불리는 어느 정도의 정치 평등(참여적 조건)이 필요하다.

이 같은 동등한 참여의 조건들은 복합적으로 연결되어 있다. 개인이 경제·문화·정치 중 단 하나의 맥락에서만 불의를 경험하기란 쉽지 않다. 그래서 비판적 교육학에서 제기하는 '의식화' 개념은 사회정의의 뿌리를 발달시키는 데 중요한 역할을 제공한다. 교육을 사회정의와 연결하고, 교육이 더 깊고 넓은 민주주의에 복무하는 길을 찾고자 하는 '변혁적 교육학'[14]의 관점이 요구된다. 문화적이고 정치적인 변혁적 교육학은 학습자들에게 정의와 부정의를 분별하고, 그것을 어떻게 가르치고 실천할 것인지를 고민하고 성찰하도록 한다(Hanks, 2011: 91-92).

그리고 좋은 나라를 구현하기 위해서는 자유와 평등이 조화를 이룬 정의사회가 구현되어야 한다. 정의로운 좋은 사회는 모두 좋은 것과 나쁜 것, 옳은 것과 그른 것에 대한 명확한 생각을 갖고 있어야 한다. '정의'란 평평한 대운동장에서 공정한 시합을 벌이는 것을 뛰어넘어 다양한 운동장들을 만들어 사회 구성원들의 인생 전체에 걸쳐 다양한 기회를 제공해 주는 '다원적 기회 구조를 만드는 것이다. 또 '정의'란 상반되는 이해나 욕망을 넘어 모두에게 공평하게 적용될 경우에 사용하는 개념이라고 할 수 있다. 정의는 차별하지 않는 것, 남의 아픔을 위로해 주는 것, 내 안의 두려움을 이기는 것, 서로의 차이를 이해하는 것, 양심의 소리를 외면하지 않는 것, 내가 가진 부와 재능을 세상에 돌려주는 것, 사람을 존중하고 돌보는 것, 사람과 자연이 조화를 이루며 사는 것을 의미한다. 또 사회정의에 대한 상반된 입장을 보이는 상황에서 이에 대응하는 한 가지 방법은 상황과 맥락에 따른 사회정의라는 개념을 통해 한 발짝 뒤로 물러서 대안을 마련할 필요가 있다. 이 말은 수월성과 균등한 기회, 효율성

---

14 사회의 불평등을 줄이고 사회정의를 증진시키고자 하는 '변혁적 교육학(transformative pedagogy)'은 비판적 교육학(critical pedagogy) 또는 해방적 교육학(liberatory pedagogy)이라고도 불린다(Hope, 2019: 29-31).

과 평등성, 공정성과 공평성 사이에 일정한 타협이 필요하다는 것을 말해준다.

3. 사회정의 교육의 요청

1) 사회정의와 교육의 연계

경제적 정의, 문화적 정의, 정치적, 그리고 세계적 정의를 포괄하는 '사회정의(social justice)'는 가치를 지향하는 개념으로서 맥락에 따라 서로 다른 뜻을 갖는 다중적 의미를 갖고 있다(Atkins & Duckworth, 2019). 사회정의는 스스로 행위 주체 의식과 타인을 향한 사회적 책임 의식을 가진 사회적 행위자, 그리고 우리가 살고 있는 더 넓은 세상을 포괄한다. 이러한 정의관이 우리가 우리 자신의 사회뿐 아니라, 상호의존적인 지구 공동체 속에 있는 모든 사회에 바라는 조건이다. 사회정의는 강압적 전술을 통해 지배와 억압을 종식하려고 하지 않으며, 사회정의를 통해 변화를 추구하는 사람은 사회정의라는 목표를 수행하기 위해 '군림하는 권력'이 아니라 '함께하는 권력'을 가지려고 노력해야 한다. 정의의 구현을 위해서는 어쩔 수 없이 정책적 판단이 끼어들지 않을 수 없다. 그럴 때 서로 다른 의견을 인정하고, 도덕적 분쟁을 수용하는 것이 '정의'의 원칙이다. 정의는 자유롭고 평등한 사회참여를 제도화하는 것을 뜻하므로 분배정의와 인정 정의가 결합하여야 정의가 증진되기에 교육의 정의도 같은 방식으로 이해되어야 한다.

'정의'와 '부-정의'를 구별할 수 있는 준거는 무엇인가? 사회에 의해 교육적 필요를 어느 수준으로 마련하여야 하는가? 교육이 좋은 사회의 질서와 정치적 생존을 위해 필요하다고 생각한다면, 이때 어떤 수준에서 어느 정도의 비용을 제공할 것인가? 이러한 정의에 대한 다양한 질문은 교육적 맥락에서 매우 중요하다. 이를 둘러싼 내용, 주체, 방법 논의가 요구된다. 우리가 사회정의와 교육의 관련성을 직접적으로 고려하기 위해서는 우선 학교 교육 및 교육의 목적이 다루어져야 한다. 그리고 부-정의의 차단을 위한 민주주의를 발전시키는 경제적·문화적·정치적·세계적 정의를 위한 교육 활동을 요청해야 한다.

사회정의와 교육의 연계는 크게 분배정의(경제적 정의/경제 평등), 인정정의(문화적 정의/문화 평등), 그리고 대표성/참여 정의(정치적 정의/정치 평등)의 상호 공존을 통한 논의를 통한 '사회정의 교육(social justice education/SJE)'이 가능할 것이다. 첫 번째, 교육의 영역에서 보여주는 분배로서의 정의는 '무엇을' 재분배할 것인가의 문제다. 불평등한 자원 배분과 억압적인 체제를 조명함으로써 사회정의에 기여할 수 있는지를 묻는다. '분배'로서의 사회정의는 아동의 필요에 따라 서비스 준비를 다시 배당함으로써 학생들에게 더욱 평등한 교육의 경험을 제공하는 시도로 이해될 수 있다 (Bates, Lewis & Pickard, 2019: 84-85). 여기에서 교육의 기회균등 이념을 구현할 수 있다. 우리의 자사고와 특목고 문제는 이 이념에 위배된다고 할 수 있다. 교육 기회의 평등은 사회적 유동성을 강조하는 사회정의의 근본적 원리이기 때문이다. 능력주의의 옹호자들이 경주에 이기고자 하는 '평등한 기회'에 대한 접근은 대체로 '평등한 교육의 기회'를 '평등한 기회'를 위한 더 광범위한 전제조건으로 보기 때문이다. 그런데 능력주의 옹호자들은 평등한 기회에 대한 장애물을 걷어내고 재능을 자극하고 최대의 노력을 발휘하는 데 필요한 태도를 형성하는 환경을 창조하는 '교육의 효과성'에 대해 지나치게 무한 신뢰를 보내고 있다. 능력주의 옹호론자들은 가장 뛰어난 사람을 고용하기만 하면 된다고 주장한다. 하지만 이 문제는 그렇게 간단치 않다. 신규 교수 채용 과정을 보면 누가 최고의 인재인지 가려내기가 불가능한 때가 많다는 사실을 확인할 수 있다. 또한 가장 자격 있고 능력 있는 인재가 최종적으로 선발되는 것은 결코 아니라는, 채용 과정에서는 비-능력적인 요인 때문에 종종 막판에 '반전 드라마'가 발생하기도 한다.

둘째, 교육의 영역에서 보여주는 '인정으로서 정의'는 더욱 문화적인 관점을 우선시한다. 개인 및 개인의 공동체는 그들의 정체성이 동등하게 존중받을 가치가 있다는 점에서 '인정'되어야 한다(Bates, Lewis & Pickard, 2019: 85-86). 이것은 '누구를' 인정하느냐 하는 것이다. 여기서 개인의 정체성은 인정 관계 속에서 형성된다는 사실을 숙지할 필요가 있다. 내가 어떤 존재며, 어떤 존재가 되어야 하고, 또한 되고 싶은지는 사회적 인정 관계 속에서 대답이 형성되고 상상된다. 인정으로서의 정의는 '문화적 정의'나 '문화적 인정'이 강조된다. 인정을 위한 개인의 투쟁과 사회의 투쟁을 동시에 요구한다. 사회가 급격히 변동하는 시기에는 누구나 자신이 누구인지를 묻고 있으며, 이러한 물음은 사회적 인정 관계를 동반한다. 인정 정의는 기본적으로 모든 인간 사이의 관계를 고려하여야 한다. 이것은 또한 관계의 불의를 경험하는 과정이라고 할 수 있고, 경제적 현실보다 문화적인 또는 헤게모니적[15] 실천에 대한 더 많은 관심을 촉구한다. 여기에서 교과서의 이데올로기 문제나 학생들 간의 학교 폭력 사태도 발생한다.

셋째, 민주적 실천이 사회정의가 실현되기 위해 교육의 영역에서 보여주는 '대표'로서의 정의가 필수적이라는 신념에 초점을 둔다(Bates, Lewis & Pickard, 2019: 86-87). 대표로서의 사회정의는 '어떻게', 즉 절차적 차원과 관련이 있다. 누가 분배와 인정을 주장할 수 있을지 뿐만 아니라, 그러한 주장이 어떻게 제기되고 판정되는지, 그리고 누가 포함되고 누가 제외되는지를 알려준다. 또 공평한 참여가 필요하고, 법적 평등의 표준과 같은 많은 준거를 포함한다. 이것은 사람들이 법 앞에 동등한 권리를 갖는 것으로, 또는 정부를 자유롭게 선택하는 투표의 과정에 접근할 수 있는 것으로 해석될 수 있다. 사회정의는 또한 개개인이 자신의 행위와 그 행

---

15 '헤게모니(hegemony/hegemon=leader/guide)는 강제력과 동의, 지배와 도덕적 지도의 배합을 통하여 행사된다. '헤게모니'는 어떤 계급이 자신의 이익에 다른 집단의 이익을 그 물망처럼 '절합(articulation)'시키는 정치적·지적·도덕적 지도력을 갖고 있다.

위의 조건에 영향을 주는 결정들에 효과적으로 참여할 수 있는 제도화된 수단을 가질 것을 요구한다(Young, 1990/2017: 527). 공동생활의 목적과 수단에 대해 논의하는 목소리를 갖도록 권한이 주어진 행위자들, 그리고 직접적이건 대표를 통해서건 그러한 결정에 참여하는 제도화된 수단을 갖고 있는 행위자들이 힘을 합쳐서 그 누구도 '자치권'을 갖지 못하는 일련의 공적 영역을 모두에게 열려 있게 만든다는 의미에서다. 사람들은 사회의 주요한 구조에 참여할 것이고, 자신의 목소리를 자유롭게 내려면 물질적으로(재분배 차원) 독립적이어야 할 뿐 아니라, 대표성의 참여민주주의에서는 특히 '자치(self-government)'를 매우 중시해야 한다. 자치의 결과가 자유이기에 자유와 사회정의는 서로 맞물려 있다. 사회정의는 자원의 배분과 문화적 인정에 대한 약속을 포괄한다. 새로운 자유를 지향하는 유럽의 대안학교는 사회정의의 기관차라고 할 수 있다(Hope, 2019: 2, 29-31).[16] 최근 시민적 공화주의자들은 자치와 자제의 동시적 공존을 요청하는 '시민적 자제(civic self-restraint)'[17]를 주창한다(Snir & Eylon, 2017). 마음의 안과 밖의 변증법적 융합, 제도와 문화의 원활한 소통을 요구하는 것이다. 지배를 받지 않은 자치(self-governance)란 미시적 수준(개인 차원의 개별적 자율성과 자기결정)에서 인간이 의식적으로 판단할 수 있는 능력, 그리고 자기 성찰적이며 자기 결정적일 수 있는 능력을 의미한다. 나아가 자치는 거시적 수준(전체 학교 차원의 집단적 결정에 참여)에서 민주

---

16 아나키즘적 성향을 보이는 급진적/민주적/진보적/대안적 자유학교운동은 교육에서의 자유를 매우 중시한다(Hope, 2019). 자유는 소극적 자유(~로부터의 자유; 외적 강제/간섭으로부터의 자유), 적극적 자유(~로의 자유; 자신의 삶을 스스로 결정하는 자유, 자유의지와 자율성과 연계), 그리고 참-자유(real freedom; 행위 수단으로 행위주체성 또는 기회)와 결합하는 개념이다. 자유의 담론은 학교와 학교 지도자를 위한 자유를 증진한다. 급진적 자유학교는 책임을 지고 타협되는 자유를 중시한다. 선택할 자유와 관계적 자유는 미시적 차원(개인)과 거시적 차원(학교 전체)에서 행해진다.

17 '시민적 자제'는 내장된(embedded) 시민성이라고 할 수 있다. 시민성의 안착을 위해 제도(법)에 내장될 '규범의 망'을 가져야 한다. 시민에게 요구되는 행동을 표출하도록 하려면, 그리고 법이 올바로 사람의 마음에 영향을 미치려면 시민적 교양(civility)이 내장된 자아 또는 내장된 시민이 되어야 한다(Peterson, 2011: 58-59).

적 공동체적 결정을 내리는 집단적 자치를 지향한다(Hope, 2019: 82). 우리나라의 혁신학교나 대안학교에서 중시하는 가치들이라고 할 수 있다.

2) 사회정의 교육의 다양한 영역

우리나라는 인간 접촉의 봉쇄와 함께 경쟁교육이 더욱 강화될 조짐도 보이고 있고, 지역과 마을의 소멸 조짐과 함께 지방의 학교와 대학을 존폐의 위기로 몰아넣고 있다. 그래서 이에 대응하는 사회정의의 목소리가 더욱 커지는 것과 함께 사회정의 교육의 요구도 점점 증폭되고 있다. 사회정의의 목표를 달성하는 과정은 민주적이고 참여적이며, 포괄적이어야 하고, 근본적 변화/변혁을 창조하기 위해 협동적으로 활동하기 위한 인간 행위 주체자와 인간 능력을 포괄하고 확신하는 것이어야 한다. 그것은 자신의 필요를 충족시키기 위해 상호 협동하여 만들어진 모든 집단의 충분하고 평등한 참여에 있다. 사회정의는 자원의 배분이 평등하고 모든 구성원의 물리적·심리적으로 안전하고 안정된 사회의 비전을 포함한다. 사람들은 각 개인이 자기의 능력을 충분히 계발할 수 있는 자기 결정적이며, 타인과 민주적으로 상호작용할 수 있는 상호의존적인 사회를 마음에 그린다.

사회정의 교육은 사람들이 자신의 삶과 공동체를 바꾸고 세상을 더 나은 곳으로 변화시키는 데 기여할 수 있도록 지식과 기술을 가르치는 것이다(Mthethwa-Sommers, 2014/2019: 62). 사회정의 교육은 새로운 아이디어도 아니고 또 다른 개혁도 아니며, 오히려 민주사회에서 학교 교육의 뿌리이고 민주주의를 위한 초석이라고 할 수 있다. 사회정의 교육은 목표인 동시에 과정이라고 할 수 있다. 사회정의라는 비전을 달성하는 과정은 복합적이고 연속적이며, 때로는 좌절되기도 한다. 그 과정에는 민주적 참여와 변화를 만들어 내기 위해 협력하여 작업하는 인간 유기체와 인간 역량에 대해 포용하고 긍정하는 활동이 포함된다.

사회정의를 위한 교육을 하려면 지배와 억압— 착취, 주변화, 무력감,

문화적 제국주의, 폭력 등 —의 다양한 형태와 학습자로 하여금 사회체제와 자신의 삶 속에서 사회적 차별과 억압의 의미를 이해하도록 돕는 상호작용적이고 경험적 교육 원리의 총합을 분석하기 위한 간학문적 개념적 틀[18]을 구비해야 한다. 억압 속에 둘러싸인 사회와 세계 속에서 사회정의를 위한 교육과정을 계발하는 것은 단순한 기술이 아니기 때문이다. 우리는 학습자로 하여금 억압과 그 체제 속에서 자행된 자신의 사회화를 이해하고, 자신의 한 부분으로 소속되어 있는 제도와 공동체의 억압적 유형과 행동을 변화시키는 능력과 행위 주체 의식의 계발에 필요한 비판적이고 분석적인 도구를 개발하도록 해야 한다.

사회정의를 위한 교육은 형성되고 발달하는 과정에 있음을 의미하며 이는 계속되는 과정이다. 그 누구도 도달했다거나 모든 억압적 가치, 신념, 그리고 행동에서 자유로운 상태에 있다고 말할 수는 없다. 사회정의 교육의 목표는 자원이 공평하게 분배되어 물리적·심리적 안전을 확보하는 사회에서 모든 집단 구성원이 자신의 욕구 충족을 위해 평등하게 사회에 참여하는 것이다. 사회정의 교육은 선택된 소수를 위한 것이 아니라 모두를 위한 것이며, 불편하더라도 억압적 관행과 정책을 드러내는 작은 행동과 실천이 습관이 될 때 가능해진다. 누군가의 특권을 박탈하여 어떤 사람에게 특권을 주는 것과 과감하게 저항해야 하고, 사람을 비인간화하지 말아야 한다. 그러기 위해 무엇보다 먼저 스스로의 편견에 솔직해져야 하고, 또한 스스로를 돌봐야 한다. 자신과 소중한 사람을 돌보고, 그러한 돌봄을 소외된 사람들에게 확대하는 것 또한 사회정의 교육을 실천하는 방법이라고 학생들에게 알려줘야 한다. 학생들을 이해하기 어려울 때 그것을 학급 통제의 장애로 여기기 말고 사회정의로 가는 학습을 가능하게 하는 가교로 받아들여 활용해야 한다.

---

18 사회정의 교육의 이론적 배경에는 비판이론과 비판적 교육학, 비판적 인종이론, 포스트모던이론, 후기구조주의이론, 여성주의이론, 다문화교육이론이 있다.

학교의 사회정의교육

학교 교육이 교육의 본래 의미를 찾으려면, 사회적 이동성을 가로막는 교육 불평등의 구조화와 재생산을 차단해야 한다. 충분하지는 않더라도 필요한 교육의 조건은 현실을 직시하고 불공정, 부정의, 불평등 현상을 간파하고 비판하는 교육 활동을 요구한다. 사회정의 교육은 학교가 학교 본래의 이념적·문화적·종교적 사회적 다양성이 존재하는 장으로서 기능해야 하고, 민주주의의 중요한 이정표인 사회정의를 향해 나아가야 한다. 교육과정, 수업, 시험 등에서조차 많은 이슈들은 실제 사회정의의 문제를 포함해야 한다. 예를 들어 학업성취와 적성의 측도, 수업의 방법, 학생의 그룹화와 분류하기는 종종 정의와 공정성에 기반하고 있다. 이런 의미를 논의하고 관련된 문제를 올바로 처리하기 위해 사회정의를 위한 교육이 요구된다. 그리고 이 사회정의 교육을 위해서는 능력으로서의 정의와 평등한 기회로서의 정의 개념을 중심으로 한 논의가 필요하다. 사회정의 교육은 학교와 사회에서 사회, 정치, 경제 및 교육의 불평등에 대한 이론, 규범, 그리고 관행이 어느 정도 제도화되었는지를 탐구하는 것에 초점을 둔다(Dantley & Tillman, 2010: 20).

학교에서 보여주는 사회정의는 다음의 다섯 가지 특징을 보인다. 첫째, 학교의 보다 광범위한 사회적, 문화적, 정치적 맥락에 대한 인식, 둘째 학교와 리더십에서 주변화시키는 행동과 성향에 대한 비판, 셋째 학교에서 더욱 진정한 민주주의 원칙을 제정하기 위한 노력, 넷째 교육과 관련된 희망의 이야기와 대항-헤게모니적 비전을 분명히 하는 도덕적 책임, 다섯째 은유에서 시민권 행동으로 이동하는 결정 등이다(Dantley & Tillman, 2010: 23). 사회정의 교육을 위한 교육과정과 학습활동으로 자기 사랑과 지식, 타인에 대한 존중, 사회정의에 대한 이슈, 사회운동과 사회 변화, 의식 각성, 사회적 실천 등이 있다(Sapon-Shevin, 2020: 136-138). 사회의 구조적인 문제를 비판하고 대안을 찾는 데는 기능적 문해— 학생들이 사회에서 낙오되고 소외당하지 않기 위해 갖춰야 할 학습 능력 —만으로는 부족하며, 비판적 문해, 관계적 문해, 민주적 문해, 통찰적 문해 등이 필요하다(North, 2009/2012). 이 능력은 방어적 차원에서만 필요한 것이 아니라, 사회의 불평등을 인지하고 문제를 파악할 수 있는 능력을 키우기 위해서도 필요하다. 억압과 불평등이 제도화돼 공기처럼 자연스러워진 사회를 똑바로 바라보고, 비판하고, 맞서고, 그리고 그 대안을 마련할 수 있는 문해력을 학생들에게 길러주고자 교실에서 고군분투해야 한다.

결국 교실에서 정의로운 리더십을 추구해야 완전한 의미에서 책임감 있는 리더십이라고 할 수 있다(Hargreaves, 2006/2024: 203). 교실의 정의로운 리더십은 학생들의 학습에 대한 전문가로의 책임뿐만 아니라 시민, 지역사회 구성원, 윤리적 인간으로서 자신의 행동이 영향을 미치거나 미칠 수 있는 모든 사람들에 대한 책임을 지는 것이다. 교실 및 학교의 정의로운 리더십의 과제는 학생과 학부모의 사익을 돌보는 것이 아니라 공공의 이익을 위해 헌신하는 것이다. 사회적으로 정의로운 리더십이야말로 지속가능한 리더십[19]이라고 할 수 있다. 지속가능한 리더십은 주변 환경에 해를 끼치지 않고 적극적으로 환경의 개선을 시도한다. 또 주변학교 및 지역사회에 해를 끼치지 않고 지식과 자원을 공유할 방법을 적극적으로 찾는다. 지속가능한 리더십은 자기중심적이지 않고 사회적으로 정의로운 것이다.[20]

---

[19] '지속가능성'은 모든 생명의 풍요로움과 상호연결성을 풍요롭게 하고 보존하기 위한 기본 원칙이며, 학습은 질 높은 삶을 위한 핵심 요인이다(Hargreaves, 2006/2024: 35). '지속가능한 리더십(sustainable leadership)'은 현재와 미래에 우리 주변의 다른 사람들에게 해를 끼치지 않으며 실제로 긍정적인 혜택을 창출하는 방식으로 확산되고 지속되는 모든 것을 위한 심층학습(deep learning; 느리게 배우기)을 보존하고 발전시킨다(Hargreaves, 2006/2024: 42).

[20] '지속가능한 학교 리더십'은 세계적으로는 기후변화, 대규모 전쟁, 팬데믹, 인공지능, 민주주의에 대한 심각한 위협과 함께 학업성취 표준화 운동과 무자비한 시장경쟁 추구에 대한 대응을 필요로 한다. 우리나라 공교육의 지속가능한 리더십은 학력인구 감소에 따른 교육구조의 변화, 심화하는 교육격차, 전인적 발달을 외면하는 대입 중심의 평가 체제, 균형을 잃은 교육재정 투입, 디지털·인공지능 등 에듀테크 도입, 여전한 투입산출 기반의 교

세계정의를 위한 사회정의 교육

　분배, 인정, 대표성을 중심으로 한 사회정의 교육은 역사적·지리적으로 구성되는 세계정의(global justice)를 위한 시민교육으로도 발전할 수 있다(Sant, Davies & Shultz, 2018/2021: 142-147). 사회정의 교육을 둘러싼 논의는 세계시민성과 교육을 둘러싼 핵심적 쟁점을 규명하는 데 도움을 준다. 사회정의 지향적 세계시민성을 정의하는 것이 가능하고 바람직한가? 사회정의 지향적 세계시민 교육은 어떤 모습이며 누가 그것을 결정하는가? 다시 말해 어떤 사람이 사회정의 지향적 세계시민성이 무엇인지 결정하는 데 큰 영향력을 발휘할 자격이 왜 존재하는가? 사회정의 지향적 세계시민성의 대안적 견해를 감안한다면, 어떻게 해야 이러한 차이가 불평등을 증대시키지 않도록 보장할 수 있는가? 이러한 질문에 대한 대답을 분배 정의, 인정 정의, 참여 정의를 위한 '세계시민교육'[21]을 통해 대안적 교육을 모색할 수 있다. 첫째, '분배 정의'로서의 세계시민교육은 자원과 재화가 배분되는 원리를 다루는데, 세계시민성의 측면에서 볼 때, 현대 세계의 불공평한 자원분배를 고려하면 분배적 정의로서의 사회정의와 연관성이 크다(Sant, Davies & Shultz, 2018/2021: 140-142). 모든 학생에게 글로벌 역량을 가르친다는 것이 사회정의의 과제가 될 것이다. 전 세계의 학생들이 글로벌 역량에 대한 교육을 받는다면, 이들 모두 글로벌한 세계에서 성공할 수 있는 공평한 기회를 얻을 수 있다. 세계시민교육을 통해 불평등한 자원배분과 억압적인 세계 체제를 조명함으로써 사회정의에 기여할 수 있다. 인간을 경제적 자원으로만 보는 인간자본론

　　육행정, 사교육의 창궐 등 총체적 위기에 대한 대응을 필요로 한다. 혁신교육의 지속가능성을 위해 지속가능한 리더십이 요청되고 있다.

21　'세계시민교육'은 지역의 이슈와 세계 이슈의 상호연결성을 이해하고, 다층적 정체성을 형성하고 조화를 이루며, 일상생활에서 나타나는 글로벌 이슈를 타인과의 연대를 통해 적극적으로 해결하기 위해서도 노력하며, 이에 대해 비판적으로 성찰할 수 있도록 역량을 함양하고, 자신·국가·세계를 변혁시키는 변혁적 교육 패러다임이다(조윤정 외, 2018: 104).

(human capital)[22] 관점을 비판하는 데도 적용될 수 있다. 그래서 사회정의의 역량을 가진 시민을 기르고자 하는 세계시민교육은 그 대안으로 '사회적 자본'[23]과 '의사결정 자본'[24] 그리고 '전문성 자본'[25] 개념을 요청한다 (Hargreaves & Fullan, 2012: 2-5, 88-96).

둘째 '인정 정의'로서의 세계시민교육은 규범·가치·행동을 포함하는 어떤 정체성과 문화가 다른 정체성과 문화보다 더 가치 있다는 가정에 바탕을 두고 있다(Sant, Davies & Shultz, 2018/2021: 142-144). 인정 정의론의 렌즈를 통해 세계시민교육을 판단할 경우 세계시민성의 보편적 형태가 가능하고 바람직한 것인지, 혹은 다른 대안적 형태가 가능한지에 대한 질문을 던질 수 있다. 따라서 세계시민에 대한 단일한 정의를 찾으려고 한다면, 어떤 글로벌 속성이 다른 속성보다 더 가치 있는 것으로 간주되어 '인정적 불의'에 빠질 수 있다. 셋째 '참여 정의'로서의 세계시민교육'은 개인과 집단이 사회에 정치적으로 참여하고 정치적 행위를 통해 우리 사회가 어떤 모습인지를 결정하는 어느 정도의 기회를 마련할 수 있다(Sant, Davies & Shultz, 2018/2021: 144-146). 이런 면에서 대표성의 결여는 정치적 불의의 사례로 간주되기도 한다. 시민성은 전통적으로 시민다움에 권리와 책임을 부여하는 국민국가와 연관되어 있는데, 이러한 권리들 중 하나가 정치적 참여다. 그러나 세계시민성을 논의할 때, 어떤 전 지

---

22 '인적 자본'은 1960년대 경제적 생산성, 개인의 능력, 교사의 지식과 기술을 강조한다. 우파적 친자본주의, 비즈니스 자본, 즉 경영적 자본으로서 전문적 자본과는 배치된다. 결국 이런 담론은 아이들의 인격과 공동체 상실을 야기한다.

23 '사회적 자본'은 1980년대 이후 지나친 경쟁으로 인해 상실된 사회적 관계, 협력, 상호작용, 집단적 역량, 신뢰감, 소속감, 단결력이 실종되자, 퍼트넘이 『나 홀로 볼링』에서 미국 사회의 사회적 자본과 공동체적 삶의 몰락을 초래하였다고 비판한다. 시민의식의 실종, 극단적 개인주의 범람은 오늘날 트럼프 현상까지 불러왔다고 할 수 있다.

24 '의사결정 자본'은 현명한 판단과 결정을 할 수 있는 자율적 판단 능력을 말한다. 군림하는 권력이 아니라 함께하는 권력(민주적 자본)이 중시된다.

25 '전문성 자본'으로 인적 자본, 사회적 자본, 의사결정 자본(민주적 자본)을 포함하기도 한다. 복잡한 상황에서 합당한 판단과 결정을 내리는 것은 전문직성이 발현되는 순간이라고 할 수 있다.

구적 조직이 이 권리를 보장하는지에 대한 질문을 던질 수 있다. 이런 차원에서 세계시민적(cosmopolitan) 사회정의 교육은 구조, 형태, 그리고 전 지구적 협치 자체의 제도에 도전함으로써 사회정의에 기여할 수 있다. 전 지구적 맥락에서 사회정의를 지향하는 시민들은 또 다른 관점의 정치적 참여에 관여하는 비판적이고 반-식민주의적(postcolonial) 형태의 세계시민성과 조응할 수 있다.

교사 교육을 통한 사회정의 교육

정의 이론은 사회정의의 경제적·문화적·정치적 차원으로 범주화되고, '무엇을(분배), 누구에게(인정), 그리고 어떻게(대표)'를 위한 교사 교육으로 확장될 수 있다(Robinson, 2018: 107-109).[26] 이와 같은 상호 관련된 범주는 교사교육의 활동에 대한 개념적 지향을 준비하는 데 도움이 된다. 첫째, 분배 개념은 교사 교육자에게 시스템 전반에 걸쳐 자원과 역량의 불평등한 분배의 영향에 대응하기 위한 일환으로 그들을 옹호하는 역할을 포함하는 것이 중요함을 환기시킨다(Robinson, 2018: 108). 교사들에게 책임성이 아닌 책무성만을 요구하고, 많은 연구 결과를 계산하는 것에 높은 가치를 두는 우리 시대의 중대되는 수많은 수행 문화(culture of performativity) — 구상 기능이 없고 수행 기능만 하는 — 가운데에서도 재분배 개념은 지성적 결과에 가치를 두는 대안적 담론을 제공할 수 있다. 그러면 연구자가 얼마나 많은 논문을 발표했는지의 양보다 연구 및 교육이 더 정의로운 사회질서에 기여할 수 있는 방법에 더 초점을 맞춘다.

둘째, 인정 개념은 교사, 교생, 그리고 학자들을 포함하여 교사 교육

---

[26] 비에스타는 교사 교육의 목적을 자격화(qualification; 직업과 관련하여 무엇인가를 하게끔 이끄는 지식, 기능 그리고 이해를 습득하게 하는 것), 사회화(socialization; 교육을 통해 특정한 사회적·문화적·정치적 질서의 구성원이 되게 하는 것), 주체화(subjectifica-tion; 학생들이 살고 있는 정치적·사회적·경제적 질서로부터 그들의 독립성과 자율성을 길러주는 것)에 둔다(Sant, Davies & Shultz, 2018/2021: 41).

의 모든 당사자들의 지식 기여에 대한 존중을 지원하고, 이러한 부문 간의 '대화'를 격려한다(Robinson, 2018: 108). 이러한 대화는 이상적으로 기능적 전문성보다 '변혁적 전문성'으로 구성된다. 교사가 시간의 압박, 작업의 요구, 그리고 그 어려운 작업의 조건에 즉각적으로 대처해야 할 때, 대화를 한다는 것은 쉽지 않다. 하지만 엄청난 불평등으로 특징지어지는 국가에서도 인정 개념은 사회적 맥락의 다양성이 미래에 가르칠 준비를 하는 예비교사들의 학습에 크게 기여하고 있음을 확인할 수 있다. 더 나은 자원은 더 강력한 교육적 실천을 보여줄 수 있지만, 가난한 시골 지역의 학교에서는 예비교사들이 성공적인 교사가 되기 위한 핵심 측면인 회복력 및 행위 주체(agency) 개념과 중요한 교훈을 배울 기회를 제공할 가능성은 더 커진다.

셋째, 참여/대표성 개념은 초임교사의 목표와 활동에 대한 학교, 교사 교육 담당기관, 교원단체, 전문직단체, 그리고 대학 사이의 의사소통과 대화를 위한 형식적·비형식적 네트워크의 확립을 요구한다(Robinson, 2018: 108-109). 교육 문제의 복잡성과 상호연결성은 교육의 '방법', '이유', 그리고 '방향'에 대한 논의에서 서로 다른 부문의 상호보완적 성격과 전문적 지식의 형태에 대한 인식을 요구한다. 그러한 토론은 '좋은 교사'가 무엇을 의미하는지, 그리고 그러한 교사가 우리 상황에서 무엇이 되어야 하고, 무엇을 해야 하는지에 대한 이론적이고 실천적 숙고를 위한 공간을 열어준다. 대표성은 다양한 이해관계자 집단의 서로 다른 입장과 이해관계들 사이의 순수한 공통점을 가정하고 있지 않으나, 이 개념은 더 넓은 '상호 연계된 실천의 생태계'를 구성하는 요소나 다름없는 교사 교육자들 사이의 상호 이해를 격려한다. 교사 교육자들은 자신을 더 큰 그물망(네트워크)의 일부로 위치시킴으로써 그들의 실천이 학교조직, 교육과정, 정책, 자원, 가족 및 역사, 그리고 말하는 것뿐만 아니라 경청하는 구체적이고 실천적인 언어들과 상호 의존하고 있음에 초점을 둘 필요가 있다.

사회정의를 위한 교육자가 되는 것은 더 나은 세상, 억압과 지배로부터 자유로운 세상을 끊임없이 다시 새롭게 상상하는 것을 의미한다 (Mthethwa-Sommers, 2014/2019: 220). 사회정의를 향한 교육자들은 학교가 전달 도구로서 역할을 하는 대신에 민주주의의 이상인 사회정의가 실천되고 일궈지는 사회개혁의 장으로서 기능해야 한다(Mthethwa-Sommers, 2014/2019: 29). 사회정의 교육은 사회정의의 측면에서 성장하는 교사와 충분히 접촉하며 성장한 학생들이 성인이 되면 후세대를 또한 그렇게 대하며 우리 사회의 좀 더 많은 사람이 사회정의 교육에 동참할 수 있게 한다. 교사의 위치성 인식은 사회변화의 주체로서 교사 정체성 발달을 위해 중요하다(Mthethwa-Sommers, 2014/2019: 117). 교사가 교실 내 사회정의에 영향을 미치기 위해서는 자신의 위치성이 어떻게 정체성에 영향을 미치는지 이해하고 탐색하는 것이 매우 중요하다.

지역사회 봉사를 위한 사회정의 교육

사회정의 교육은 지역사회 봉사(community service)와 봉사학습(service learning), 그리고 다문화 교육(multicultural education)에도 적용되고 있다 (Cipolle, 2010). 이러한 교육에는 비판의식을 고양시키고, 교육을 사회정의 (자선→돌봄→사회정의)의 행위로 이해하는 '비판적 교육학' 이론이 많이 활용되고 있다. 봉사학습은 학생들이 지역사회에서 진정한 필요를 충족시키는 사려깊게 조직된 봉사 경험에서 리더십의 역할을 갖도록 하는 학습전략이다(Cipolle, 2010: 157). 봉사는 구조화된 시간으로 이루어진 학생들의 학업 공부를 자신의 경험을 배우는 학습과 세계관과 연결시키고 연구, 성찰, 토의로 통합시킨다. '지역사회 기반 학습'이라고 불리는 봉사학습은 종종 지역사회 봉사와 자원봉사활동으로 혼동되기도 한다. 주요한 차이로는 봉사학습이 봉사 이전, 봉사활동, 이후의 평가를 거쳐 정보, 준비, 반성을 하면서 학생의 학습과 의도적으로 연결한다는 점이다. 봉사학습은 또한 봉사학습(자기의 각성, 타자의 각성, 사회적 이슈에 각성, 봉사의 윤리, 변화의 행위주체)을 통한 사회정의 모델은 사회변화로 나아가는 길을 안

내한다. 봉사의 실천으로부터 시작하여 봉사에 대한 사회정의 지향적 학습으로 발전한다.

4. 정의로운 교육체제의 수립을 위해

사회정의를 촉진하고자 하는 교육과 학교의 역할은 공정하고 정의로운 사회를 건설하기 위한 사회적 이동성, 경제적 성장, 그리고 사회정의의 실현에 있다. 그런데 사회정의가 일정 수준 이상으로 실현되지 않는 상황에서 '입시제도'를 아무리 바꾸어도 정의로운 결과를 얻기 어려운 것이 우리의 교육 현실이다. 절차(시험, 테스트)의 공정성만 추구하면, 능력주의 기제만으로는 사회정의를 증진할 수 없다. 사회구조적 불평등을 고려하지 않고 시험(절차)의 공정성에만 집중하는 것은 사실상 진짜 공정성을 추구할 기회를 포기하고, 허울뿐인 공정성으로 현실의 불평등을 감추는 결과만 가져올 뿐이다(김기헌·장근영, 2020: 161). 특히 신자유주의와 결합하는 능력주의 이데올로기는 인정 정의와 분배정의를 훼손함으로써 교육의 정의를 훼손시킬 수 있기 때문이다.

그러므로 우리 사회를 지배하는 왜곡된 능력주의의 함정을 넘어서면서 동시에 자신의 능력/잠재력이 진정으로 존중되는 사회로 진입하기 위해서는 다음의 조치가 요구된다. 첫째, 최소-수혜자의 처지가 능력 개발과 학업의 기회에 돌이킬 수 없는 손상을 일으키지 않도록 필요한 수준의 최대 수혜를 지속적으로 제공해야 한다. 둘째, 사회적 우연성이나 천부적 운의 작용이 감소하고 배제되도록 대입전형을 개선해야 한다. 셋째, 교육의 정의(justice)를 증진하는 노력과 아울러 능력에 따른 보상 체계를 변혁하여 분배정의와 인정 정의를 개선해야 한다. 교육의 정의는 교육 참여에 관련된 인정 정의와 분배정의를 확대함으로써 학생들이 평등하고 자유로운 시민으로 성장하도록 제도화되어야 한다. 요약하면 교육에서의 정의 실현은 개인의 정체성을 형성하고 인정하는 사회적 관계를 구성하면서(인정 정의), 사회적 기본재로서의 교육 기회를 공정하게 분배하여(분배정의), 자율적이고 합리적으로 인생 계획을 수립하는 것이다. 자신의 노력을 합당하게 인정받고, 자신의 존재를 긍정적으로 인식하는 통로를 넓혀야 한다. 그렇게 해야 경제적 정의, 문화적 정의, 정치적 정의, 생태적 정의, 세계적 정의 차원에서 교육의 정의는 완성될 것이다.

그런데 설상가상으로 최근 세계적으로 전염된 코로나 팬데믹 사태는 '능력주의적 신자유주의 국가'(Bradbury, 2021: 25-27) 또는 '신자유주의적 엘리트주의'(Hughes, 2021: 169-191)를 부상시켜 부-정의, 즉 사회적 불평등(계급 격차)을 더욱 강화하고 있다. 따라서 신자유주의적인 능력주의 학교교육을 극복하려면 경주 레일의 바깥과 주변을 넓게 보아야 한다. 우리는 기울어진 운동장이 아니라 운동장 자체를 문제 삼아야 한다. 학교가 낙인찍기 기능을 하는 양성소 역할을 멈추어야 한다. 따라서 평등은 각기 쟁취하는 것이 아니라 현재의 운동장을 해체하고 재구성하는 것이 되어야 한다. 모든 개인적 성취는 순수한 의미의 개인적 성취가 아니며, 기득권 계층이 확보한 '그들의 몫'에는 개인적 노력과 재능만으로 설명되지 않는 '구조적 기여'가 분명히 작동하고 있다(김정희원, 2022: 76). '능력 대비 보상'이라는 저울은 이미 기울어져 있으며, 따라서 우리는 보상 시스템의 보완과 재조정을 기획해야 한다. 교육이 민주주의의 시민으로서의 역량을 기르는 과정이 되고, 자유롭고 정의로운 사회에서 책임 있는 공동체적 삶을 영위하도록 준비하는 것을 목적으로 삼게 만들려면, '탈-능력주의' 교육으로 전환되어야 한다. 기울어진 운동장에서 누군가가 이미 벼랑 끝에 있다면 그들을 붙잡아서 올려주는 것, 불평등을 해소하기 위해 사회가 반드시 책임을 지게 하는 것, 기계적인 절차적 공정에 대한 요구를 넘어서서 적극적으로 저울을 재조정하는 것 등이 포함된다. 우리 사회를 좀 더 평등하고, 좀 더 능력이 중시되고, 좀 더 공정한 곳으로 만들려면 교육을 포함한 사회구조적 불평등, 특히 '부와 권력의 불평등'이 줄어들

어야 한다. 모든 일이 그러하듯 평등도 저절로 오지 않기에 불평등한 세
상에서 '선량한 차별주의자'가 되지 않기 위해서는 우리에게 익숙한 기존
질서 너머의 새로운 세상을 상상하고 추구해야 한다(김지혜(2019). 그리고
한국 사회의 미래를 어둡게 하는 '시험능력주의'[27]가 불평등을 재생산하
는 기제가 되고 있고, 참교육과 학교혁신을 더욱 어렵게 하기에 그것들의
원인을 제공하는 근원적 구조를 타파해야 한다(김동춘, 2022).

　따라서 이상적인 공교육(public education)[28] 체제는 '정의'에 기반을 두
어야 한다. 교육의 문제는 경제적 정의, 문화적 정의, 정치적 정의, 생태적
정의, 그리고 세계적 정의를 모두 포괄하기 때문이다. 모든 정의 이론은
교육이 그 자체로 불평등과 불의의 원천이 되기보다는 사회정의를 촉진
하도록 교육체제를 구성하고 자원을 분배하는 방법에 대한 문제를 다루
어야 한다(Snir & Eylon, 2017). 정의론적 교육 프로젝트는 불이익의 영향
을 완화하고 비판적 사회 인식을 촉진하는 것을 목표로 하는 실천을 포
함한 총체적 제도 수립이라는 차원의 접근이 필요하다(Thompson, 2019:
8). 거시적 변혁(구도)과 미시적 실천(현장)을 이분화하지 않고 통합적으로
접근해야 한다. 사회와 교육의 동시적 변혁이 필요하다. 자유롭고 평등한
시민의 사회를 형성하는 데 중요한 역할을 하는 것으로 이해되는 사회의
'기본 구조'— 근본적인 권리와 의무를 분배하는 방식, 그리고 사회적 협
력에서 나오는 이득을 어떻게 나눌 것인지를 결정하는 방식 —로서의 교
육체제를 설정해야 한다(Stein, 2016: 72).[29] 즉, 응분의 능력과 공정한 공평

27　김동춘이 제기한 '시험능력주의'는 성적 '순위를 매기는 시험'이 학력이나 능력을 제대로 평
　　　가할 수 있는 가장 객관적 지표라고 보는 '능력주의'라고 할 수 있다. 시험은 두 단계로 사
　　　회를 제어한다. 즉 수능시험이 1차 선별, 주요 입사시험이 2차 선별로 작동하되, 소수의 합
　　　격자(능력자)와 대다수의 탈락자(무능력자)를 구분 짓고 결과에 승복시키는 이데올로기이
　　　자 엄연한 지배 질서라고 할 수 있다.

28　공교육의 '공(公/public)'은 '共(common/함께/더불어)'의 의미도 담는 것으로 이해되어야
　　　한다. 국가의 책임이라는 공교육은 공공성(公共性/publicity/Öffentlichkeit)으로서 공동
　　　재(common good)/공동자원(commons)으로서의 공교육으로 발전되어야 한다.

29　스테인(Stein, 2016: 209)은 미래의 기본구조로서 효율 지향적 시험과 정의 지향적 테스

이 조화된 '정의로운 교육체제'를 준비해야 한다. 정의로운 교육제도의 원리는 첫째, 사회의 모든 구성원에게 권리로서 일정량의 교육을 제공해야 하는 교육의 기본이 되는 재화/가치는 사회를 지배하는 정의의 원칙에 따라 결정되어야 한다. 둘째 모두에게 공정한 기회의 평등을 보장하기 위해 만들어진 제도의 체제로서 공정한 기회를 위한 교육체제는 본질적 요소로 기획되어야 한다. 셋째 자아실현을 위한 교육체제는 복잡한 인지, 성숙된 사회적-정서적 삶, 그리고 소외되지 않는 노동에 참여하는, 자아가 실현되는 개인의 발전을 촉진해야 한다(Stein, 2016: 29).

한국의 역사를 살펴보면, 앞서 논의된 정의와 사회정의 교육 개념은 경제 균등, 문화 균등, 정치 균등, 교육 균등[30]과 공존하며 융합될 수 있다. 조소앙은 정치·경제·교육의 균등을, 그리고 안창호는 '민족평등', '정치평등', '경제평등', '교육평등'을 기초로 하여 민주공화국의 건설을 주창하였다. 이들 모두에게 평등은 정의이며 '평등교육'은 곧 '정의교육'이라고 할 수 있다. 이러한 정신 아래 불평등이 심화하는 시대에 보다 정의로운 사회와 모두에게 정의로운 교육을 위해 새로운 정의 개념을 도출해야 한다. 부정의, 억압, 차별, 배제, 소외, 폭력, 인종주의 등의 개념 틀을 통해 국가교육체제와 교육과정 및 교과서가 어느 정도로 부정의하고 불공정한지를 정밀하게 분석할 필요가 있다.

트, 시험과 학교 사이의 공동구성적 관계, 교육 상품의 명제, 불의의 비효율성, 객관성의 쇠퇴와 결여, 기술공학과 학습과학, 학교에서의 권위와 의사결정구조, 그리고 시민불복종과 저항 등이 제기된다고 설명한다.

30 조소앙의 '삼균주의(三均主義/Three Principles of the Equality/Triequism)'는 개인과 개인, 민족과 민족, 국가와 국가 간의 '완전 균등'을 표방하였다. 개인과 개인 간의 균등은 정치·경제·교육의 균등을 통해 이룩될 수 있다고 전제하면서 보통선거제, 국유제, 국비의무학제를 실행해 각각 정치(권력)의 균등, 경제의 균등, 교육의 균등을 이룰 수 있다고 보았다. 안창호는 4평등론을 주창하였다. 안창호는 우리 민족 자신의 힘으로써 원수인 일본 제국주의에 초멸하여 한국의 영토와 주권을 완전히 광복한 후 급속히 '민족평등', '정치평등', '경제평등', '교육평등'을 기초로 하여 민주공화국을 건설하자고 주장했다. 네 가지 평등 가운데 하나만 빠져도 원만한 해결이라고 말할 수 없다. 삼균주의 또는 사균주의는 1918년부터 정립하여 내세운 공화주의, 내셔널리즘 정치노선이며, 대한민국 임시정부 헌법에 포함된 기초 이념이었다.

역사적으로는 개인적, 문화적, 제도적 차원에서 지배와 억압이 어떻게 작동하는지를 파악하고 그것의 해결을 위한 명확한 방법을 찾아야 한다. 기득권 계층은 당연히 구조의 수혜자임을 인정하고 재분배에 동참해야 한다. 보상의 격차를 줄이고 시민의 정치적 참여를 높이며 더 나은 민주공화국으로 나아가는 데에 도움이 될 만한 방법과 정책을 마련하는 지속가능한 '교육정의론'이 요구된다. 진정 정의로운 사회, 더 나은 민주주의를 향한 여정을 시작해야 한다. 기업 규모 및 고용 형태에 따른 임금 격차 해결, 노동조건 개선, 돌봄 체제와 복지 제도의 확장, 세제 개편, 공공 부문 확장, 그리고 직업교육과 평생교육 및 대안교육 개혁과 같은 정책적 논의도 더욱 활발해져야 한다. 강력한 조세 정책과, 부와 소득의 격차를 줄이기 위한 다양한 세수 지출 프로그램, 대중의 의견은 보다 적극적으로 수용하되 부유층의 좁은 관심사에 지나치게 휘둘리지 않도록 경제 제도와 정치 제도를 개선하는 것 등이 급선무다. 이 문제를 해결하기 위해선 반드시 정책 변화가 이루어져야 하는데, 이를 실행하기 위해선 무엇보다 권력자들의 강인한 개혁 의지가 요구된다. 동시에 이런 의지를 추동할 수 있는 시민적 각성이 동반되어야 한다. 이러한 시민의식을 이끌어내는 리더십이 강화되어야 하며 모욕과 위해의 피해를 초래하는 불공정한 교육체제를 개혁할 수 있는 변혁적 역량을 길러내야 한다.

참고문헌

공현(2020). 교육에 필요한 것은 탈능력주의. 박권일 외 편저(2020). **능력주의와 불평등**. 서울: 교육공동체 벗.

김기헌·장근영(2020). **시험인간: 불신과 불공정, 불평등이 낳은 슬픈 자화상**. 서울: 생각정원.

김동춘(2022). **시험능력주의**. 파주: 창비.

김정원(2022). **우리 교육은 불평등하다**. 고양: 학이시습.

김정희원(2022). **공정 이후의 세계**. 파주: 창비.

김지혜(2019). **선량한 차별주의자**. 파주: 창비.

문성훈(2014). **인정의 시대**. 고양: 사월의 책.

박권일(2020). 능력주의 해부를 위한 네 가지 질문. 박권일 외 편저(2020). **능력주의와 불평등**. 서울: 교육공동체 벗.

박권일(2021). **한국의 능력주의: 한국인이 기꺼이 참거나 죽어도 못 참는 것에 대하여**. 서울: 이데아.

백병부 외(2021). **우리들의 불평등한 학교: 새로운 평등 상상하기**. 고양: 학이시습.

백종현(2017). **이성의 역사**. 고양: 아카넷

심성보(2022). **프레이리에게 변혁의 길을 묻다: 파울루 프레이리 교육학의 사상적 뿌리**. 서울: 살림터.

오욱환(2021). **교육 불평등: 학교 교육에 의한 불평등의 재생산**. 서울: 교육과학사.

이기범(2022). 인정정의와 분배정의가 결합된 교육정의. **교육철학의 이해**. 서울: 세창.

장은주(2012). **정치의 이동**. 서울: 상상너머.

장은주(2021). **공정의 배신: 능력주의에 갇힌 한국의 공정**. 서울: 피어나.

조윤정 외(2018). **미래사회를 위한 세계시민교육**. 경기: 경기도교육연구원.

채효정(2020). 학벌은 끝났는가. 박권일 외 편저(2020). **능력주의와 불평등**. 서울: 교육공동체 벗.

Atkins, L. & Duckworth, V.(2019). *Research Methods for Social Justice and Equity in Education*. UK: Bloomsbury.

Avis, J.(2007). *Education, Policy and Social Justice*. UK: Continuum.

Bailey, R.(2010). *Philosophy of education: an introduction*. 이지헌 역 (2011). **철학이 있는 교육, 교육을 찾는 철학**. 서울: 학이당.

Bates, J., Lewis, S., & Pickard, A.(2019). *Education Policy, Practice and the Professional*. UK: Bloomsbury.

Bradbury, A.(2021). *Ability, Inequality and Post-Pandemic Schools: Rethinking Contemporary Myths of Meritocracy*. UK: Policy Press.

Choudry, A. & Vally, S.(Eds).(2020). *The University & Social Justice Struggle across the Globe*. UK: Pluto.

Cipolle, S. B.(2010). *Service-Learning and Social Justice: Engaging Students in Social Change*. Maryland: Rowman & Littlefield.

Cooker, L. Cotton, T., & Toft, H.(2022). *Transforming Teaching: Global Responses to Teaching under the Covid-19 Pandemic*. London: Routledge.

Dantley, M. & Tillman, L.(2010). Social Justice and Moral Transformative Leadership. Marshall, C. & Oliva, M.(Eds.). *Leadership for Social Justice: Making Revolutions in Education*. Massachusetts: Allyn & Bacon.

Dodsworth, A. & Honohan, I.(2023). *Green Politics and Civic Republicanism: Green Republicanism as a Response to the Environmental and political Crises of the 21st Century*. London: Routledge.

Fishkin, J.(2014). *Bottlenecks: A New Theory of Equal Opportunity*. 유강은 역(2016). **병목사회: 기회의 불평등을 넘어서기 위한 새로운 대안**. 서울: 문예출판사.

Frank, R.(2016). *Success*. 정태영 역(2018). **실력과 노력으로 성공했다는 당신에게: 행운, 그리고 실력주의라는 신화**. 서울: 글항아리.

Fraser, N. & Honneth, A.(2003). *Umverteilung oder Anerkennung? Eine Politisch-philosophische Kontroverse*. 김원식·문성훈 역(2014). **분배냐 인정이냐: 정치철학적 논쟁**. 고양: 사월의 책.

Fraser, N.(2008a). *Adding Insult to Injury*. 문현아·박건·이현재 역(2016). **불평등과 모욕을 넘어: 낸시 프레이저의 비판적 정의론과 논쟁들**. 서울: 그린비.

Fraser, N.(2008b). *Scales of Justice: Reimagining Political Space in a Globalizing World*. 김원식 역(2019). **지구화 시대의 정의: 정치적 공간에 대한 새로운 상상**. 서울: 그린비.

Hargreaves, A.(2006). *Sustainable Leadership*. 정바울 외 역(2024). **지속가 능한 리더십**. 서울: 살림터.

Hargreaves, A. & Fullan, M.(2012). *Professional Capital: Transforming Teaching in Every School*. London: Routledge.

Hanks, C.(2011). The Double-Edge of Reason: Jürgen Habermas and the Frankfurt School. B. Levinson(Ed.). *Beyond Critique: Exploring Critical Social Theories and Education*. Massachusetts: Paradigm.

Honneth, A.(1992). *Kampf um Anerkennung*. 문성훈·이현재 역(2014). **인정 투쟁**. 고양: 사월의 책.

Hope, M. A.(2019). *Reclaiming Freedom in Education: Theories and Practices of Radical Free School Education*. London: Routledge.

Hughes, C.(2021). *Education and Elitism: Challenges and Opportunities*. London: Routledge.

Jonston, D.(2011). *A Brief Hitory of Justice*. 정명진 역(2011). **정의의 역사**. 서 울: 부글.

Lupton, D.(2022). *Covid Societies: Theorising the Coronavirus Crisis*. London: Routledge.

McNamee, S. J. & Miller Jr., R. K.(2015). *The Meritocracy Myth*. 김현정 역 (2016). **능력주의는 허구다: 21세기에는 어떻게 오작동되고 있는가**. 서울: 사이.

Markovits, D.(2020). *Meritocracy Trap*. 서정아 역(2020). **엘리트 세습: 중산층 해체와 엘리트 파멸을 가속하는 능력 위주 사회의 함정**. 서울: 세종서적.

Marshall, C., Young, M., & Moll, L.(2010). The Wider Societal Challenge: An Afterword. Marshall, C. Oliva, M.(Eds.). *Leadership for Social Justice: Making Revolutions in Education*. Massachusetts: Allyn & Bacon.

Mizikaci, F. & Ata, E.(Eds.).(2022). *Critical Pedagogy and Covid-19 Pandemic: Keeping Communities Together in Times of Crisis*. UK: Bloomsbury.

Mthethwa-Sommers, S.(2014). *Narratives of Social Justice Educators: Standing Firm.* 임은미 외 역(2019). **사회정의교육으로의 초대: 사회정의 교육자의 경험을 중심으로.** 서울: 사회평론아카데미.

North, C.(2009). *Teaching for Social Justice.* 박여진 역(2012). **정의로운 교육이란 무엇인가.** 서울: 이매진.

Olson, K.(2008). *Adding Insult to Injury.* 문현아·박건·이현재 역(2016). **불평등과 모욕을 넘어: 낸시 프레이저의 비판적 정의론과 논쟁들.** 서울: 그린비.

Peters, A.(2020). Activism in their own Right: children's Participation. Kessler, S. & Swadener, B.(Eds.). *Educating for Social Justice in Early Childhood.* London: Routledge.

Pettit, P.(1997). *Republicanism.* Oxford: Oxford University Press.

Pettit, P.(1999). Republican freedom and contestatory democratization. Shapiro, I. & Hacker-Cordsn, C.(Eds.). *Democracy's Values.* Cambridge: Cambridge University Press.

Pettit, P.(2012). *On the people's Terms.* Cambridge: Cambridge University Press.

Pettit, P.(2014). *Just Freedom: A Moral Compass for a Complex World.* New York: W. W. Norton.

Piketty, T.(2013). *Capital in the Twenty-First Century.* 장경덕·이강국 역(2015). **21세기 자본.** 서울: 글항아리.

Rawls, J.(1991). *Justice as Fairness.* 황경식 외 역(2001). **공정으로서의 정의.** 파주: 서광사.

Rawls, J.(2005). *Political Liberalism.* 장동진 역(2016). **정치적 자유주의.** 파주: 동명사.

Robinson, M.(2018). Teacher Educatioin South Africa: Teacher Educators Working for Social Justice. Trippestad, T., Swennen, A., & Werler, T.(Eds.). *The Struggle for Teacher Education: International Perspectives on Governance and Reforms.* London: Routledge.

Sant, E., Davies, I., & Shultz, L.(2018). *Global Citizenship Education: A Critical Introduction to Key Concepts and Debates.* 심성보 외 역(2021). **세계시민교육: 주요 개념과 논쟁에 대한 비판적 검토.** 서울: 다봄교육.

Sandel, M.(1982). *Liberalism and The Limits of Justice*. 이양수 역(2012). **정의의 한계**. 서울: 멜론.

Sandel, M.(2020). *The Tyranny of Merit*. 함규진 역(2020). **공정하다는 착각: 능력주의는 모두에게 같은 기회를 제공하는가**. 서울: 와이즈베리.

Sapon-Shevin, M.(2020). What's Love got to do: Enacting the Beloved Community through Early Childhood Education, Kessler, S. & Swadener, B. (Eds.). *Educating for Social Justice in Early Childhood*. London: Routledge.

Schumaker, P.(2008). *From Ideologies to Public Philosophies*. 조효제 역(2010). **진보와 보수의 12가지 이념**. 서울: 후마니타스.

Sen, A.(1992). *Inequality Reexamined*. 이상호·이덕재 역(2009). **불평등의 재검토**. 서울: 한울아카데미.

Sensoy, Ö. & Diangelo, R.(2012). *Is Everyone Really Equal: An Introduction to Key Concepts in Socvail Justice Education*. Teachers College Press.

Smith, E.(2012). *Key Issues in Education and Social Justice*. London: Sage.

Snir, I. & Eylon, Y.(2017). Civic Republicanism and Education: Democracy and Social Justice in School. *Studies in Philosophy and Education*, 36(5), 585-600.

Stevens, E. & Wood, G. H.(1992). *Justice, Ideology, and Education*. New York: Mcgraw-Hill.

Stein, Z.(2016). *Social Justice and Educational Measurement*. London: Routledge.

Thomson, R.(2019). *Education, Inequality and Social Class: Expanding and Stratification in Educational Opportunity*. London: Routledge.

Torres, C. A.(2007). Paulo Freire, Education, and Transformative Social Justice Learning. Torres, C. A. & Teodoro, A. (Eds.). *Critique and Utopia: New Development in the Sociology of Education in the Twenty-First Century*. Maryland: Rowman & Littlefield.

Unterhalter, E. & Walker, M.(2007). Capabilities, Social Justice, and Education. Walker, M. & Unterhalter, E.(Eds.). *Amartya Sen's*

Capability Approach and Social Justice in Education. London: Palgrave Macmillan.

Walzer, M.(1983). *Spheres of Justice: A Defence of Pluralism and Equality*. Blackwell. 정원섭 외 역(1999). **정의와 다원적 평등**. 서울: 철학과 현실사.

Young, I. M.(1990). *Justice and the Politics Difference*. 김도균·조국 역(2017). **차이의 정치와 정의**. 서울: 모티브북.

Young, I. M.(2011). *Responsibility for Justice*. 허라금 외 역(2018). **정의를 위한 정치적 책임**. 서울: 이화여대출판문화원.

Young, M.(1994). *The Rise of the Meritocracy*. 유강은 역(2020). **능력주의**. 서울: 이매진.

삶의 행복을 꿈꾸는 교육은
어디에서 오는가?

● **교육혁명을 앞당기는 배움책 이야기** 혁신교육의 철학과 잉걸진 미래를 만나다!

참된 삶과 교육에 관한
생각 줍기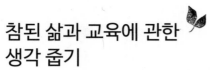